国际政治经济学研究丛书

主编 张宇燕

African National Congress:
History & Reality

南非非洲人国民大会：

历史与现实

沈 陈 著

中国社会科学出版社

图书在版编目（CIP）数据

南非非洲人国民大会：历史与现实／沈陈著．—北京：中国社会科学出版社，2021.4

（国际政治经济学研究丛书）

ISBN 978 - 7 - 5203 - 8324 - 0

Ⅰ.①南…　Ⅱ.①沈…　Ⅲ.①南非非洲人国民大会　Ⅳ.①D747.023

中国版本图书馆 CIP 数据核字（2021）第 076142 号

出　版　人	赵剑英	
责任编辑	张冰洁　侯聪睿	
责任校对	闫　萃	
责任印制	王　超	

出　　　版	中国社会科学出版社
社　　　址	北京鼓楼西大街甲 158 号
邮　　　编	100720
网　　　址	http://www.csspw.cn
发　行　部	010 - 84083685
门　市　部	010 - 84029450
经　　　销	新华书店及其他书店

印　　　刷	北京明恒达印务有限公司
装　　　订	廊坊市广阳区广增装订厂
版　　　次	2021 年 4 月第 1 版
印　　　次	2021 年 4 月第 1 次印刷

开　　　本	710 × 1000　1/16
印　　　张	17
字　　　数	201 千字
定　　　价	86.00 元

凡购买中国社会科学出版社图书,如有质量问题请与本社营销中心联系调换
电话:010 - 84083683

总　序

张宇燕[*]

　　为了繁荣和发展中国哲学社会科学，2016 年中国社会科学院推出了"登峰计划"，力求重点打造一系列优势学科。世界经济与政治研究所承担了两项优势学科建设任务，国际政治经济学便是其中之一。将国际政治经济学作为研究所优势学科之一加以建设，主要出于三点考虑：其一，在经济与政治相互作用与融合越发深化的世界中，以经济学视角看待政治、以政治学视角看待经济，或是以政治经济学视角看待世界，实乃大势所趋，而且也是发挥世界经济与政治研究所优势的有效途径；其二，当今世界的许多大事，比如全球治理、打造新型国际关系、构建人类命运共同体等，都需要有跨学科的、特别是政治与经济相结合的理论探讨与政策手段；其三，研究所有一批熟稔世界经济和国际政治的专家学者，他们在各自的研究领域内都取得了不小的学术成就。

---

　　* 作者系中国社会科学院学部委员，世界经济与政治研究所研究员、所长。

国际政治经济学并不是一个新学科。长期以来，它作为国际政治学或国际关系学的一个重要分支存在了数十年，其基本研究路径是以政治学和历史学为基础对国际或全球经济问题加以研究。近年来，越来越多的学者以经济学、特别是经济学中的政治经济学理论来分析国际政治或国际关系，并尝试在此基础上发展出一门新的学科分支——国际经济政治学。今天的世界和今天的中国一方面从昨天走来，另一方面又与昨天有显著的不同。一度势不可当的全球化如今进入崎岖的历史路段便是一例。面对新形势，形成以马克思主义为指导、有中国特色国际政治经济学，对身处中华民族伟大复兴新时代的中国专家学者而言既是机遇，更是责任。

在众多国际政治经济学可以施展的研究领域中，对"一带一路"建设的研究应该是最能发挥其独特优势的领域了。"一带一路"建设既是研究我国改革发展稳定重大理论和实践问题为主攻方向之一，也是发展中国理论和传播中国思想的重要依托。这一点可以从"一带一路"建设的五大内容——与政治经济均高度相关的"五通"——中得到充分反映。自 2013 年"一带一路"倡议提出以来，中国一直大力推进并且取得了一系列积极成果，其国际声势也达到了前所未有的高度。当前，中国经济发展进入新时代，外部经济环境不确定性明显增多。为了今后更好地推动"一带一路"建设，实现全球共享发展，对"一带一路"的战略意义、目标设定、实施手段、风险规避等都需要进一步思考。为此，我们将重点关注"一带一路"等重大问题，深入探讨新时代中国与世界的互动关系，并将陆续出版优势学科建设的成果，不断推动国际政治经济学的理论进步与学术繁荣。

一些上面提到的综合性全球性议题的不断出现，也自然而然地把世界经济和国际政治学者聚拢到了一起。参与世界经济与政治研究所国际政治经济学优势学科建设的研究人员，主要来自国际战略研究室、国际政治经济学研究室和国家安全研究室的研究人员。作为世界经济与政治研究所国际政治经济学优势学科的负责人，同时作为本丛书的主编，在此我特别感谢读者的关注，也希望读者提出批评与建议。

2019 年 2 月

目　录

导　　论

一　研究的缘起

（一）研究背景

中南关系是中非关系迅速发展的缩影。自 1998 年正式建交以来，中国与南非的关系在短短十余年的时间里实现从伙伴关系到战略伙伴关系、再到全面战略伙伴关系的跨越式发展。2010 年 8 月，两国正式建立全面战略伙伴关系；同年 12 月，南非获准加入金砖国家。在 2013 年的联合公报中，两国提出深化伙伴关系，相互视彼此为"战略支点和优先方向"；而当年的金砖国家峰会正是在南非港口城市德班举行。

在中南、中非关系迅速发展的同时，双方在民众、制度、文化等层面的交流却严重滞后，某些软性因素的误解常常是造成不必要损失的主要因素，成为阻碍双方深入合作的巨大障碍。鉴于此，本书以南非的非洲人国民大会（以下简称"非国大"）为对象，通过研究民族主义政党的发展过程，从中试图了解非洲政治的基本运作模式。

作为最晚实现民族解放的非洲革命党，非国大 1994 年获得大选胜利后，却赢得了少有的称赞。徐济明、谈世中认为"南非通过谈判模式解决政治分歧为其他非洲国家处理类似冲突树立榜样，南非多党执政模式为非洲探索符合本国、本地区情况的政治模式提供新思路"。[1] 贺文萍认为"南非模式同时应对政治民主和民族和解双重任务，不仅结束了南非作为南部非洲动乱的根源，还提供了一种政治民主化的新思路，是安哥拉、布隆迪等其他动荡国家的榜样"。[2] 南非非国大作为一种新的民族主义政党模式，有必要专门加以研究，总结与非洲政党发展相关的一般理论。

非国大与中国有深远的历史交往与合作，在现今，中南同样面临经济社会转型、全球治理改革等内外诸多挑战，要求两国、两党巩固和扩大传统友好关系。中国外交，特别是对非外交需要非国大这样有影响的执政党的支持和合作。从非洲地区的大格局来看，与非国大的发展历程类似的民族主义政党有很多，不少仍继续主导各自国家的发展。因此，对非国大的研究有利于扩展与其他非洲政党的友好关系，发挥政党外交在整体外交中的应有作用。

（二）问题提出

本书的核心问题是："第三波"发生以后，为什么以非国大为代表的非洲民族主义政党没有离开历史舞台，仍然在大部分非洲国家中掌握政权，从而使得西方学者所预见的"多党民主"，演变为非洲式的"一党独大制度"？本书将围绕这一问题，以南非非国大为案例，

---

① 徐济明、谈世中：《当代非洲政治变革》，经济科学出版社 1998 年版，第 122 页。
② 贺文萍：《非洲国家民主化进程研究》，时事出版社 2005 年版，第 236 页。

从四个方面进行探讨。

第一，从字面上看，"非国大"，顾名思义，就是"由非洲人国民召开的大会"。南非非国大于 1912 年成立，至今已有百年历史。"非洲人国民大会"由三个部分组成，非洲人、国民、大会。既然是非洲人国民大会，为什么又包含白人、有色人和亚裔等不同族群的党员呢？"国民"的含义是什么？非洲人为什么要专门召开一个国民大会呢？这个大会是如何变成一个政党的呢？非国大为什么会放弃非暴力手段，转型为武装斗争的革命党？非国大在革命时期所设想的新南非与 1994 年之后的新南非有何不同？为什么非国大能够保持长期执政地位？非国大在转型为执政党以后，内部体制在此过程中发生何种变化？要解答这些问题就必须回溯非国大的历史，去了解该党发起的原因、最初的形态与不断变化的过程。

第二，非国大主导的南非政治转型。经过艰苦卓绝的斗争和谈判，南非和平结束种族隔离统治。1994 年，新南非举行第一次不分种族的大选，曼德拉领导的非国大以巨大优势获胜，并与国民党、因卡塔自由党等组成民族团结政府。关于南非政治转型的意义已不必多言，但是如果从非国大自身的角度来看，在与白人政府进行的制宪谈判中，非国大做出了很多背离自身革命理想的妥协。需要关注的问题是：非国大为什么要做出诸多妥协？非国大内部对于妥协有何反应？妥协对非国大执政的影响是什么？

第三，非国大从革命党到执政党的转型。陆庭恩在谈到南非政治转型的意义时指出，"经过长期谈判实行了和解，并建立起以权力分享为核心的政党制度模式。这种政党制度目前对南非的稳定和发展起着积极的作用，今后还需继续通过实践得到检验"。① 非国大执政至今已经二十余年，在促进民主进程、经济发展和民族和解方面做出巨大努力，有成就也有问题。为什么非国大一直处于绝对优势和执政地位？南非的一党居优制度是否会伤及民主政治？如何审视非国大执政二十年的表现？

第四，非国大的国际合作理念。非国大从诞生之日起就不是一个局限于国家内部的政党，泛非主义、社会主义、自由民主主义等思想都曾影响过非国大的发展。在革命斗争时期，非国大得到非洲国家、社会主义阵营、欧美国家等不同方面的支持。非国大执政后，南非活跃在联合国、G20、金砖国家、不结盟运动、77 国集团、南大西洋组织、英联邦、非洲联盟、南部非洲发展共同体等不同类型的国际组织中。既有西方国家主导的组织，也有新兴国家成立的组织；既有全球治理组织，又有南南合作组织。假设南非的执政党不是非国大，南非是否还能得到各方面的接纳和支持？答案如果是否定的，那么非国大为什么能够纵横于东西南北之间？非国大的国际合作理念与方式有何特点？中国共产党与非国大应如何加强两党的合作与联系？

本书将围绕以上问题，以政党发展为切入口，研究新南非的形成、建构与发展，总结南非政治转型模式的成因与影响，探讨非国大执政后的若干策略与其调整。在非洲大陆，以"大会"命名政党并非南非独有，赞比亚、津巴布韦、马拉维、乌干达、喀麦隆都出现过叫作"国民大会"的政党，加纳的人民大会党、尼日利亚的国民会议党等也与南非非国大存在着不少类似之处，因此本研究对于理解非洲的

① 陆庭恩、刘静：《非洲民族主义政党与政党制度》，华东师范大学出版社 1997 年版，第 323 页。

国家建构和政党发展具有一定的普遍意义。

二 文献综述

国外关于发展中国家政党政治的研究起步较早，有的专门研究非洲政党和政党制度的发展变迁，也有的基于发展中国家经验比较得出一般性结论。[①] 20 世纪 80 年代，中国出版了一批介绍非洲解放运动、非洲政党和政治领袖的书籍著作。《非洲民族主义政党概况（上、下卷）》《非洲的政党》《共运资料选译》等为研究非洲政党提供翔实的资料。20 世纪 90 年代以后，国内关于非洲政党的研究愈来愈丰硕，

---

① 参见：［美］拉里·戴蒙德《第三波过去了吗?》，载刘军宁编《民主与民主化》，商务印书馆 1999 年版，第 400 页；［美］霍华德·威亚尔达《非西方发展理论——地区模式与全球趋势》，董正华等译，北京大学出版社 2006 年版，第 90—91 页；［美］霍华德·威亚尔达《新兴国家的政治发展——第三世界还存在吗?》，刘青、牛可译，北京大学出版社 2005 年版，第 97—99 页；［英］科林·勒古姆《八十年代的非洲：一个危机四伏的大陆》，吴期扬译，世界知识出版社 1982 年版；［美］威廉·托多夫《非洲政府与政治》，肖宏宇译，北京大学出版社 2007 年版；［美］菲利克斯·格罗斯《公民与国家——民族、部族和族属身份》，王建娥·魏强译，新华出版社 2003 年版，第 28 页；Chris Cook and David Killingray, *African Political Facts Since 1945*, London：Macmillan, 1983；M. Anne Pitcher, *Party Politics and Economic Reform in Africa's Democracies*, Cambridge：Cambridge University Press, 2012；Adrienne LeBas, *From Protest to Parties：Party-Building and Democratization in Africa*, Oxford：Oxford University Press, 2013；Nic Cheeseman, *Democracy in Africa：Successes, Failures, and the Struggle for Political Reform（New Approaches to African History）*, Cambridge：Cambridge University Press, 2015；Rachel Beatty Riedl, *Authoritarian Origins of Democratic Party Systems in Africa*, Cambridge：Cambridge University Press, 2016.

内容愈来愈细致。①

　　另外，国内翻译和写作了不少比较各国政党政治的论著，包括萨托利的《政党与政党政治》、让·布隆代尔和毛里奇奥·科塔主编的《政党政府的性质：一种比较性的欧洲视角》、阿伦·李帕特的《选举制度与政党制度》、阿兰·威尔的《政党与政党制度》、刘敏茹的《转型国家的政党制度变迁：俄罗斯与波兰的比较分析》、王庆兵的《发展中国家政党认同比较研究》等。这些著作虽然大多探讨的是欧美国家的政治实践，但从中总结出的相关结论对理解非洲国家的政党政治仍具有很强的借鉴意义。

---

① 宪政民主化角度的研究参见：陈明明《泡沫政治：战后早期非洲多党民主制》，《西亚非洲》1997 年第 3 期；贺文萍《非洲国家民主化进程研究》，时事出版社 2005 年版；高晋元《非洲的多党民主化潮流》，《世界经济与政治》1994 年第 10 期；汪勤梅《再议非洲的多党民主》，《西亚非洲》1995 年第 1 期；王振亚《冷战后非洲多党民主运动特点探析》，《西亚非洲》1996 年第 5 期；姚桂梅《非洲国家多党民主之经济影响评析》，《西亚非洲》2007 年第 10 期。发展路径角度的研究参见：李继东《现代化的延误》，中国经济出版社 1997 年版；李保平《非洲传统文化与现代化》，北京大学出版社 1997 年版；刘鸿武《非洲发展路径的争议与选择》，《当代世界》2012 年第 12 期；陆庭恩《非洲国家政局稳定与经济发展问题》，《亚非纵横》2004 年第 4 期；陈尧《难以抉择：后发展国家政治发展战略研究》，上海人民出版社 2008 年版。民族文化角度的研究参见：宁骚《民族与国家——民族关系与民族政策的国际比较》，北京大学出版社 1995 年版；艾周昌《走进黑非洲》，上海文艺出版社 2001 年版；刘鸿武《黑非洲文化研究》，华东师范大学出版社 1997 年版；张宏明《部族主义因素对黑非洲国家政体模式取向的影响》，《西亚非洲》1998 年第 5 期；张春、蔺陆洲《输家政治：非洲选举与族群冲突研究》，《国际安全研究》2016 年第 1 期；郭佳《基督教会在非洲民主化进程中的角色探析》，《西亚非洲》2010 年第 3 期。按照非洲国别介绍各国政党和政党领袖的文章不胜枚举，参见：刘鸿武《从部族社会到民族国家——尼日利亚国家发展史纲》，云南大学出版社 2000 年版；杨灏城《纳赛尔和萨达特时代的埃及》，商务印书馆 1997 年版；刘乃亚《博茨瓦纳政党制度的运行机制及其长期稳定原因分析》，《西亚非洲》1995 年第 3 期；杜小林《尼日利亚政党政治的发展》，《西亚非洲》2004 年第 4 期。

（一）非洲政党研究

1. 非洲政党发展的内外因素

学界普遍认为西方殖民统治尽管猛烈冲击了非洲社会，但远没有到替代本地社会秩序和文化的程度。因此，非洲政党和政党制度也必须从西方殖民体系和非洲传统社会两方面进行研究。

西方的殖民统治直接导致黑人阶层出现分化。詹姆斯·科尔曼（James S. Coleman）提出非洲现代化的几个要素：从自然经济转向商品经济，雇佣工人与黑人中产阶级形成，民族主义、宗教影响下的知识分子。[①] 露丝·科利尔（Ruth Collier）认为酋长和族长构成了非洲传统的精英阶层，主要居住在乡村；受过西方教育的黑人律师、医生、商人、学者和官吏则成为新兴本土精英的代表，主要居住在城市。法属非洲采取削弱酋长和传统权力的措施，促进本土精英的团结；相反，英属殖民地则采取与传统权力合作的间接统治，削弱本土精英之间的凝聚力。[②] 李安山的《殖民主义统治与农村社会反抗》对英属殖民地黄金海岸（今加纳）的不同矛盾进行比较，探讨殖民统治对酋长、宗教领袖、平民等不同阶级带来的影响和不同反抗形式。[③] 陆庭恩则强调黑人阶层合作的重要性。由于非洲人的数量远远多于欧洲人，殖民者刻意采取分而治之的策略，将不同的地区、族群进行隔离统治。因此，非洲人为了提高组织力和影响力，必须协调行动，建

---

① James S. Coleman, "Nationalism in Tropical Africa", *American Political Science Review*, Vol. 18, 1954, pp. 404 – 426.

② Ruth Collier, *Regimes in Tropical Africa: Changing Forms of Supremacy*, 1945 – 1975, Berkeley: University of California Press, 1982, pp. 80 – 94.

③ 李安山：《殖民主义统治与农村社会反抗——对殖民时期加纳东部省的研究》，湖南教育出版社 1999 年版。

立更广泛的阶级统一战线。①

非洲国家独立以后，非洲政治仍没有脱离西方国家的影响。张宏明在《多维视野中的非洲政治发展》中提出非洲发展除了受到自身经济和政治状况的制约外，还受到西方经济、政治、思想和宗教等方面的影响，从殖民统治到非殖民化再到冷战以后，非洲政党政治的转折都与西方国家有密切关系。② 拉纳·怀利认为非洲绝大部分地区陷入西方主导下的资本主义体系，独立以后，非洲国家不断地实验西方式的政治制度。但是，在多党民主制和一党制政权垮台后，威权主义政权成了新的准则。不过，没有哪一种模型能够成功地把传统的非洲习惯、惯例整合起来，本土组织在这两种国家组织形式下都遭到损害。③罗伯特·H.贝茨的《热带非洲的市场与国家：农业政策的政治基础》认为单纯从国内因素分析非洲国家政策是一种"激进的"尝试，因为国际市场是非洲经济的决定因素，本国政府的作用则是根据其自身所处的社会阶层进行影响和干预，所以每一次的全球性经济衰退，都会带来非洲政党制度的退化。④

2. 非洲政党的思想渊源及其变化

殖民统治不仅打破了非洲传统的社会阶层，还催生了非洲的民族主义思想。"非洲民族主义"，又叫作"非洲人主义"或者"泛非主义"。非洲民族主义是一种黑人的种群意识，不仅存在于撒哈拉以南

---

① 陆庭恩：《非洲问题论集》，世界知识出版社 2005 年版，第 353 页。

② 张宏明：《多维视野中的非洲政治发展》，社会科学文献出版社 2007 年版。

③ ［美］拉纳·怀利：《撒哈拉以南的非洲：西方的影响与本土的现实》，霍华德·威亚尔达主编：《非西方发展理论——地区模式与全球趋势》，董正华、昝涛和郑振清译，北京大学出版社 2006 年版，第 87 页。

④ ［美］罗伯特·H.贝茨：《热带非洲的市场与国家：农业政策的政治基础》，曹海军、唐吉洪译，中国吉林出版集团 2011 年版。

非洲，还广泛见于北美、加勒比海、西欧等有黑人聚居的地区。"非洲民族主义之父"爱德华·布莱登（Edward W. Blyden）使用"非洲个性"一词描述黑人种族所特有的能力和成就，意在重塑非洲人的自尊自信。①

非洲民族主义逐渐转向社会主义，原因有三：首先，非洲人参加第一次世界大战，看到标榜自由民主的国家的残酷一面，以及宗主国并非不可战胜；其次，俄国十月革命使得马克思列宁主义迅速传播，非洲人看到了不同于帝国主义的发展模式；最后，泛非主义和民族自决原则兴起。② 不过大部分非洲革命者主张共产主义和社会主义是反对殖民统治的工具，黑人民族主义高于阶级斗争。从某种程度上说，非洲的社会主义是一种强调集体成就的价值体系，可以看作民族主义的另一种表达。③

陆庭恩、刘静在《非洲民族主义政党与政党制度》中提醒不应使用意识形态区别非洲国家的政党。首先，非洲政党的意识形态千差万别，但实际上核心都是维护民族独立、促进国家发展的民族主义；其次，由于政局不稳、分合频繁，非洲政党的意识形态存在易变性；最后，塞内加尔、肯尼亚等国家的执政党宣称信奉社会主义，却按照资本主义方式管理政治和经济。④

---

① Edward W. Blyden, *Christianity, Islam and the Negro Race*, Baltimore：Black Classic Press，2013.

② 陆庭恩：《非洲问题论集》，世界知识出版社 2005 年版，第 334 页。

③ David C. McClelland，"The Achievement Motive in Economic Growth"，in Bert F. Hoselitz and Wilbert E. Moore，eds.，*Industrialization and Society*，Paris：UNESCO – Mouton，1963，p. 74.

④ 陆庭恩、刘静：《非洲民族主义政党与政党制度》，华东师范大学出版社 1997 年版，第 210 页。

与跨越国界的非洲民族主义相反，非洲还盛行一种区域范围内的族群主义，被称作"部族主义""地区民族主义""次国家民族主义"等。① 具体来说，地区民族主义是指在民族国家框架下的不同地区族群的权利诉求。地区民族主义的特殊性在于不以建立独立的民族国家为目标，是民族国家独立后普遍出现的民族主义形式。② 非洲国家独立以后，不少模仿西方的代议制度和多党竞争的政治体系，但非洲的政党多具有部族性质，部族规模大的总是获得选举胜利，而获胜后的政党往往从部族私利出发制定国家政策。③ 李安山在《非洲民族主义研究》一书中认为，民主化有助于消除地方民族主义，有利于国家民族建构；同时也为地方民族主义发展提供便利条件，不利于民族国家建构。从根本上说，必须改革政治体制，大力发展经济，实行适当的民族政策，才能加速民族一体化进程。④

3. 非洲政党制度的演进

从类型学来说，非洲政党制度主要有无党制、一党制和多党制三种，每种形式自身又有不同的划分。莫里斯·加诺维茨（Morris Janowitz）将发展中国家的军人与政治的关系分为五种类型：威权—个人控制、威权—大众党、民主竞争和半竞争制、文人—军人联盟、

① 过去常使用"部族主义"的叫法，后李安山教授曾撰文认为部族主义（Tribalism）存在歧义，主张以"族体"（Ethnic Group）和"族体性"（Ethnicity）代替。由于"地区民族主义"或者"地方民族主义"是学术界公认的表述，本文采用"地区民族主义"这种较为中性的称呼。参见：李安山《非洲民族主义研究》，中国国际广播出版社2004年版，第186—190页。

② Helena Catt and Michael Murphy, *Sub-State Nationalism*, London：Routledge, 2002.

③ 王建娥：《族际政治：20世纪的理论与实践》，社会科学文献出版社2011年版，第222页。

④ 李安山：《非洲民族主义研究》，中国国际广播出版社2004年版。

军人寡头。① 迈克尔·布莱顿（Michael Bratton）和尼古拉斯·范德·瓦勒（Nicholas Van de Walle）提出"政治—制度范式"，按照政党竞争的程度把非洲国家分为"全民表决一党制""竞争性一党制""军人寡头制""殖民寡头制""多党制"五种类型。② 从政党形式上说，波斯特考察尼日利亚大选后认为，非洲早期的政治结合通常是混合多元的组织，有时作为部族文化团体，有时作为学生组织，有时则模仿西方议会结构。随着政治结社的范围从地区延伸到全国，"大会""协会"逐渐失去了单一的专业性的功能，而演变为脆弱的全国性政治联盟。③

从殖民解放运动时期到 20 世纪 80 年代，非洲只有 15 个国家有两个或两个以上政党，4 个国家禁止政党活动，其余是一党制国家。一党制和无政党国家有 37 个，占 71%。④ 徐济明、谈世中主编的《当代非洲政治变革》认为部族主义威胁中央政府的合法性是非洲取消多党制和实行一党制的主要原因。⑤ 刘鸿武认为尽管从经济现代化成就的角度看，非洲社会主义的实践总体上并不成功，但统一的官方学说、统一的国民思想理念、社会广泛的动员和参与等对于一个正在形成国家的精神和文化方面的影响是巨大的，因此应在一个更深远的

① Morris Janowitz, *The Military in the Political Development of New Nations*, Chicago：University of Chicago Press, 1964, p. 5.

② Michael Bratton and Nicholas Van de Walle, *Democratic Experiments in Africa：Regime Transitions in Comparative Perspective*, Cambridge：Cambridge University Press, 1997.

③ K. W. J. Post, *The Nigerian Federal Election of 1959*, Oxford：Oxford University Press, 1963.

④ Chris Cook and David Killingray, *African Political Facts Since 1945*, London：Macmillan, 1983, pp. 132 – 162.

⑤ 徐济明、谈世中主编：《当代非洲政治变革》，经济科学出版社 1998 年版，第 16 页。

历史进程大背景下加以考察。[①]

亨廷顿在《变化社会中的政治秩序》中提出政党发展包括宗派阶段、两极化阶段、扩展阶段、制度化阶段四个过程。他在比较非洲20世纪60年代中期的政变数量之后，认为一党制比多党制稳定。一党制的稳定性更多来自其起源，许多一党制政党是形成制度化的民族斗争或革命斗争的历史遗产，也就是说，越是激烈持久的革命斗争，就越能够产生稳定坚决的民族主义政党，一党制也就比较稳固持久。相反，非洲很多国家的独立显得"轻而易举"，没有强大的组织，也没有足够的政治经验，更缺乏足够的社会动员和认同，这种国家无论是威权还是民主都很难持久。[②] 所以政治发展依赖于强大政府带来的稳定和效率；而强大政府必须依靠组织化程度高的政党。

不过，亨廷顿在《第三波——20世纪后期的民主化浪潮》一书中修正了自己的看法。该书认为冷战结束以来，包括非洲国家在内的大量过去没有民主经验的发展中国家出现民主化、民主转型和民主巩固，证明"第三波"民主浪潮势不可挡。[③] 阿尔蒙德的《发展中地区的政治》提道"优势非独裁经常出现在民族运动是获得解放的工具的政体"，一党制国家的政府能力和经济增长相比其他非洲国家也明显更高。[④] 不过，20世纪七八十年代后，非洲多数一党制国家经济发展

---

① 刘鸿武等：《从部族社会到民族国家——尼日利亚国家发展史纲》，云南大学出版社2000年版，第30—31页。

② ［美］塞缪尔·P.亨廷顿：《变化社会中的政治秩序》，王冠华等译，上海世纪出版社2008年版，第345—354页。

③ ［美］塞缪尔·P.亨廷顿：《第三波——20世纪后期的民主化浪潮》，刘军宁译，上海三联书店1998年版，第79页。

④ Gabriel A. Almond, et al. , *The Politics of the Developing Areas*, Princeton：Princeton University Press, Vol. 54, No. 3, 1970, p. 40.

陷入停滞，政局也出现严重动荡，使得强大的一党制与政治稳定相关的看法遭受挑战。[①] 唐纳德·哈罗维茨（Donald L. Horowitz）认为，政治体制应鼓励或引导超越族群差异的整合，民主制度的成功取决于政治家和族群领袖在本民族之外获得支持的能力。简单多数的选举可能带来多数人对少数人的暴政，民主制度仅凭一两个有良好意愿的政治领袖维持也并非长久之计。当务之急是避免族裔划界的政党政治，从国家层面构建均衡性的发展战略和策略，降低族群造成政治冲突的可能性。[②]

威廉·托多夫（William Tordoff）总结指出一党制出现的重要原因包括党的革命合法性、党拥有强大的政治军事资源、党的领袖魅力。一党制主张以党内协商代替混乱的多党倾轧，有利于政策延续性和国家建设，因此在一开始得到了大多数民众的赞成。但随着权力扩张和个人欲望的增长，集体决策原则往往会被逐渐抛弃，一党制最终退化为个人长期执政，坦桑尼亚、加纳、几内亚等国均出现过这种情形。于是，一党制的趋势在 20 世纪 80 年代后期出现反转，多党制国家逐渐增多，一些试图一党化的做法遭到抵制，如穆加贝领导下的津巴布韦曾推动"法理上的一党化"未能成功。[③]

此后，多党制成为非洲政党政治研究的主流，例如阿德巴约·奥鲁克西的《当代非洲的反对派政治》、马兹鲁伊的《非洲的政治价值观与知识精英》、约翰·马卡基斯的《非洲之角的民族与阶级斗争》、

---

① ［美］加布里埃尔·A. 阿尔蒙德等：《发展中地区的政治》，任晓晋、储建国、宋腊梅译，上海人民出版社 2012 年版。

② Donald L. Horowitz, *Ethnic Group in Conflict*, Berkeley：University of California Press，1985，p. 597.

③ ［英］威廉·托多夫：《非洲政府与政治》，肖宏宇译，北京大学出版社 2007 年版。

尼克·切斯曼的《非洲的民主：成功、失败和政治改革斗争》、瑞秋·瑞都的《非洲民主政党体系的威权起源》、威廉·托多夫的《非洲政府与政治》、安妮·皮彻的《非洲民主的政党政治与经济改革》、阿德里埃内·莱巴斯的《从抗议到政党——非洲政党建设和民主化》、马科维茨的《非洲的权力与阶级》等。①

4. 非洲政党的研究路径

现有关于非洲政党政治的研究有以下几个基本路径。

（1）政治发展路径。阿尔蒙德为发展中国家设置政治发展的公式，按照西方的样板设定 7 个步骤：政治社会化、利益表达、利益汇集、政治交往、规则制定、规则实施、规则审查。民族主义政党之所以演变为一党制政党，是因为民族斗争或革命斗争的历史遗产，亨廷顿等政治学者一度认为一党制或者一党独大制度是符合发展中国家国情的，非洲的政治发展依赖于强大政府带来的稳定和效率；而强大政府必须依靠组织化程度高的政党。② 迪韦尔热也指出："独大党开启了一个时代，可以说，它的纲领、观念、方法、风格与这个时代高度契合。独大与其说是一种力量，毋宁说是一种影响……独大党就是公

---

① Abedayo Olukoshi, *The Politics of Opposition in Contemporary Africa*, Nordic Africa Institute, 1998; Nic Cheeseman, *Democracy in Africa: Successes, Failures, and the Struggle for Political Reform New Approaches to African History*, Cambridge: Cambridge University Press, 2015; Rachel Beatty Riedl, *Authoritarian Origins of Democratic Party Systems in Africa*, Cambridge: Cambridge University Press, 2016; M. Anne Pitcher, *Party Politics and Economic Reform in Africa's Democracies*, Cambridge: Cambridge University Press, 2012; Adrienne LeBas, *From Protest to Parties: Party-Building and Democratization in Africa*, Oxford: Oxford University Press, 2013.

② ［美］塞缪尔·P. 亨廷顿：《变化社会中的政治秩序》，王冠华等译，上海世纪出版社 2008 年版，第 345—354 页。

众认为它应当处于独大地位的政党。"①

多党制有利于非洲政治发展的观点在 20 世纪八九十年代又占据上风。虽然不少非洲国家因为政治更迭出现了严重的社会动荡和冲突，但新政府建立后多党制度得到了发展和巩固。民主制度巩固的另一特点在于文官政府和议会政治成为非洲国家的普遍共识，军人推翻政权的案例相比过去大大减少，大多数不是军事政变未遂，就是军政府短暂过渡后将权力交换给民选政府。

（2）阶级工具路径。马克思列宁主义认为，政党是阶级斗争发展到一定阶段的产物，是某个阶级、阶层或社会集团的积极分子为了维护自身利益和实现自身主张，致力于夺取政权、巩固政权或影响政府而结合起来采取共同行动的组织。按照革命阶段论，非洲政党第一步应当反抗殖民主义统治，建立全国各阶级的统一战线，实现民族主义革命；非洲国家独立后，民族主义政党的任务已经完成，实行资本主义的议会制度，政党政治的性质逐渐变为资产阶级的代言人，这时非洲的无产阶级政党需要进行第二阶段革命，即社会主义革命。

不少西方学者也认同非洲政党是社会阶级动员工具的观点。在实现反抗殖民统治这一共同目标时，民族主义政党可视为全民的、各阶级合作的平台。而民族国家建立以后，民族主义政党要转型为协调国内各阶级利益的平台。换言之，革命遗产构成民族主义政党执政的合法性基础，民族国家建立后的阶级利益协调则是民族主义政党转型和继续执政的关键。②

---

① Maurice Dauverger, *Political Parties: Their Organization and Activity in the Modern States*, London: Methuen, 1955, pp. 308-309.

② James Coleman, "The Emergence of African Political Parties", in C. Grove Haines, eds., *Africa Today*, Baltimore, 1955, pp. 225-227.

（3）历史—社会路径。按照查尔斯·蒂利（Charles Tilly）等人的观点，国家的治理模式不是随机或随意产生的，而与一国的历史与文化存在深刻的联系与明显的路径依赖。[①] 蒂利的研究集中在西方国家现代化的过程，他认为国家的建构反映了不同权力主体的争斗与妥协，不同的国家组织即是社会结构变化的结果。与东方社会绵延千年的专制统治社会不同，非洲在前殖民时期并非形成大一统的帝国结构，少数的几个王国也是通过强制—依附等方式建立起来的松散联合，不存在直达到每个部落、村庄的中央权力。殖民者由于自身权力脆弱、加强社会控制的成本等原因，往往采取碎片化的、依赖本土领导者的间接统治政策。碎片化最直接的影响是削弱了非洲国家独立后的国家能力，还影响了国家性质和政策。[②]

历史—社会路径的另一种看法认为，非洲政党只是新瓶装旧酒，属于传统社会组织的现代化表现。与东方社会相似，非洲人非常重视大家族或者说宗族联系。宗族人数少则百十人，多则数以万计，构成强大的"亲族团体"（Kinship Groups）。殖民统治曾对非洲传统社会秩序造成很大破坏，改变了非洲的经济和社会发展模式，法国殖民者甚至试图完全将非洲亲族社会瓦解。但事实证明，除了与殖民者有重大政治、经济利益相关的地区，亲族社会秩序在广大农村地区仍是非洲的主流组织形式。在现代非洲，城市可能会打破传统的社会结构，但有时传统制度也会影响城市的运作。传统秩序的家庭、集体理念不

---

① Charles Tilly, *Formation of National States in Western Europe*, Princeton：Princeton University Press，1975；Margaret Levi, *Of Rule and Revenue*, Berkeley：University of California Press，1988.

② ［美］米格代尔：《强社会与弱国家》，张长东、朱海雷、隋春波和陈玲译，江苏人民出版社2012年版，第130—133页。

仅存在于同族人生活的地方（保留许多旧的做法和习俗），而且甚至也进入工厂和办公室。[①] 按照族群政党理论，现代非洲政党继续维持着宗族（亲族）模式，投票选择也根据候选人的族群属性而不是竞选政策。

（4）冲击—反应路径。殖民化是非洲遭受的第一次冲击，早期的非洲政党与宗主国联系密切，政党组织模仿西方政党的结构，政党领袖和积极分子在欧美国家接受教育，并且在宗主国设立分部。大部分黑人政党受宗主国影响，早期接受西方自由民主思想，思想和组织比较保守。第一次世界大战是非洲经受的第二次冲击。非洲人参加第一次世界大战以后，看到自由民主国家残酷的一面，以及并非不可战胜；与此同时，俄国十月革命使得马克思列宁主义迅速传播，出现了一种不同于帝国主义的发展模式。在这一背景下，泛非主义更为自信、活跃和广泛，民族主义政党数量获得快速增长。第三次冲击是第二次世界大战结束和"变革之风"，宗主国无力继续压制非洲人政党的政治经济要求，非洲国家的独立进程大大加速，非洲政党数量出现明显增加。第四次冲击是从中国革命到越南战争，社会主义国家打败不可一世的帝国主义国家让非洲人印象深刻，非洲国家试图模仿社会主义模式实现快速自强，经济上实行计划经济，政治上走一党制度，非洲政党数量在这一时期急剧减少。第五次冲击就是戈尔巴乔夫实行"新思维"到冷战终结、东欧剧变、苏联解体，引发了非洲一波广泛的、汹涌的、急剧的民主化浪潮，政党数量迅速膨胀。

（5）结构主义路径。受国际关系理论中的三层次分析启发，弗兰克·J. 索拉夫（Frank J. Sorauf）将政党政治也分为三个层次：第一

---

① ［美］戴维·E. 阿普特：《现代化的政治》，陈尧译，上海世纪出版社 2011 年版，第 103 页。

层次，选举中的政党（party in the electorate）；第二层次，作为组织的政党（party as organization）；第三层次，政党制度或政党体系（party system）。① 此外，结构主义认为族群结构、权力结构、地理结构都可能是影响政党发展的关键要素。

众所周知，非洲国家是殖民主义的遗产，在国家框架下还存在不同的地区民族主义，地区民族主义的一种主要表现形式就是政党。在非洲政治选举中，不少族群之间常常打着正当旗号争权夺利，由此引发的骚乱、内战甚至屠杀比比皆是。从加强国家认同的角度上说，政党有利于整合社会群体的政治需要，促进国家认同。但政党也给地方民族主义的活跃提供条件，不利于国家团结，形成非洲所谓的"民主化悖论"。②

政党与政府的关系也是学界关注的重点。陆庭恩、刘静认为非洲存在两种政党与政府的关系模式：一种是将党中央作为党和政府的最高机关，以坦桑尼亚民主革命党为代表；另一种是对政府起帮助和咨询作用的党，以肯尼亚民族联盟为代表。③ 阿里斯蒂德·佐尔伯格（Aristide R. Zolberg）描述20世纪60—70年代的非洲政治时认为"一种普遍的趋势是，政府和行政机构内至少同政党一样重要的政权纷纷出现"。佐尔伯格认为政党最终将被官僚体系削弱，成为象征性的组织存在。④ 值得注意的是，西方国家之所以出现政党衰落，是因为新技术（网络和媒体）、新选举中心（个人而非政党）、新选举支持力

① Frank J. Sorauf, *Party Politics in America*, Boston: Little Brown, 1964.

② 李安山：《非洲民族主义研究》，中国国际广播出版社2004年版。

③ 陆庭恩、刘静：《非洲民族主义政党与政党制度》，华东师范大学出版社1997年版，第323页。

④ Aristide R. Zolberg, *Creating Political Order: The Party-States of West Africa*, Chicago: Rand Mcnally, 1966, p. 125.

量（专家、中介机构）等因素的出现导致的发育过度的"政党衰退"。相反，非洲政党在 20 世纪七八十年代的衰落更像是"早夭"。非洲政党尚未得到充分发展和发育，不可能一直处于有名无实的地位。20 世纪 90 年代以来的事实证明，佐尔伯格的预言过于悲观了。

发展中国家普遍受到城市与乡村的二元化结构影响。在非洲，一直存在精英与民众的脱节：一方面，精英在殖民统治时期接受西方教育，能说流利的宗主国语言，接受西方的政治模式和生活方式；另一方面，居住在乡村的民众仍遵从非洲传统的社会秩序、生活方式和知识文化。两种文化之间本身是充满矛盾的。在殖民时期，城市精英可以通过殖民当局的暴力维持霸权地位。当非洲国家独立以后，占人口极少部分的精英失去武力后盾，从而难以控制局面。城市的聚合和分散也是影响政党活动的因素，单独的中心城市要比多个中心城市更能建立全民性的政党。例如，南罗德西亚存在布拉瓦约和索尔兹伯里两个竞争性的都市，两个城市各自建立起竞争性政党，因此很难建立全民型民族主义政党。[①]

（6）制度主义路径。学界对于非洲政党制度基本持保留甚至否定态度。萨托利将非洲的群众性政党等同于极权主义的"伪政党"，"我们遇到的是非洲形态的伪装，实际上是犯了把西方成人的衣服穿到一丝不挂的婴儿身上的错误"。[②]《发展中地区的政治》一书中划分了极权、独裁、优势非独裁、竞争性两党和竞争性多党五种政党体

---

① ［美］詹姆斯·科尔曼：《撒哈拉以南的非洲政治》，载［美］加布里埃尔·A.阿尔蒙德等《发展中地区的政治》，任晓晋、褚建国、宋腊梅译，上海人民出版社 2012 年版，第 236 页。

② ［意］G.萨托利：《政党与政党体制》，王明进译，商务印书馆 2006 年版，第 339—340 页。

制。优势非独裁经常出现在"民族运动是获得解放的工具的那些政体中"。① 萨托利认为非洲出现的优势独裁制是不稳定的，只是向一党制或者竞争党制转化的过渡形式，因此反对把优势独裁制作为一个特殊的类型。科尔曼也认为非洲缺乏一个相对稳定的政治秩序，把"政党制度"用在非洲是需要"做很大保留的"，"最有效的方式是把注意力集中在趋势而不是制度上"。②

即使在所谓的"民主的第三波"以后，学界仍对非洲国家的政治制度保持怀疑态度。拉里·戴蒙德在《第三波过去了吗？》一书中，提出三种民主：一是自由民主，即他所谓的"真正民主"；二是选举民主，这是民主最基本的形式；三是虚拟民主（pseudo democracy），指一国具备法定的选举和公开的反对党，但缺少公平透明的竞争环境。他认为非洲大多数国家只算选举民主，部分国家还是虚拟民主，距离真正的自由民主还有很大距离。③ 李安山认为非洲政治动员和政党制度化程度都很低，缺少权力分享，形成零和游戏。④ 贺文萍认为选举、市民社会、经济发展是解析非洲特殊民主的关键因素。非洲虽然已经搭建起宪法、政党和政党制度的民主制度框架，但未来发展仍具有复杂性、艰难性和脆弱性。⑤

---

① Gabriel A. Almond, et al. , *The Politics of the Developing Areas*, Princeton：Princeton University Press, Vol. 54, No. 3, 1970, p. 40.

② ［美］詹姆斯·科尔曼：《撒哈拉以南的非洲政治》，载［美］加布里埃尔·A. 阿尔蒙德等《发展中地区的政治》，任晓晋、褚建国、宋腊梅译，上海人民出版社2012年版，第253页。

③ ［美］拉里·戴蒙德：《第三波过去了吗？》，载刘军宁编《民主与民主化》，商务印书馆1999年版，第398页。

④ 李安山：《非洲民族主义研究》，中国国际广播出版社2004年版，第358页。

⑤ 贺文萍：《非洲国家民主化进程研究》，时事出版社2005年版，第19页。

（二）南非政党研究

南非政党研究绝大部分是非国大研究。如果按照研究对象的发展进程来划分，现有研究主要聚焦于非国大的兴起与斗争、非国大参与制宪谈判、非国大执政三个历史阶段。

1. 非国大的兴起与斗争

詹姆斯·科尔曼（James Coleman）在《撒哈拉以南的非洲政治》中指出种族隔离时期的南非联邦实际上是"两个国家"，欧洲人国家和非洲人国家（王国、部落等形式）。欧洲人对部落化的非洲实行间接统治，排斥非洲人进入欧洲国家的政治生活。[①] 皮克斯利·瑟姆在《非洲的复兴》一文中写道："恶魔般的种族歧视、科萨人与芬果人之间的畸形世仇、祖鲁人和聪加人之间存在的敌意、巴苏陀人与其他土著人之间的仇恨，这些都必须埋葬和忘记：我们已经为此流了足够的血。我们是一个民族。这些分裂、这些嫉恨，是我们苦难的根源，也是我们现在依然落后和愚昧无知的根源。"[②]

盖伊·西德曼（Gay Seidman）认为第一次世界大战以后，南非的非洲人主义思潮和黑人抵抗运动开始向政党方向转化。[③] 本·托洛克（Ben Turok）的《非国大的历史源头》指出非国大从 1919 年的最

---

① ［美］詹姆斯·科尔曼：《撒哈拉以南的非洲政治》，载［美］加布里埃尔·A. 阿尔蒙德等《发展中地区的政治》，任晓晋、褚建国、宋腊梅译，上海人民出版社 2012 年版。

② ［美］查伦·史密斯：《曼德拉传》，高天增译，中国人民大学出版社 2013 年版，第 3 页。

③ Gay Seidman, "Guerrillas in Their Midst: Armed Struggle in the South African Anti-Apartheid Movement", *Mobilization*, Vol. 6, 2001, pp. 111 – 127.

初定位就是"团结不同的族群和部落，实现南非黑人的团结与合作"。① 詹姆斯·巴伯（James Barber）强调1955年《自由宪章》倡导公民身份而非族群身份的多元包容的民族主义观念，成为团结广泛阶层和种族参与非国大的理论支撑。② 非国大青年联盟的成立使非国大重新恢复了活力。20世纪50年代，非国大成员从7000人猛增到10万人。③ 弗朗西斯·迈力（Francis Meli）认为非国大逐渐从成员阶层、组织性质开始向"大众型民族解放组织"转变。④

鉴于非国大在南非政治中的核心地位，几乎所有有关南非历史、思想、政策方面的书籍都会涉及非国大的发展和运作。包括郑家馨的《南非史》、杨立华的《列国志·南非》、夏吉生主编的《当代各国政治体制——南非》、艾周昌等的《南非现代化研究》、葛佶的《南非——富饶而多难的土地》、张象主编的《彩虹之邦新南非》、潘兴明和李忠的《南非——黑白文化的撞击》、沐涛的《南非对外关系研究》、方伟的《新南非对外关系研究》、莱奥纳德·汤普森的《南非史》、保罗·梅兰（Paul Maylam）的《南非的非洲人历史》、彼得·沃尔什（Peter Walshe）的《南非非洲民族主义的兴起：非洲人国民大会，1921—1952》、莱格西克（M. Legassick）的《南非反抗中的阶级和民族主义》、罗伯特·爱德格（Robert R. Edgar）的《我们生命

① Ben Turok, ed., *The Historical Roots of the ANC*, Sunnyside: Jacana Media, 2010, p. 95.

② James Barber, *South Africa in the Twentieth Century*, Oxford: Blackwell Publishers, 1999, p. 151.

③ Raymond Suttner, "The African National Congress Centenary: A Long and Difficult Journey", *International Affairs*, Vol. 88, 2012, p. 727.

④ Francis Meli, *South Africa Belongs to Us: A History of the ANC*, Harare: Zimbabwe Publishing House, 1988, p. 122.

中的自由：伦比德选集》、凯瑟琳·黑格斯（Catherine Higgs）的《南非民权斗争》、罗伯特·普莱斯（Robert M. Price）的《危机中的种族隔离国家》等。[①]

2. 非国大参与制宪谈判

南非的制宪谈判时期，也称南非的"政治转型时期"，就是白人政府向非国大移交政权的谈判时期。专门研究制宪谈判的论著主要集中在南非和欧美国家。这其中主要有达文波特（T. R. H. Davenport）的《一个新南非的诞生》介绍了南非制宪谈判中的细节以及谈判以外的暴力冲突等问题；作为一名记者，阿利斯特·斯帕克斯（Allister Sparks）的《明天是新的——国家南非变革之路的内幕》披露了南非在政治转型过程中非国大与既得利益集团幕后的一些交易；戴维·奥塔韦（David Ottaway）的《连在一起——曼德拉、德克勒克和改造南非的斗争》讲述了德克勒克与曼德拉从对手变为伙伴，共同结束种族隔离制度的过程；马丁·普特劳和保罗·霍顿（Martin Plaut and Paul

① 参见：郑家馨《南非史》，北京大学出版社 2010 年版；杨立华《列国志·南非》，社会科学文献出版社 2010 年版；夏吉生《当代各国政治体制——南非》，兰州大学出版社 1998 年版；艾周昌、舒运国、沐涛、张忠祥《南非现代化研究》，华东师范大学出版社 2000 年版；张象主编《彩虹之邦新南非》，当代世界出版社 1998 年版；潘兴明、李忠《南非——黑白文化的撞击》，四川人民出版社 2000 年版；沐涛《南非对外关系研究》，华东师范大学出版 2003 年版；方伟《新南非对外关系研究》，浙江人民出版社 2014 年版；Leonard Thompson, *A History of South Africa*, New Haven：Yale University Press, 2001；Poul Maylam, *A History of the African People of South Africa*, New York：Palgrave Macmillan, 1986；Robert R. Edgar and Luyandaka Msumza, eds., *Freedom in our Lifetime：The Collected Wrintings of Anton Muziwakhe Lembede*, Athens：Ohio University Press, 1996；Catherine Higgs, "Full Circle：Sol Plaatje, Anton Lembeded, Mamphela Ramphele, and the Struggle for Civil Right in South Africa", *Canadian Journal of African Studies*, Vol. 32, No. 2, 1998；Robert M. Price, *The Apartheid State in Crisis*, Oxford：Oxford University Press, 1991；Tom Lodge, *Black Politics in South Africa Since 1954*, London：Longman, 1983。

Holde）的《谁统治南非》讲述某些非国大向"资产阶级"妥协的细节；时任美国驻南非大使的普林斯顿·莱曼（Princeton Lyman）在《通向历史的伙伴——美国在南非民主转型中的作用》从旁观者和参与者的角度，描述了许多他亲身经历的历史场景，可以得到更多关于制宪谈判的直观认识。相关著作还包括：帕提·沃德米尔（Patti Waldmeir）的《分析奇迹——种族隔离制度的结束和新南非的诞生》、达文波特（T. R. H. Davenport）和克里斯托弗·桑德斯（Christopher Saunders）的《南非现代史》、威廉·贝纳特（William Beinart）的《二十世纪的南非》、阿德里安·居尔克（Adrian Guelke）的《转型中的南非——被误解的奇迹》、迪克森·蒙加里（Dickson A. Mungazi）的《要塞的最后守卫——扬·史密斯和德克勒克》等等。①

研究转型时期的另一个着力点是突出曼德拉的作用。丹妮·谢克特的《曼德拉：漫漫自由路》指出南非是一个宗教色彩浓厚的国家，白人多信仰荷兰归正教会，黑人多属于圣公会。在处于危机和混乱的时刻，南非人民期盼有一个救世主式的政治人物走出来，带

---

① 参见 T. R. H. Davenport，*The Birth of a New South Africa*，Toronto：University of Toronto Press，1998；Allister Sparks，*Tommorrow Is Another Country*：*The Inside Story of South Africa's Road to Change*，New York：Hill & Wang，1995；David Ottaway，*Chained Together*：*Mandela*，*De Klerk*，*and the Struggle to Remake the South Africa*，New York：Times Books，1993；Princeton Nathan Lyman，*Partner to History*：*The U. S. Role in South Africa*，New York：Viking，2007；Patti Waldmeir. *Anatomy of a Miracle*：*The End of Apartheid and the Birth of the New South Africa*，New York：Rutgers University Press，1988；T. R. H. Davenport and Christopher Saunders，*South Africa*：*A Modern History*，New York：St. Martin's Press，2000；Martin Plaut and Paul Holden，*Who Rules South Africa?* Johannesburg：Jonathan Ball Publishers，2012，p. 5；William Beinart，*Twentieth—Century South Africa*，Oxford University Press，2001；Adrian Guelke，*South Africa in Transition*：*The Misunderstood Miracle*，London：Tauris Academic Studies，1999；Dickson A. Mungazi，*The Last Defenders of the Laager*：*Ian D. Smith and F. W. de Klerk*，Westport：Praeger，1998。

领大家走向和平和繁荣。曼德拉坚强、冷静而又宽容、慈祥的形象迎合了民众的救世主情结，造就了曼德拉近乎神化的完美形象。曼德拉的海报从过去带着拳击手套或者拿着冲锋枪的形象，变为慈爱可亲、充满微笑的老者，象征非国大从"解放组织"向"变革组织"的转型。①

李新烽的《论曼德拉精神及其产生原因》认为曼德拉包容谦虚的性格来源于幼时的成长环境。非洲人虽然有国王、贵族、酋长等尊卑的差别，但在处理族群问题上却遵循协商讨论的原则。出生在王室的曼德拉小时候耳濡目染，学会了充分听取各方意见然后做出决定的"非洲式民主领导"。② 徐伟忠的《南非首任总统纳尔逊·曼德拉》提出曼德拉思想受到非洲社会主义、马克思主义和西方民主主义不同思想的影响，可称之为"混合主义"。意识形态在曼德拉这里具有很强的现实性和工具性，最终目的是使黑人获得平等权利。③ 秦晖在《曼德拉与新南非：这是一场"值得"的转型》中指出南非变革的成功得益于美苏缓和大环境、南非民众的广泛要求，更归功于曼德拉作为领袖表现出的明智之举。④

3. 非国大成为执政党

非国大执政时期的文献最多，涉及政治、经济、文化等方方面面。夏吉生的《新南非政党制度的特色和发展》对民族团结政府时期

① ［美］丹妮·谢克特：《曼德拉：漫漫自由路》，潘丽君、任小红、张琨译，广东人民出版社 2013 年版，第 221 页。
② 李新烽：《论曼德拉精神及其产生原因》，《西亚非洲》2014 年第 6 期。
③ 徐伟忠：《南非首任总统纳尔逊·曼德拉》，《世界经济与政治》1994 年第 8 期。
④ 秦晖：《曼德拉与新南非：这是一场"值得"的转型》，《国家人文历史》2014 年第 2 期。

的政府制度进行了深入探讨。① 杨之桄的《南非第五次全国大选评析》分析了各个党派在南非第五次大选中的表现和非国大长期执政的原因。② 贺文萍总结两种对南非一党主导的看法。一种是西方国家和南非白人的普遍忧虑，认为南非实际上是一个一党制国家，南非存在重蹈其他非洲国家覆辙的可能；另一种观点类似于亨廷顿在《变化社会中的政治秩序》的主题，认为权力集中在一个强大、有信誉和可信赖的政党中并不危险，有利于民主巩固和经济改革。③

在经济政策方面，蒋晖解读 2014 年的南非人文社会科学委员会出版的《国情咨文》，认为南非的严峻的社会问题应从国体和政体的层面寻找根源。④ 戴旭在《南非执政三方联盟为何斗而不破》中指出执政三方联盟的主要分歧在于《增长、就业与再分配法案》（*Growth，Employment and Redistribution Strategy*）、《黑人经济振兴政策》（*Black Economic Empowerment*）和津巴布韦土地改革问题，核心是前两点。⑤《南非现代化》回顾南非的现代化发展历史，并对非国大的经济和产业政策进行介绍。⑥ 泰列柏兰奇在《南非不公平的历史：1652—2002 年》中称 1993—1994 年的转型为"不完全的转型"，原因是政治层面实现了从白人政治统治到黑人掌控的民主，但经济原封不动地保留了自由主义经济制度。不过，在《迷失在转

① 夏吉生：《新南非政党制度的特色和发展》，《西亚非洲》1999 年第 5 期。
② 杨之桄：《南非第五次全国大选评析》，《国际研究参考》2014 年第 6 期。
③ 贺文萍：《从曼德拉到姆贝基：南非民主政治的巩固》，《西亚非洲》2001 年第 6 期。
④ 蒋晖：《"南非道路"二十年的反思》，《读书》2015 年第 2 期。
⑤ 戴旭：《南非执政三方联盟为何斗而不破》，《当代世界》2005 年第 11 期。
⑥ 艾周昌、舒运国、沐涛、张忠祥：《南非现代化研究》，华东师范大学出版社 2000 年版。

型中——1986 年以来南非的求索之路》一书中，泰列柏兰奇修正了上述看法，认为 1993—1994 年的转型是完全的同时也是病态的转型，非国大政府面对国际资本显得软弱无力，南非的主权被种种附加条件严重制约。①

在非国大组织方面，葛佶在《南非新政府的第一年：成就与问题》中指出，非国大内部从执政伊始就存在"务实派"和"人民派"的区分。"务实派"以曼德拉为代表，主张渐进平稳地推动改革；"人民派"则要求迅速履行承诺，满足民众的改革愿望。在非国大执政前期，曼德拉、姆贝基等"务实派"掌握大权，但"人民派"容易获得基层党员的青睐，在全国代表大会的选举中，"人民派"党员总是在选举中占据优势。② 后来祖马与姆贝基在波洛夸内大会的竞选再次证明这一结论。刘乃亚的《从借鉴中国经验看南非政党政治》认为"非国大是一个具有内在凝聚力、远大抱负和世界眼光的群众性政治组织。有效的组织和运作，以及与选民集团和社会组织间稳定的联系，这种党内制度化建设是非国大巩固党内民主，获得大选胜利的重要前提……（非国大）自认为对整个非洲大陆的振兴负有神圣使命和不可推卸的责任"。③

除了非国大以外，国民党、因卡塔自由党、南非共产党、民主联盟等其他南非政党曾在某个历史时刻发挥过巨大作用，近年来对南非其他政党的研究不断增加，正文将在相关部分进行介绍，这里就不具

① ［南非］S. 泰列柏兰奇：《迷失在转型中——1986 年以来南非的求索之路》，董志雄译，民主与建设出版社 2015 年版，第 2—3 页。
② 葛佶：《南非新政府的第一年：成就与问题》，《西亚非洲》1995 年第 5 期。
③ 刘乃亚：《从借鉴中国经验看南非政党政治》，《西亚非洲》2002 年第 6 期。

体展开介绍。①

（三） 对现有研究的简要评论

不难看出，目前关于非洲政党的著作可谓文山书海，成果丰硕，为继续从事相关研究奠定了坚实的基础，同时也存在某些缺失之处。总体上有以下几点。

第一，关于政党发展和政治发展的研究有很多，阿尔蒙德、亨廷顿等人都为非洲政党发展"设定"了不同的阶段特征，这些研究基本上都沿着西方政治的思维。更有甚者如科尔曼认为非洲不存在真正意义上的政党制度，萨托利把非洲的民族主义政党视为披着政党外衣的"伪党"。诚然，非洲政党存在这样那样的问题，但是仅仅因为发展的路径和方式与西方不同就给与完全否定，无疑是一种西方中心主义的傲慢。

第二，许多学者认识到国家建构是民族主义政党的首要任务，但很少讨论国家建构对政党的影响，事实上，民族主义政党在从革命党转变为执政党的过程中，在思想和组织上都会发生巨大变化。

第三，民主化是研究南非政党和非国大的主要路径，在民主转型时期，民主化在促进民族和解、防止国家分裂方面发挥了巨大作用，

---

① 部分可参见：晨曦《南非国民党的"开放"与追求》，《瞭望》1990 年第 49 期；程光德《南非共产党："联合执政"是委曲求全还是养精蓄锐》，《当代世界》2014 年第 6 期；程光德、聂运麟《种族主义制度废除后南非共产党对社会主义的新探索》，中国社会科学出版社 2013 年版；杨立华《"因卡塔"——祖鲁族"民族文化解放运动"的复兴和发展》，《西亚非洲》1982 年第 6 期；Nicholas Cope, "The Zulu Petit Bourgeoisie and Zulu Nationalism in the 1920s: Origins of Inkatha", *Journal of Southern African Studies*, Vol. 16, No. 3, 1990, pp. 431 – 451; Laurence Piper, "Democracy for a Bargain: The 1999 Election in KwaZulu-Natal", *Politikon South African Journal of Political Studies*, Vol. 26, No. 2, 1999, pp. 145 – 154。

贺文萍、陆庭恩、谈世中等学者对此有着丰富的研究，提出要把南非视为非洲民主化的新模式。随着族群在南非政治中的作用逐渐淡化，在新南非成立二十年后，有必要重新审视和思考南非的民主发展问题。

三　研究方法、创新与章节结构

在回顾非国大历史沿革的基础上，本书试图从政党建设、国家建构与政党关系三个方面，研究非国大如何从社会运动发展为民族主义政党，如何把自身的政治纲领转化为国家治理的政策，如何将相互敌对和分裂的社会集团整合为包容多元的统一国家。与其他非洲国家相比，南非在建国伊始就要同时面临民族独立和民主化两股潮流。研究非国大建构新南非的历史过程，有利于发掘分析执政党与国家存在的互动关系、民主化背景下的一党居优的政治体制、非洲民族主义政党转型等普遍性议题。

（一）技术方法

本书对非国大在社会运动、革命党、执政党等不同时期的形态进行比较分析，尤其强调非国大在思想上对新南非设想的变化，组织上吸纳和动员社会阶层的不同方式，试图从中归纳出非洲民族主义政党发展与国家建构之间的相互关系，具体方法如下。

跨学科研究：从目前的文献可以看出，政党研究已经远远超出政治学范围，社会学、经济学、民族学等方法被广泛运用，许多交叉学科应运而生，诸如政治社会学、政治心理学、政治经济学、民族政治学等。本书在总结前人关于非国大革命与执政研究的基础上，以政党本身为切入点，探讨非国大在意识形态、组织目标、人员构成、斗争模式等方面的变化，分析非国大在建设新南非的道路上如何实现政党、社会与国家的统一与发展。

实地调研：笔者曾在南非进行为期一年的访问研究，通过与非国大官员和普通党员交谈，当地的档案馆、图书馆、研究所、网上数据库以及相关政府机构等，搜寻非国大历史和当代的文献资料。通过整理与非国大相关的学术著作、历史文件、数据资料等，从总体上把握非国大在每个阶段的发展过程，形成对整篇论文的宏观把握和理论分析。

案例分析法：透过对典型案例的研究，对非国大政府执政的类型、特点、活动领域、法律地位以及政治民主化进程的影响进行概括与分析，形成文章内容的微观描述和具体实例。回顾和分析南非的政治经济建设过程，对在民族国家建构中如何处理政党与国家的关系提出了自己的见解。

（二）研究创新与不足

本书的研究创新点在于：

首先，根据前人关于民族国家建构、政党发展等方面的研究，论证民族主义政党，尤其是执政党对非洲国家建构的作用，提出关于国家与政党认同关系的看法。

其次，在分析执政党与国家、社会、其他政党、世界和地区环境等关系的基础上，尝试对非洲民族主义政党的发展进程进行理论建构。

再次，通过深入研究非国大革命时期和执政时期的运作，探讨非国大和非洲民族主义政党的国际合作理念的发展变化，为加强中南、中非双边关系，建立一个互利互惠的命运共同体提出有益的建议。

最后，学术界对于"非洲人"① 的内涵、"土著人"② 的称呼、"部落"③ 一词的使用等存在混用或者争议现象。本书根据前人的基础研究，并结合南非的实际情况，在文中做出相应的解释。

本书至少在两个方面可以进一步改进。

第一，由于文章涉及内容的时间跨度较长、包含内容较广，在一些关键事件上的分析不免蜻蜓点水，在后续的研究中，应在制宪谈判、《议员转党法》、波洛夸内大会等转折性事件的阐述中补充更多细节。

第二，受知识储备和研究领域所限，本书只选择南非非国大作为研究对象。如果能加入莫桑比克、津巴布韦等其他民族主义执政党进行比较分析，无疑会更具有说服力。

（三）论文章节安排

本书章节分配如下。

"导论"部分提出南非非国大作为非洲民族主义政党的一种新思路和新模式，有必要专门加以研究和总结。本书提出非国大的起源与发展、非国大主导的南非政治转型、非国大从革命党到执政党的转

---

① 泛非主义与非洲人主义含义相同，在泛非主义语境中，非洲是黑人的非洲，只有黑人能够被称为"非洲人"。《自由宪章》签订以后，"新南非"概念将所有生活在南非的族群都称作"非洲人"。

② "土著人"与"原住民"在语义上可以互换，经常能看到两个词语的混用。尽管一些观点认为"土著"一词含有贬义色彩，但"土著"是过去学术界的通用语。

③ 李安山教授等民族学学者曾多次探讨"部落"一词存在的歧视含义。从当前的用语趋势来看，"族群"正在取代"部落"成为主流概念。

型、非国大的国际合作理念四个方面的问题，在回顾和分析现有研究文献的基础上，阐述本书的研究方法和章节结构。

第一章"非洲民族主义政党发展的理论建构"，首先界定了政党、政党制度以及政党发展的定义和内涵。在分析非洲政党发展的历史和相关理论问题的基础上，探究影响非洲政党发展的相关因素，尤其是民族国家与非洲民族主义政党的关系特点和演变轨迹。

第二章"从社会运动到革命党：非国大对新南非的设想和实现"主要解答非洲人专门召开一个国民大会的原因；非国大从大会变成一个政党的过程；既然是"非洲人"国民大会，为什么又包含白人、有色人和亚裔等不同族群的党员等问题。通过回顾种族隔离时期的非国大从社会运动到革命组织、再到执政党的发展历程，重点探讨非国大在此期间意识形态和组织建设的几次重要变化。

第三章"从革命党到执政党：非国大领导下的新南非建设"按照时间顺序，阐述了新南非成立后的曼德拉、姆贝基和祖马三个历史时期。重点选取民族和解、经济发展、组织建设三个角度，对非国大执政过程中巩固政权的努力进行考察。最后，在肯定非国大执政成绩的同时，探讨非国大执政面临的诸多挑战。

第四章"非国大与新南非相互建构的路径分析"分别从社会群体的疏离与整合、政党格局的分散与集中、"新南非"理念的坚持与困境三个角度，对非国大与新南非相互建构、共同发展的过程进行深入思考。

第五章"非国大的中等强国战略"提出在国际格局转型的过程中，受制于综合国力局限，中等强国在国际事务中往往不具备决定性作用。但中等强国通过与志同道合的国家建立联盟或加强合作关系，在地区和全球治理中又总能占据一席之地，从而成为新兴大国与守成大国之间纵横捭阖中的关键要素。因此，中国外交应提升中等强国的位置，应从构建全球发展伙伴关系的高度出发，加强同南非等新兴中等强国的互利共赢合作，并通过中等强国带动各自地区小国参与到全球治理机制改革中去。

第 一 章

非洲民族主义政党发展的理论构建

◇ 第一节 相关概念分析

一 政党

在当代政治中，除了极少数特殊情况，几乎没有政治活动不是通过政党进行的。[①] 古代中国也有"党"的概念，具体包括两种内涵：一是士大夫阶层的"朋党"，即官僚宗派组织；二是底层社会的"会党"组织，多带有封建迷信或集团暴力色彩。[②] 两种"党"在中国古代都具有贬义色彩，被官方明令禁止和镇压。

在西方，早期政党同样名声不佳。从英语语源学上讲，"政党"（Party）来源于"部分"（Part），带有小集团主义和宗派主义的内涵。英国议会最早的两个党分别被叫作"辉格"（Whig，意为"苏格兰强盗"）和"托利"（Toly，意为"爱尔兰歹徒"）。在法国大革命时期，

---

① 赵宝煦：《政治学概论》，北京大学出版社 1982 年版，第 160 页。

② 朱昔群：《政治发展研究——一种比较的视角》，《马克思主义与现实》2006 年第 3 期。

"政党"作为一种污蔑性用语被各派用来相互攻击。孔多赛认为法兰西共和国最不需要的就是政党；丹东和罗伯斯庇尔认为政党的本质是牺牲大众利益的宗派。[①]

或许是为了给政党"正名"，萨托利在《政党与政党体制》一书的开篇就区分了政党与宗派的区别，他认为宗派是一种利己主义的小集团，是贬义的；政党则不同，政党是整体的一部分，为整体服务。[②]马克思列宁主义给政党的定义是，政党是阶级斗争发展到一定阶段的产物，是某个阶级、阶层或社会集团的积极分子为了维护自身利益和实现自身主张，致力于夺取政权、巩固政权或影响政府而结合起来采取共同行动的组织。[③] 艾伦·韦尔（Alan Ware）认为政党是一种试图通过占有政府位置来寻求其在国家中的影响力，通常涵盖不止一种社会利益，并因此在某种程度上试图"凝聚不同的社会利益"的组织机构。[④]

（一）理解政党的基本视角

目前的政党研究主要有三个基本角度：一是功能主义视角；二是社会冲突视角；三是组织结构视角。

从功能主义视角来看，阿尔蒙德认为政党是政治社会化的主要工具，政党在其中扮演利益汇集和表达、规则制定和实施、政治交换与

---

① 柴宝勇：《政党发展：涵义、视角及趋势》，《当代世界与社会主义》2011 年第 5 期。

② ［意］G. 萨托利：《政党与政党体制》，王明进译，商务印书馆 2006 年版，第 11—29 页。

③ 王邦佐等：《政治学辞典》，上海辞书出版社 2009 年版，第 43 页。

④ ［英］艾伦·韦尔：《政党与政党制度》，谢峰译，北京大学出版社 2011 年版，第 11 页。

竞争等多种角色。① 艾伦·韦尔认为政党具有以下几个特征：第一，政党是集合民众以行使国家权力为目的的组织；第二，政党寻求合法手段追求其目标；第三，政党是寻求代表多元的、广泛的社会利益的组织；第四，政党是由持相似的信仰、态度和价值的人们组成的集团。②

从社会冲突视角来看，玛格利特·列维（Margaret Levi）认为政党从根本上反映了社会不同权力主体的争斗与妥协，不同的组织形态是社会结构变化的结果。③ 利普塞特的"冲突—整合"理论把政党视为"冲突的力量和整合的工具"，政党的冲突与整合围绕中心—边缘、国家—宗教、土地—工业、有产者—工人四个维度展开。④

从组织结构视角看，米歇尔斯最早从组织结构的视角研究政党。他在《寡头统治铁律：现代民主制度中的政党社会学》中提出著名的"寡头统治铁律"，认为即使是奉行民主思想的政党最终也会不可避免出现寡头统治的倾向。⑤ 莫瑞斯·迪韦尔热（Maurice Duverger）是政党组织类型学的集大成者。从结构上，迪韦尔热把政党分为直接结构政党和间接结构政党，前者是指党组织是直接的、单一的，后者则是由各个团体联合形成。⑥ 在组成人员上，迪韦尔热将西方国家的政党

---

① ［美］加布里埃·A. 阿尔蒙德、小 G. 宾厄·鲍威尔：《比较政治学：体系、过程和政策》，曹沛霖、郑世平、公婷等译，东方出版社 2007 年版。

② ［英］艾伦·韦尔：《政党与政党制度》，谢峰译，北京大学出版社 2011 年版，第 8—10 页。

③ Margaret Levi, *Of Rule and Revenue*, Berkeley: University of California Press, 1988.

④ ［美］西塞·马丁·利普塞特：《共识与冲突》，张华青等译，上海人民出版社 2011 年版，第 125—126 页。

⑤ ［德］罗伯特·米歇尔斯：《寡头统治铁律：现代民主制度中的政党社会学》，任军锋等译，天津人民出版社 2003 年版。

⑥ Maurice Duverger, *Political Parties*, London: Methuen, 1959, p. 17.

类型分为"干部型"政党（candre party）和"群众型"政党（mass membership party）。干部型政党是政治精英组织，是精英为了参加选举或同候选人加强联系而组织的政治集团；群众型政党，试图吸收尽可能多的来自各个阶层的党员，从而在竞选或武装斗争中获得更多经费和人力资源。[①]

戴维·阿普特（David E. Apter）将社会冲突视角与组织结构视角结合起来，把政党分为代表党和团结党两种。代表党很少产生于政治运动，而来自政治联盟。成立政党的目的是吸收工会、学生组织、妇女协会、商人团体等不同利益集团，尽可能地扩大联盟基础以赢得选举。在代表党中，各种协会组织仍具有很强的自主性和独立性。团结党起源于政治运动，强调意识形态教育和党员的绝对服从，通过革命口号和组织变革来加强成员的相互依赖。为了参加选举，团结党也会按照地区建立选民组织。但阿普特认为，对于团结党来说，政治社会化、动员、控制等功能是首要的，地区组织仅仅是党的附属性管理场所。[②]

（二）民族主义政党

拉帕隆巴拉的《政党的发展和起源》是最早研究发展中国家政党的著作之一，通过研究发展中国家的传统文化、现代化、竞争性等方面，来区分非洲政党与西方政党的差异。[③] 科尔曼正式提出"全民型民族主义政党"概念。他认为尽管在殖民地时期和非洲国家独立以

---

① Maurice Duverger, *Political Parties*, London：Methuen, 1959, p. 64.

② ［美］戴维·E. 阿普特：《现代化的政治》，陈尧译，上海世纪出版社 2011 年版，第 153—157 页。

③ 陈明明：《泡沫政治：战后早期非洲多党民主制》，《西亚非洲》1997 年第 3 期。

后，非洲的全民型民族主义政党存在形式和性质上的区别，但不可否认，反抗殖民主义斗争一直是独立后全民型民族主义政党的执政合法性来源。①

中国学者也有不少关于民族主义政党的论述，这里不一一展开。②总结起来，民族主义政党是用来指代发展中国家出现的以民族主义为意识形态的政党。民族主义政党主张反对外来统治和压迫，维护本国的独立自主。虽然民族主义政党的政策可能会受到西方自由主义或者马列主义的影响，但多以策略性和实用性考虑为主，而不能因民族主义政党信奉某种主义而简单与西方资产阶级政党或东方无产阶级政党进行等同。在国际事务中，民族主义领导下的新兴民族国家同样采取广泛交往又与各方都保持一定距离的策略，以从中获得最大的外交自主权和政治经济收益。

从内涵上说，迪韦尔热的干部党、群众党基本等同于阿普特的代表党、团结党。当然，经过民族和民主运动的洗礼，现代政党几乎不存在干部党和群众党的严格分野，而是两种类型的结合。迪韦尔热、阿普特等人对政党类型进行的细致探讨，为后面研究政党的发展和发展中国家的政党组织提供了基本框架。

在发展中国家政党研究中，尽管没有类似迪韦尔热、阿普特的系

---

① James Coleman, "The Emergence of African Political Parties", in C. Grove Haines, ed. , *Africa Today*, Baltimore, 1955, pp. 225 – 227.

② 相关研究可参见：董卫华：《民族主义政党的发展历史、政策调整及前景》，《当代世界》2006年第9期；余科杰：《论民族主义政党的类型和特征》，《新视野》2005年第3期；陆庭恩、刘静：《非洲民族主义政党和政党制度》，华东师范大学出版社1997年版；高歌：《中东欧国家的民族冲突、民主转轨与政治稳定》，《世界民族》2011年第4期；孙坚：《苏格兰独立问题的由来与发展》，《世界经济与政治论坛》2015年第1期。

统组织类型学研究，但科尔曼提出的全民型民族主义政党等概念实际上是群众型政党的一种表现。① 本书认为民族主义政党至少应包含三个特点：第一，以争取民族独立为目标；第二，尽可能吸纳更多社会阶层的党员；第三，有明确的政党纲领、章程和纪律。

二　政党制度

（一）政党制度的定义和分类

作为某个社会群体的代表，政党成立的目的是影响社会和国家走向。因此，认识一个政党绝不能仅仅局限于政党本身，而应关注该党所包含的外部联系。传统上，政党制度存在狭义和广义两种定义。狭义的政党制度是指政党制度的具体类型或格局，即一党制、两党制、多党制的三分法；广义的政党制度则是政党与国家、政府、政党和社会的关系的各项规范总和。

第二次世界大战以后，随着政党制度在世界范围内扩展，传统的三分法出现了更多细化的区别。例如萨托利将政党制度分成七类：一党制、霸权党制（hegemonic-party system）、主导党制（pre-dominant-party system）、两党制、温和多党制（moderate system）、极化多党制（polarized system）、碎片化多党制（segmented system）。② 艾伦·韦尔将政党政府分为六类：主导党制、两党制、两个半党

---

① ［美］詹姆斯·科尔曼：《撒哈拉以南的非洲政治》，载［美］加布里埃尔·A. 阿尔蒙德等《发展中地区的政治》，任晓晋、褚建国、宋腊梅译，上海人民出版社2012年版，第248页。

② ［意］G. 萨托利：《政党与政党体制》，王明进译，商务印书馆2006年版，第19页。

制、一大数小党制（system with one large party and several smaller ones）、两大数小党制（system with two large parties and several smaller ones）、均衡多党制。①

在发展中国家，竞争性是划分政党制度的重要标准。莫里斯·加诺维茨（Morris Janowitz）将发展中国家的军人与政治的关系分为五种类型：威权—个人控制、威权—大众党、民主竞争和半竞争制、文人—军人联盟、军人寡头。② 迈克尔·布莱顿（Michael Bratton）和尼古拉斯·范德·瓦勒（Nicholas Van de Walle）提出"政治—制度范式"，按照政党竞争的程度把非洲国家分为"全民表决一党制""竞争性一党制""军人寡头制""殖民寡头制""多党制"五种类型。③ 萨托利认为在一个非竞争性的政党体制中，判断一国属于一党制或多党制不是指该国国内的政党数量，而是与该国政权"相关"的数量，即能够获取、参与或影响政权的政党的数量。

一党制是非洲常见政党制度。按照萨托利的定义，广义上的一党制可分为一党制、霸权党制和主导党制三种。主导党制俗称"一党独大制"（又称为"一党优势制"），是指一党在竞争性政党制度中长期执政的现象，如日本、意大利、马来西亚、南非等国。一党独大制与一党制的区别在于，前者属于竞争性政党制度，存在向两党制、多党制转型的可能；后者属于非竞争性政党制度，在法律上规定单一政党执政。在一党独大制的实践中，存在两种形式的区分：一种是一党主

---

① ［英］艾伦·韦尔：《政党与政党制度》，谢峰译，北京大学出版社 2011 年版，第 140—161 页。

② Morris Janowitz, *The Military in the Political Development of New Nations*, Chicago: University of Chicago Press, 1964, p.5.

③ Michael Bratton and Nicholas Van de Walle, *Democratic Experiments in Africa*: *Regime Transitions in Comparative Perspective*, Cambridge: Cambridge University Press, 1997.

导，多党参政；另一种是一党执政，多党议会。

霸权党制是一党制与一党独大制的中间状态。霸权党制指允许其他合法政党存在，但执政党通过法律或行政手段限制其他政党生存发展的空间，打击潜在的霸权挑战者，使在野党基本不存在通过竞选取代执政党的可能。霸权党压制手段包括：直接镇压、修改议会规则、操纵选举、控制法院、利用教会、掌握传媒（打击反对党媒体）、通过公共资源收买某些选民阶层、限制反对党公共场所活动、逮捕反对派、切断反对派资金来源。

（二）政党制度与政党政治的关系

与政党制度相关的概念是政党政治。在中国传统的政治语汇中，"政党政治"一词具有贬义，专指资本主义国家通过议会或总统竞选，由获胜的政党执政或联合执政的政治制度。20 世纪 90 年代以后，政党政治逐步变成一个中性词汇，包括所有政党为实现其纲领和主张而展开的一切政治活动。[①] 核心要素包括政党的数量和规模、意识形态分布、社会渗透程度、宪政架构、选举规则、非正式规则。[②]

关于政党政治与政党制度的关系，有学者认为政党政治是政党履行政治职能的本质内容，政党制度则是政党政治的表征，因此政党政治属于上位概念，政党制度属于下位概念。[③] 从理论和大部分国家的实践来看，这种定义确实如此；但在非洲，不少国家法律规定的政党制度常常会出现与实践中的政党政治不相一致的情况。一方面，是因

[①]　王邦佐等：《政治学辞典》，上海辞书出版社 2009 年版，第 43 页。

[②]　刘敏茹：《转型国家的政党制度变迁——俄罗斯与波兰的比较分析》，中央编译出版社 2013 年版，第 23 页。

[③]　王韶兴：《政党政治与政党制度论》，《政治学研究》2000 年第 4 期。

为有些名义上实行多党制的国家，并没有设计出一套政党间公平竞争的架构或制度安排，导致某个政党长期执政。按照萨托利的"相关性政党"的定义，这样的国家仍是实行一党政治。另一方面，由于非洲缺乏一个相对稳定的政治秩序，非洲政党政治的制度化水平相对低下，因此，"最有效的方式是把注意力集中在趋势而不是制度上"。①基于以上原因，本书没有纠结于使用政党制度还是政党政治的概念，而采用政党发展概念来描述和讨论非洲政党内部和外部的状态与根源。

三 政党发展

（一）西方政党发展的过程

现代政党产生于西方，政党的发展变迁也最早开始于西方。第一次是由干部党向群众党的转变。19 世纪中后期，随着男性白人选举权的普及，议会内的政党为赢得选举，开始向民众开放，设立基层组织。与此同时，在议会以外，还出现了一些代表工人和农民的无产阶级政党，包括共产党、工党、农民党等。第二次是 20 世纪早期，政党类型进一步增加，社会议会规模随之扩大。资产阶级、小资产阶级、无产阶级、宗教势力等不同阶层获得合法结社权利，代表不同群体的政党参与议会选举。有一部分国家允许共产党和工人党合法存在，某些西方国家的议会还出现极右翼政党或法西斯政党。第三次是无产阶级政党的分化和衰落。第二次世界大战以后，受冷战格局影

---

① ［美］詹姆斯·科尔曼：《撒哈拉以南的非洲政治》，载［美］加布里埃尔·A.阿尔蒙德等《发展中地区的政治》，任晓晋、褚建国、宋腊梅译，上海人民出版社 2012 年版，第 253 页。

响，西方各国加强了对国内共产党的限制和防范，西方的无产阶级政党在发展道路上出现两极分化，有些逐渐向中左翼靠拢，转变为社会民主主义；有些继续坚持马列主义路线，受到西方政府的打压，其中多数在苏联解体后彻底衰落。第四次是 20 世纪中后期，西方的群众型政党向兼容型政党（catch-all party）、卡特尔型政党（cartel party）转化，出现所谓的"政党衰落"现象。政党衰落的原因有四：其一，随着电视、网络等传播媒体出现，民众无须通过参加政党就可以与候选人取得联系；其二，出现了传统意识形态无法覆盖的新议题，政党为了获取胜利有时会刻意淡化意识形态色彩，政党趋中性和相似性程度不断提高；其三，一些重大问题往往会直接提交全民公投，弱化了政党在重大决策中的地位；其四，青年对政治的兴趣相对下降，群众性政党规模和构成趋于萎缩。

总体来说，群众型政党是一种更"典型"的政党模式：（1）有明确的党章和党纲，对党的组织目标、结构、决策程序、选举程序进行明文规定；（2）从党的领袖到普通党员都有制度化的较为严格的筛选规则，明确所有党员的权利与义务；（3）强调社会渗透和影响，积极与其他社会组织开展合作，目的是扩大群众基础。社会主义政党最早采用群众型政党的形式，此后国家主义政党、民族主义政党和宗教政党等也相继模仿了群众型政党的组织模式。[①] 与群众型政党不同，"兼容型政党"或"卡特尔型政党"的特点是保守性，在意识形态上

---

① Richard Gunther and Larry Diamond，"Species of Political Parties：A New Typology"，*Party Politics*，Vol. 9，No. 2，2003，pp. 167 – 171.

显得温和而不咄咄逼人，不再追求根本性的社会变革。[①] 因此，政党之间在竞选时的对立性明显下降，在争取选民方面也没有像以往那么不遗余力，而更专注"基本盘"的保护。

（二）政党发展概念的辨析与定义

如果仅从组织类型上去理解政党发展，就无法理解政党组织变化背后的社会根源、影响与方向。因此，政党发展实际上应包含三个层面。首先，狭义的政党发展就是政党组织的变化和发展，包括党内的关系结构、培养干部和推选候选人的程序、党员吸纳的对象等。其次，也有学者强调从思想上理解政党发展，包括意识形态、竞选纲领、执政方式等。例如王长江认为过去资产阶级与无产阶级尖锐对立的"哑铃式"的社会结构决定了议会中出现相互对立的政党；随着中产阶级兴起，社会结构向"橄榄形"转变，从而形成执政党与反对党的意见逐渐接近，反对党运用"执政党思维"的现象。[②] 最后，从广义的范围上说，政党发展不仅包括组织和思想的变化，还包括政党与政党、政党与国家、政党与政府、政党与社会互动模式的变化，也就是政党制度的发展。艾伦·韦尔在《政党与政党制度》中专门就政党制度的发展进行了讨论。

比政党发展更早的是古德诺提出的"政党变革"概念。政党变革涉及组织、纲领、政策等多个方面，政党发生变革的原因包括领导人

---

① 参见 Richard S. Katz and Peter Mair, "Changing Models of Party Organization and Party Democracy: The Emergence of Cartel Party", *Party Politics*, Vol. 1, No. 1, 1995, pp. 5 – 28; André Krouwel, "Otto Kirchheimer and the Catch-All Party", *West European Politics*, Vol. 26, No. 2, 2003, pp. 23 – 40。

② 王长江：《现代政党执政规律研究》，上海人民出版社 2002 年版，第 321 页。

变更、重大突发事件、社会阶层变迁、选举制度改革等。① 从词义上说，发展不同于变化或者变革，发展带有正向的、主动的变化；变化和变革往往是由于外力施压、不自觉的反应。龚少情、孔凡河认为政治发展是一种"正向变迁"，是政党为了适应社会、政治体系的变化而进行的自我变革。② 祝灵君认为"政党变革是对环境反应的结果，政党发展则反映了政党政治组织结构变迁的内在规律"。③ 不过，也有国内外学者在使用"发展"一词时，并不具有内生性和向上性的内涵。例如，艾伦·韦尔探讨政党制度的稳定性与易变性时就强调外部环境因素，指出政党联盟、政治制度、选民构成等方面的变动是政党制度变动的原因。柴宝勇将政党发展定义为"在政治生活中，政党受内外条件的影响自觉不自觉地推动自身发展，并以此影响社会发展的动态过程"。他强调政党发展是一个中性概念，无论兴盛还是衰落都属于发展的不同阶段。④

柴宝勇关于"政党发展"的定义实际和古德诺关于"政党变革"的定义没有区别。如果把政党的衰落和灭亡也纳入发展概念，那么定义中的"以此来影响社会发展过程"则并不成立，因为任何政党都不可能在衰落和灭亡的时候来影响社会发展。无论是中文还是英文，"发展"一词都具有上升和升级的内涵。微小的量变很少被称作一种"发展"，"发展"常常用来表示显著的、根本的变化。

因此，本书认为政党发展的定义是在一定的历史时期内，政党受

---

① 王长江：《现代政党执政规律研究》，上海人民出版社 2002 年版，第 340 页。

② 龚少情、孔凡河：《政党发展：意蕴及其价值》，《社会主义研究》2008 年第 5 期。

③ 祝灵君：《政党发展与组织变迁》，《马克思主义与现实》2007 年第 4 期。

④ 柴宝勇：《政党发展：涵义、视角及趋势》，《当代世界与社会主义》2011 年第 5 期。

到内外因素的影响而发生显著的或根本的变化，使之更适应社会环境的需要。

◇第二节　非洲民族主义政党发展及其理论问题

一　非洲民族主义政党的发展进程

非洲本来是没有政党的。在前殖民时代，撒哈拉以南非洲被描述为一种协商一致的社会，坦桑尼亚总统尼雷尔形象地称之为"大树下的民主"：先人围坐在一棵大树下，就共同体的事务展开讨论，这种讨论没有时间限制，需要持续多久就持续多久，直至各方达成一致意见为止。① 非洲沦为殖民地以后，随着阶层出现分化，权利意识逐渐萌发，非洲人慢慢开始一般性的集会结社，并逐渐演变出政治性团体或政党。

（一）非洲民族主义政党的形成

非洲政党的出现是殖民统治的结果，但西方国家统治殖民地的方式是不同的。一般来说，英属殖民地采取间接统治方式，只占据重要城市和产业集中地带，广大乡村委托给当地领袖进行管理；法属、比属等其他非洲殖民地采取直接统治方式，试图摧毁或者削弱传统领袖的权力，创造新的接受西方教育的黑人阶层，最终达到同化殖民地的目的。

---

① J. K. 尼雷尔：《社会主义、民主与非洲统一》，转引自徐济明、谈世中主编《当代非洲政治变革》，经济科学出版社 1998 年版，第 246 页。

　　尽管与其他殖民地相比，英属殖民地的黑人有相对较大的活动自由度，但无论是直接统治还是间接统治，黑人都无权享用白人所拥有的政治经济权利。例如在 1898 年，英属殖民地南罗德西亚名义上宣称权利不分种族，同时又规定"具备英语读写能力的、年收入50 镑或有 75 镑不动产的成年男子具备选举权"，而当时能达到财产条件的黑人屈指可数。并且，当黑人的平均年收入达到 55 英镑时，罗德西亚选举的财产条件也相应上涨到"年收入 240 镑或不动产500 镑"。① 在非殖民化进程中，宗主国倾向于把政权交给本国或亲缘族群，例如英国将南非、南罗德西亚移交给英国移民和布尔人。同样受过西方教育的非洲人不是被排除在政权以外，就是充当白人政府的下级。②

　　殖民统治促进城市与乡村分离，随之而来的是人口的流动。早期的非洲人社会多是以地区或血缘为纽带，一种是以本地族群为主，影响范围局限在区域和次区域，如肯尼亚中部的吉库尤人协会、坦桑尼亚北部的瓦扎拉莫人联盟等；另一种是在经济相对发达、外来移民集中的地区，由乡村打工者、外国侨民组成的同乡会和互助会。③ 殖民统治还推动非洲人精英阶层的分化。在前殖民时代，酋长和族长构成了非洲传统的精英阶层，主要居住在乡村；殖民化则带来西方的生产方式和高等教育，催生了一批黑人律师、医生、商人、学者和官吏，构成新兴的本土精英代表，他们主要居住在城市。

---

　　① 陆庭恩：《非洲问题论集》，世界知识出版社 2005 年版，第 98—99 页。
　　② ［美］詹姆斯·科尔曼：《撒哈拉以南的非洲政治》，载［美］加布里埃尔·A. 阿尔蒙德等《发展中地区的政治》，任晓晋、褚建国、宋腊梅译，上海人民出版社 2012 年版，第 232 页。
　　③ 陆庭恩：《非洲问题论集》，世界知识出版社 2005 年版，第 336 页。

传统领袖和新兴有产阶级在政治方面无法获得与白人相同的机会和条件，排他性的政治环境催生了非洲人群体的维权意识。在非洲，种族意识相比阶级意识更具影响力和感召力。无论是精英阶层，还是黑人劳工或小农，提升黑人整个群体地位的呼声是普遍而强烈的，这一诉求跨越阶级、民族和地区，构成非洲人主义和结成非洲人团体的基础。在城市，由于具有经济先进、思维开放等特征，城市阶层争取平等的政治权利的方式较多，包括请愿、罢工、游行、示威等，结社方式较为多样；在乡村，主要是维护非洲人土地权利的乡村社团。

19 世纪末，黄金海岸（今加纳）、尼日利亚、塞拉利昂等殖民地陆续出现了非洲人权利协会组织。随着经济发展，区域间、族群间的联系不断加强，反对帝国主义、维护非洲人利益成为共同的利益诉求，出现诸如西非国民大会、北非穆斯林民族联盟等跨地区的协会组织。1887 年，开普殖民地成立"土著人选民协会"，是南非地区最早的黑人权利保护组织。1912 年 1 月，由杜比等人发起，在布隆方丹成立"南非土著人国民大会"，成为"非洲人国民大会"的前身，目的是让各地区、各民族、各部落的非洲人消除敌意，改变过去因冲突导致的世代为仇、不相往来的局面。

早期的非洲政党与宗主国联系密切，组织上沿袭西方的政党结构，政党纲领和领袖思想也深受欧美国家教育影响，并且在宗主国设立分部。第一次世界大战以前，非洲政治组织发展缓慢，成员以本土精英为主，手段基本上停留在集会请愿阶段。第一次世界大战以后，非洲的政党迎来第一次高潮，非洲殖民地出现 90 多个党派组织，斗争方式出现分化。有些本土政党被宗主国议会逐渐吸纳，成为殖民政府体制中合法的议会政党；有些本土政党与工人协会、妇女协会、学生联合会等社会团体联合，构成体制外的压力团体；还有一些发展成为民族主义政党武装，走上暴力革命道路。

1945 年 10 月，恩克鲁玛、肯雅塔、阿齐克韦等非洲民族主义者在英国曼彻斯特举行第五次泛非主义会议，成立工作委员会。会后，泛非会议的委员们回到各自国家，组织民众和建立民族主义组织。到 20 世纪 60 年代初，非洲大陆成立了 147 个政党，领导非洲民族斗争走向高潮。[①] 受两次世界大战的严重打击，欧洲宗主国实力大减，无力有效控制风起云涌的民族解放运动，非洲刮起了"变革之风"，在短时间内出现一大批新兴民族国家。

（二）独立运动后的民族主义政党

独立运动胜利后，大部分非洲国家效仿宗主国，实行议会多党制度，非洲政党迎来第二次发展高潮。但好景不长，1965 年后非洲出现军事政变的风潮，政党数量不断减少。20 世纪 60—70 年代，非洲共发生 51 次政变，未遂政变更是不胜枚举。到 20 世纪 80 年代累计有 100 多个政党消失。政党数量下降主要有两方面原因：一方面，军方政变，军政府取消一切政党。仅 20 世纪 80 年代，非洲就有 121 次军事政变，其中有 59 次成功。[②] 另一方面，执政党实行事实或法律上的一党制，打压或直接取缔其他政党。

蒂利在探讨军政府起源时认为"军事组织的相对生存能力使得它们对雄心勃勃但是身无分文的青年具有吸引力，因此军人从商业、教

---

① 陆庭恩：《非洲问题论集》，世界知识出版社 2005 年版，第 193 页。

② Patrick Chabal, *Political Domination in Africa*, Cambridge：Carmbridge University Press，1986；Chris Cook，David Killingray，*African Political Facts Since 1945*，New York：Palgrave Macmillan，1991，pp. 203 – 211.

育和市民的公共管理中汲取了大量人才。因此军人们发现越来越容易攫取对国家的控制，而平民领导人则发现越来越难于制约他们。"①军事寡头政体是一种不稳定的政体，除非军官阶层从军队中分离，成为职业化的精英或政治精英，否则就会出现政治不稳定，陷入贪污腐败、滥用职权和诉诸暴力。② 托马斯·卡拉海（Tomas M. Callyaghy）认为军人在非洲式独裁政体中具有某种优势，但制度化本身构成了对军事权力的限制。他声称津巴布韦等非洲国家的军人政体"汲取很多中央集权和社团主义的殖民地传统，由强势的个体统治者结合起来，经常是松散地并且以一种不稳定的方式结合在一起的"③。并且随着时间推移，威权政府会出现低能和无效率、腐败、失去活力、独裁者老去、社会变迁、反对派复活、退回军营、外部压力等问题，军人政府会重新将权力移交给民选政府。④

相比于无党制，一党制是非洲 20 世纪七八十年代更常见的一种政治体制。《非洲民族主义政党与政党制度》总结了一党制的三种途径：一是曾经领导武装斗争的民族主义政党在国家独立后成为单一执政党；二是民族主义政党通过议会道路逐步取得政权，逐渐吸纳反对党，最后形成法定的或事实上的一党制；三是军事政变以后，军政府

---

① ［美］查尔斯·蒂利：《强制、资本和欧洲国家（公元990—1992年）》，魏洪钟译，上海人民出版社 2007 年版，第 244 页。

② ［美］戴维·E. 阿普特：《现代化的政治》，陈尧译，上海世纪出版社 2011 年版，第 103 页。

③ Tomas M. Callyaghy, *The State-Society Struggle: Zaire in Comparative Perspective*, New York: Columbia University Press, 1984, p. 240.

④ ［美］霍华德·威亚尔达：《新兴国家的政治发展——第三世界还存在吗?》，刘青、牛可译，北京大学出版社 2005 年版，第 97—99 页。

向一党制政府转型或移交政权给某个党派。① 一党制之所以在非洲存在主要有以下几点原因。

首先，传统非洲社会是由全体村落、氏族共同协商决策的，大家商量好以后共同执行，不存在固定的反对派。一党制类似于一个大的村落会议，整个社会统一在一个党派内充分商讨、共同行动，符合非洲传统的集体精神。

其次，非洲领袖及其所领导的民族主义政党在独立过程中发挥巨大的作用，享有无可比拟的威望，组织力和领导力方面也远远高于其他政党。加纳国父恩克鲁玛就曾说过"没有人民大会党，就没有加纳"，人民大会党"不仅组成了政府，而且成为人民利益的监护人"。②

再次，非洲国家内部存在以族群为基础的政治实体，尤其在实行间接殖民统治的殖民地，传统领袖的影响力常常大于中央政府，威胁新兴民族国家的合法性和一体化建构。实行一党制有利于将社会多元化结构整合起来，实现跨族群、跨区域的政治整合。有学者认为领袖和领袖所代表的精神在民族一体化中发挥重要作用。例如坦桑尼亚存在 100 多个族群，尼雷尔总统奉行"村社社会主义"，也就是所谓的"尼雷尔主义"作为超越坦桑尼亚各族群之上的、构建国民认同的精神体系。③

复次，独立初期，非洲国家亟须集中力量进行经济建设，一党制

① 陆庭恩、刘静：《非洲民族主义政党与政党制度》，华东师范大学出版社 1997 年版，第 195 页。

② 本杰明·阿莫诺：《加纳 1957—1966 年双重体制下的政治》，转引自徐济明、谈世中《当代非洲政治变革》，经济科学出版社 1998 年版，第 17 页。

③ Ronald Cohen, ed., *From Tribe to Nation in Africa*, Scranton：Chandler Publishing, 1970.

有利于整合资源，减轻资源和资本不足的困难。如果把有限的资源浪费在争执和竞争上面，则无疑会拖累现代化建设。因此对非洲国家来说，民主是一种无法承受的"奢侈品"。

最后，非洲国家建国以后，仍与宗主国保持千丝万缕的联系，尤其是在野的反对党常常会寻求外部势力的支持和帮助，威胁新生国家的独立和稳定。从经验来看，缺乏强大的政治组织和足够的执政经验的非洲政府没有足够的社会认同度和动员能力，这种国家的政治体制和经济建设将陷入困境。

非洲一党制的特色之一是其与非洲式的社会主义联系在一起。不过，大部分非洲革命者主张共产主义和社会主义是反对殖民统治的工具，黑人民族主义高于阶级斗争。法语殖民地思想家艾梅·赛泽尔认为马克思主义应为黑人服务，而不是黑人为马克思主义和共产主义服务。[1] 除了葡语殖民地和津巴布韦坚持正统的马列主义思想，其他非洲国家总是把马克思主义与其他形形色色的思想结合在一起，在社会主义之前冠以种种形容词，构成国家的意识形态和政策指导，有代表性的包括：北非有埃及纳赛尔社会主义、利比亚卡扎菲社会主义，东非有坦桑尼亚尼雷尔社会主义，西非有加纳恩克鲁玛社会主义、塞内加尔桑戈尔社会主义等。非洲社会主义形式各异，根据思想来源不同，可分为包括坚持马克思主义的科学社会主义、基于伊斯兰教义的阿拉伯社会主义、奉行非洲传统的"村社社会主义"、吸收西方思想的"人道社会主义"等。

非洲大多数国家走非资本主义有四点原因。第一，来自欧洲的殖民者实行的是资本主义制度，非洲经济在资本主义体系中成为附

---

[1]　Immanuel Wallerstein, "Elites in French-Speaking West Africa", *Journal of Modern African Studies*, 1965, p. 24.

庸和边缘，非洲国家希望摆脱对宗主国的经济依赖，首先就要摆脱殖民者强加的经济制度；第二，非洲一方面长期受到资本主义的压迫和掠夺，另一方面对苏联、中国等东方国家发生的革命抱有憧憬和好感，因此很自然地希望借鉴社会主义国家经验，走一条非资本主义的道路；第三，前殖民时代，非洲是一个由村社和亲族组成的类似于原始社会主义的状态，虽然贫穷，但自由而和谐，不少非洲人怀念往日的美好，希望建立类似的公有制和公社制度；第四，纵观 20 世纪，社会主义思潮不仅在受压迫的殖民地和半殖民地国家受到欢迎，而且在西方社会也是颇受知识分子欢迎的思潮，不少在欧美国家接受教育的非洲革命者接触到马克思主义思想，并影响到日后的政治道路选择。

博茨瓦纳和毛里求斯是非洲为数极少的稳定的多党制国家。一是两国人口少，博茨瓦纳有 200 万人左右，毛里求斯只有 130 万人。二是两国均存在较大的主体民族，毛里求斯以印度人为主，博茨瓦纳绝大多数是茨瓦纳人，茨瓦纳人中又以恩瓦托族居于绝对优势。三是两国建立了符合本国国情的政党制度，人数占优的政党执政，同时保障其他民族的利益。[①] 博茨瓦纳与毛里求斯族群关系相对和睦，国家较为富裕，使主导党没有与反对党出现激烈的矛盾。

20 世纪 80 年代以后，一党制在非洲的统治地位受到挑战，原因之一是一党制国家并未带来预期的社会整合和经济增长。虽然阿尔蒙德的《发展中地区的政治》曾认为优势非独裁（威权）经常出现在民族运动获得成功的政体，一党制国家的政府能力和经济增长相比其他非洲国家也明显更高。不过，20 世纪 80 年代后，非洲多数一党制

[①]　陆庭恩、刘静：《非洲民族主义政党和政党制度》，华东师范大学出版社 1997 年版，第 246—259 页。

国家的经济发展陷入停滞，政局出现严重动荡，使得强大的一党制与政治稳定具有相关性的看法遭受挑战。①

冷战结束后，东欧剧变、苏联解体使得非洲的战略地位降低，非洲国家获得东西阵营的援助大幅减少，尤其是实行社会主义的一党制国家，不仅面临严重的经济挑战，政权的合法性也因戈尔巴乔夫的"新思维"而面临危机，赞比亚、埃塞俄比亚等革命党执政的国家纷纷倒台。甚至像津巴布韦等非洲仅有的几个没有放弃社会主义的国家，也在 20 世纪 90 年代初期宣布放弃马列主义，并接受国际货币基金组织的贷款和自由化改革的要求。1995 年穆加贝领导的津民盟赢得第四次大选后，宣布恢复将"基于历史经验和文化传统的社会主义"作为党的指导思想，但在经济上继续奉行开放的市场经济与计划经济相结合的混合经济政策。②

非洲国家之所以从多党制演变为一党制，主要原因包括执政党的革命合法性、拥有强大的政治军事资源和领袖魅力等。平心而论，一党制主张以党内协商代替混乱的多党倾轧，有利于政策延续性和国家建设，所以在一开始确实得到了大多数民众的赞成。但随着权力扩张和个人欲望的膨胀，集体决策原则往往会被逐渐抛弃，非洲不少一党制国家最终退化为老人执政。于是，一党制的趋势在 20 世纪 80 年代后期出现反转，多党制国家逐渐增多，一些试图一党化的做法遭到抵制，非洲又从一党制向多党制转化，迎来了政党发展的第三波浪潮。

---

① ［美］加布里埃尔·A. 阿尔蒙德等：《发展中地区的政治》，任晓晋、储建国、宋腊梅译，上海人民出版社 2012 年版。

② 温宪：《政局稳定、经济改善——津执政党再度赢得大选》，《人民日报》1995 年 4 月 13 日。

与苏联、东欧同时期发生的情况相似，在非洲政党制度从一党制变为多党制的过程中，非洲政局也出现剧烈波动，不少革命时期以来就处于领导地位的民族主义政党丧失政权。但与东欧剧变、苏联解体不同的是，非洲多数民族主义政党并未因此离开历史舞台。相反，经过短暂的改组和调整，民族主义政党在南非、埃塞俄比亚、安哥拉、肯尼亚、坦桑尼亚、莫桑比克、津巴布韦等国继续处于稳定的执政地位，形成非洲特色的一党独大局面。

二　关于非洲政党发展的争论

研究政党发展的视角很多，可以概括为政治现代化、转型国家、结构主义、制度主义、历史社会学等诸多范式。以迪韦尔热、李帕特等人为代表，认为政党制度、选举规则等是决定政党结构的关键要素；以摩尔、罗肯为代表，指出社会结构的历史变迁导致权力分配的变化，进而形成了不同的政党形态；罗斯托、亨廷顿等人则强调精英对转型国家和新兴民族国家的作用，倾向认为威权政治是向民主制度转型的必要条件。

（一）关于非洲政党的发展阶段的争论

按照马列主义的阶级理论，非洲的民族主义政党是殖民地人民与西方帝国主义矛盾发展到一定阶段的产物，是殖民地的被统治阶级、阶层或社会集团的积极分子为了实现民族和国家独立，致力于影响殖民当局或推翻殖民统治而结合起来，采取共同行动的组织。按照革命阶段论，非洲革命的第一步是反抗殖民主义统治，由民族主义政党建立全国各阶级的统一战线，完成民族主义革命；非洲国家独立后，民族主义政党的任务已经完成，实行资本主义的议会制度，政党政治的性质逐渐变为资产阶级的代言人，这时非洲的无产阶级政党需要进行第二阶段革命，即社会主义革命。

克劳福德·杨（Crawford Young）提出非洲政党发展的五个阶段：早期抵抗、千禧年抗议运动、城市骚乱与暴力、前现代政治团体和政党。① 政党的产生具体有三种形式：一是在议会政治中逐渐产生的竞争型政党；二是在社会运动中逐渐组织化的群众团体；三是多诞生于新兴民族国家，通过暴力革命方式夺取政权的民族主义政党。议会政党、社会运动政党和暴力革命政党存在相互转换的可能，例如东欧剧变、苏联解体时期，原本处于反体制地位的社会运动政党在政权移交以后转变为议会中的竞争型政党。②

值得注意的是，社会运动是政党的早期形式，政党成立后，社会运动并没有因此消失。在民族国家建立以后，政党为了赢得选举，可能会依赖或允许社会运动的发展；与此同时，社会运动的长久存在也需要政党的支持，从而获得制度化的组织和人力资源。③

在民族主义政党与政党制度关系的问题上，亨廷顿在比较1965—1966 年的非洲国家政变数量之后，认为一党制或者一党独大制度是符合发展中国家国情的，非洲的政治发展依赖于强大政府带

---

① Crawford Young, *Political in Congo：Decolonization and Independence*, Princeton：Princeton University Press，1965，pp. 281 – 289.

② ［美］约翰·K. 格伦：《源于社会运动的政党：后共产主义东欧的政党》，［美］杰克·A. 戈德斯通主编：《国家、政党与社会运动》，章延杰译，上海人民出版社 2009年版，第 121 页。

③ Kriesi Hanspeter, "The Political Opportunity Structure of New Social Movements：Its Impact on Their Mobilization", in Jenkins J. Craig and Bert Klandermans, eds. , *The Politics of Social Protest*, Minneapolis：University of Minnesota Press，1995，pp. 167 – 198.

来的稳定和效率，而强大政府必须依靠组织化程度高的政党。① 基于反抗殖民统治的历史，民族主义政党是非洲国家组织性、合法性最高的政党。通常来说，反抗殖民统治的斗争的激烈程度、持续长度都与民族主义政党在新兴国家中的领导地位的稳固性成正比，由民族主义政党领导的国家也容易形成所谓的"优势非独裁"国家或者一党制国家。

　　一般认为，更高水平的经济发展、受教育程度更高的公众、更庞大的中产阶级才能够带来公民文化态度和信任胜任能力，从而构成支持民主化的基础。② 但利普塞特比较发展中国家经验以后提出经济发展水平与政治民主化只是相关，而不是根源。例如沙特阿拉伯、巴林、卡塔尔、科威特等中东君主国非常富裕，但并不民主；而南亚的印度、斯里兰卡，中美洲的牙买加、哥斯达黎加等国虽然贫穷，仍可以实行多党政治。

　　随着"第三波"民主的出现，阿尔蒙德、亨廷顿等人转而相信多党制度在非洲国家的建立和巩固是政治现代化的表现。根据西方学者的预测，民主化以后，原本执政的民族主义政党将失去权力，并逐渐衰落甚至消失，非洲国家将进入多党竞争时代。但事实证明，西方学者按照西方经验来预测非洲政党发展阶段的努力又一次出现偏差。

---

　　① ［美］塞缪尔·P. 亨廷顿：《变化社会中的政治秩序》，王冠华等译，上海世纪出版社 2008 年版，第 345—354 页。
　　② ［美］塞缪尔·P. 亨廷顿：《第三波——20 世纪后期的民主化浪潮》，刘军宁译，上海三联书店 1998 年版，第 79 页。

(二) 强调非洲政党发展动因的争论

从过程来看，非洲政党发展的确与外部环境存在直接的关联。首先是殖民化对非洲造成的冲击。早期的非洲政党与宗主国联系密切，政党组织模仿西方政党的结构，政党领袖和积极分子在欧美国家接受教育，并且在宗主国设立分部。大部分黑人政党受宗主国影响，早期接受西方自由民主思想，思想和组织比较保守。随着非洲人参加第一次世界大战，看到了自由民主国家的残酷以及并非不可战胜的一面。与此同时，俄国十月革命使得马克思列宁主义迅速传播，出现了一种不同于帝国主义的发展模式。在这一背景下，泛非主义更为自信、活跃和广泛，政党数量获得快速增长。到了第二次世界大战结束，宗主国无力继续压制非洲人政党的独立要求，非洲大陆刮起"变革之风"，民族主义政党的数量明显增加。从苏联卫国战争，到中华人民共和国的成立，再到美国在越南战争的惨败，社会主义国家打败不可一世的帝国主义国家让非洲人印象深刻，刺激其他地区的发展中国家模仿社会主义模式，以实现快速自强。不少新生民族国家经济上实行计划经济，政治上走一党制度，非洲政党数量因此急剧减少。政党减少的趋势延续到戈尔巴乔夫实行"新思维"为止。随着冷战终结、东欧剧变、苏联解体，非洲出现一波广泛的、汹涌的、急剧的民主化浪潮，政党数量再次迅速膨胀。

然而，另一种观点认为非洲传统社会才是政党发展的根本动力，非洲政党只是新瓶装旧酒，属于传统社会组织的现代化表现。亲族团体在非洲传统秩序中扮演重要角色，相比于重视家族的东方社会更是有过之而无不及。亲族团体通常是一个村落或者村镇上的、具有血缘联系的聚居群体，少则百十人，多则数以万计。在英属殖民地，亲族团体具有相当大的自治权，酋长及其他族群领袖扮演着权威性角色。在法属殖民地，殖民者试图通过颠覆传统秩序的手段实现殖民地与"法国文明"的同化，但破坏有余而建构不足，特别是非洲人的亲族观念没有被消灭。非洲出现工业化产业以后，黑人劳动力基于种种原因离开乡村和亲族聚居地，构成城市现代化发展的基础。虽然非洲国家逐渐形成了城市—农村的二元经济格局，但传统的亲族联系仍没有从根本上被摧毁。传统的亲族秩序理念却在工厂和公司环境出现新的形式，带来所谓非洲式的裙带关系现象。① 亲族团体对非洲政党的影响同样突出，按照族群认同理论，现代非洲政党继续维持着宗族（亲族）模式，投票选择也根据候选人的族群属性而不是竞选政策。

事实证明，西方先有国家再有政党，非洲先有政党再有国家。由于殖民地当局的排斥政策，非洲政党绝大多数并非是诞生在议会的政党，而是以社会运动或压力团体的形式存在。尼日利亚、赞比亚、马拉维、坦桑尼亚、博茨瓦纳、塞拉利昂等国起初是通过群众运动施压，然后经过与宗主国协商谈判和立法获得独立。非洲国家独立以后，有不少国家模仿西方的代议制度和多党竞争的政治体系。由于殖民地本身的合法性相当脆弱，有时甚至完全丧失合法性，因此在殖民地之上产生的非洲国家缺少共同的国家和国族意识。此外，基于族群间的历史恩怨与现实的利益纠葛，非洲国家的多党制最后演变为不同地区、族群之间的争权夺利，多党选举的结果往往成为民族和地区的人口普查，造成多数族群总是在选举中击败少数族群，而获胜后的政党往往从本族私利出发制定国家政策，

---

① ［美］戴维·E. 阿普特：《现代化的政治》，陈尧译，上海世纪出版社 2011 年版，第 103 页。

加剧民族关系紧张。①

◇ 第三节　研究思路与理论建构

一　基本假设

民族主义政党是非洲国家实现独立和现代化的核心力量，非洲的民族主义政党、政党制度和民族国家是传统社会在外部环境的冲击下产生的。非洲的民族主义政党先于民族国家出现，建立新国家是非洲民族主义政党政治动员的根本动力。由于非洲民族主义政党大多被排斥在议会以外，所以非洲的政党制度发展较晚。非洲国家在现代化过程中不断完善政党制度，政党制度促进革命党不断向执政党转型。

本书的基本假设为：非洲的民族主义政党与国家之间是一种相互建构关系，民族主义政党成败的关键在于能否实现从革命党到执政党的角色转变，从而成为领导国家的强大力量。

二　研究民族主义政党的五个维度

综合来看，非洲民族主义政党发展主要围绕五个关系维度展开：民族主义政党与社会的关系、民族主义政党与外部环境的关系、民族主义政党与国家的关系、民族主义政党与其他政党的关系、民族主义政党与政府的关系。

---

① 王建娥：《族际政治：20 世纪的理论与实践》，社会科学文献出版社 2011 年版，第 222 页。

第一，民族主义政党与社会的关系。涂尔干、帕森斯、利普塞特等社会学家认为在一个高度分层、各有分工的现代社会，社会个体根据其扮演的角色，被划入不同功能的阶层中。现代化社会的冲突极少完全是地域性的，也极少完全是功能性的，而是二者共同作用的产物。[①] 按照利普塞特的冲突—整合理论，政党是在社会围绕四条轴线发生冲突的过程中出现的，包括中心—边缘、国家—宗教、土地—工业、所有者—工人。[②]

民族主义政党是社会运动的产物。殖民地的社会冲突形式显然更为复杂，传统亲族结构与西方政治制度、原始农业与现代化大生产、外部压力与国内族群关系等多重矛盾交错并存，种族、阶级、城乡、地域、行业、团体等不同行为体相互交织。凭借在政治、经济、思想、组织方面的现代化优势，城市常常在反歧视或者反殖民运动中处于先锋地位。农村的优势则在于人数优势和传统秩序占据统治地位，往往成为民族主义政党进行暴力反抗的根据地。

非洲国家独立以后，民众的政治参与热情空前高涨。由于第三世界国家的政治参与缺少历史和制度基础，剧烈的参与膨胀可能产生国家混乱和无序。因此，亨廷顿在《变动社会中的政治秩序》中强调发展中国家应首先建构强有力的政党制度，在制度化框架下满足政治参与的要求，从而保证政治稳定和现代化。亨廷顿同时强调执政党根据时代要求进行变革的必要性，以便满足不断增长的政治参与要求。

另外，非洲国家独立以后，城市与农村二元化状态不可能立刻改

---

① ［美］西塞·马丁·利普塞特：《共识与冲突》，张华青等译，上海人民出版社2011年版，第134页。

② Seymour Martin Lipset and Stein Rokkan, eds. , *Party Systems and Voter Alignments*: *Cross National Perspectives*, New York：Free Press, 1967.

善。在多数发展中国家，农村经济占据基础性地位，农村人口也在国家总人口中处于绝对优势。农村的稳定与否直接影响到非洲国家的生死存亡，如果在一个发展中国家政府失去地主和农民的支持，那么该国政权很可能是不稳定和短命的。[①] 在殖民时期或者一党制时期，非洲的城市处于非洲现代化和独立运动的领导地位，农村则扮演民族主义政党的追随者和后方支援的角色。但到了民主化运动以后，一人一票的竞选模式大大提升了农村在国家政治生活中的地位。在很多落后的乡村地区，普通农民的文化程度很低，对政治几乎毫不关心，常常追随本地的地主、酋长和知识分子，有时还会笃信某些并不存在的神话或谣言。因此，当选举取消财产等限制以后，农村往往是决定选举成败的关键因素，传统的依附、忠诚、宗族等封建关系不仅没有消失，反而以选举的形式表现出来，传统势力的社会地位和影响力随之上升。

第二，民族主义政党与外部环境的关系。外部环境可分为地区与国际两个层面。在殖民统治时期，非洲被完全纳入资本主义世界体系，受到来自西方政治、经济、文化等方面的全覆盖影响。殖民地社会运动逐渐演化为民族主义政党，但早期的民族主义政党通常是温和的。殖民地当局的政策选择不只有镇压或者支持两种，而存在七种选择：第一，镇压，进行机构变革；第二，镇压，不进行变革；第三，容忍或鼓励；第四，影响，不进行变革；第五，影响，进行变革；第六，通过联合持久影响；第七，通过使社会运动脱离政

---

① ［美］塞缪尔·P. 亨廷顿：《变化社会中的政治秩序》，王冠华等译，上海世纪出版社 2008 年版，第 267 页。

党影响社会运动。① 在绝大多数地区，民族主义政党无意也无力推翻殖民当局。

　　受到民族自决原则和社会主义革命的鼓舞，无论是精英阶层，还是黑人劳工或小农，提升黑人群体地位的呼声是普遍而强烈的，这一诉求跨越阶级、民族和地区，构成泛非主义的基础。非洲人是革命的动力，也是权力的基础。殖民当局曾试图通过一定程度的权力分享和经济补偿来维持统治。然而，殖民统治最大的问题不是政治权力分配，也不是经济发展方式的问题，而是如何继续赢得当地人民的支持。发生在非洲的争斗，无论是名义上的"人民意志"，还是实际上的族群冲突，最终的归宿是非洲人革命的继续，即这个国家究竟是"谁"的国家，"谁"是这个国家的代表。因此，殖民统治的根本问题在于合法性问题，即殖民统治无法代表被统治的非洲人，成为民族主义政党与帝国主义政府无法调和的矛盾。

　　东欧剧变、苏联解体以后，多数非洲一党制国家失去了继续进行社会主义建设的精神力量和物质支持，在西方国家的压力下，出现了所谓多党制民主化的浪潮。但从地区范围来看，民族主义政党并没有因此灰飞烟灭，其中的大多数在短暂失去权力后重新占据执政地位，一党主导的民主政治模式构成非洲地区政治的主流。

　　第三，民族主义政党与国家的关系。在殖民统治以前，非洲并没有现代国家或者民族国家的概念。欧洲殖民者在划分殖民地时，不是按照民族聚居地划分，而是按照经纬线、军事控制线等方式划分非洲

---

　　① Burstein Paul, Rachel L. Einwohner and Jocelyn A. Hollander, "The Success of Political Movements: A Bargaining Perspective", in Jenkins J. Craig and Bert Klandermans eds., *The Politics of Social Protest*, Minneapolis: University of Minnesota Press, 1995, pp. 275 – 295.

的。不少非洲民族被粗暴地分隔在不同的殖民地中，每个殖民地之内又存在复杂的地区民族主义。另外，由于殖民者的统治范围主要在沿海和治所，广大非洲内陆乡村受到巨大冲击的同时，仍维持着以亲缘为主体的传统社会结构。换言之，地区上统一的殖民地实际上在经济上和政治上分为发达的"白块"和落后的"黑块"。由于民族主义政党继承的是一个虚幻而撕裂的共同体，所以非洲国家从独立之日起就面临着国家建构与经济发展的双重挑战。

"领袖思想"是民族主义政党进行国家建构的重要方面。相对于殖民主义，民族主义是革命的、正义的意识形态。但民族主义本身几乎不包含任何经济建设方面的内容。独立以后，非洲领袖的思想需要借助社会主义或资本主义的意识形态加以补充。由于社会主义在20世纪很长一段时期被认为是比资本主义更合理、更符合发展中国家需要的制度，社会主义与非洲传统的集体理念存在共同性，加之社会主义体制本身具备的动员和整合功能，使之成为非洲领导人普遍追求的政治理念，产生了形形色色的"非洲社会主义"。① 例如坦桑尼亚存在100多个族群，尼雷尔总统奉行"村社社会主义"，也就是所谓的"尼雷尔主义"作为超越坦桑尼亚各族群之上的、构建国民认同的精神体系。此外，肯尼亚的肯雅塔、赞比亚的卡翁达、南非的曼德拉、津巴布韦的穆加贝也曾阐述过对社会主义的信仰和坚持。

"失败国家"（failed state）、"无力国家"（powerless state）一开始被用来描绘非洲政府软弱或国家建设的失败。失败的非洲国家既有多党制国家，也有一党制国家；既有经济衰退的原因，也有政治斗

---

① David C. McClelland, "The Achievement Motive in Economic Growth", in Bert F. Hoselitz and Wilbert E. Moore, eds., *Industrialization and Society*, Paris：UNESCO-Mouton, 1963, p. 74.

争、军阀内战、地区分裂的原因。国家失败与执政党的失误不无关系，最终也伤及和摧毁政党政治。无论是一党制还是多党制，稳定而强有力的政党政治有利于民族国家的建构，进而使政党制度得到巩固和完善；反过来，完善的政党制度有利于促进国家、社会和政党之间的和谐统一，使政党本身从激进的、斗争的政党逐渐向包容的、制度化的政党转变。

第四，民族主义政党与其他政党的关系。政党是现代国家进行动员的基本力量，有助于将地方性团体整合到更广泛的民族国家中。除了以民族或地区自治为宗旨的分离主义政党，大部分政党都把自身定位成全民性的政党，尽可能扩大群众基础。例如，南非的因卡塔基本上由祖鲁族人组成，却宣称代表全体南非黑人利益，努力吸收祖鲁族聚居区以外的党员。因此，很多民族主义政党其实是名不副实的，一个国家内真正能够在全国范围进行政治动员的民族主义政党数量其实很少能达到三个或以上。

在殖民统治时期，各政党之间既要面对共同的敌人，相互之间的竞争也不可避免。例如，南非的非国大与泛非大、津巴布韦的民盟与人盟等，有过合作抗争，也有过擦枪走火。革命胜利后，为了解决党派斗争和民族分裂问题，一党制成为执政的民族主义政党的必然选择。

冷战以后，非洲大多数国家实行多党制，有些民族主义政党虽短暂丧失政权，但很快又在选举中恢复权力，形成一党居优的多党体制。出现独大党的重要原因是反对派之间存在重大分歧，几乎找不到妥协的基础。艾伦·韦尔以日本自民党为例，证明独大党在与分裂的反对派竞争中占据优势。1963—1990 年，日本自民党从未获得 50%以上的选票，执政地位却没被影响，依赖的是民众对"国家的政党"

的认同和防止党内派系分裂。① 同样，非洲的民族主义政党也被视为"国家的政党"，内部分裂和重大政策失误是党执政地位面临的主要威胁。

第三波以来的发展经验表明，一党居优制相比一党制或多党制更能促进稳定。民族主义政党容许和吸收反对派，使之逐渐从一个代表不同地区组织的政党变为代表不同职业和阶层的功能性社团联盟。当民族主义不能吸收某一社会团体时，那么这一团体就将加入别的政党或成立新党。② 在一党居优制中新的社会诉求通过边缘党进入议会，成为议会的压力集团或被吸纳进入主流政党。边缘小党扮演缓冲阀的角色，为不被主流政党吸纳的社会团体提供表达意见的渠道。在一党居优制中，选举必须是公平的，少数党的利益应得到尊重和保护。当处于弱势的少数族群政党的利益长期得不到保护时，则可能转换为分离主义政党。

在经济发达的非洲国家或地区，政党的族裔、阶级等色彩正在变得不像过去那么重要，民众形成了多重归属的、不同身份的利益诉求，种族、职业、宗教、性别、环境等因素在现代政治中扮演着等同于或者超越阶级因素的角色。按照唐斯的中位选民理论，政党为迎合民众而采取中间性的竞选策略，政党间的意识形态分歧正逐渐变得模糊；相反，原本拥有相近价值取向的两个政党在某个议题上却可能采取完全相反的政策。为了加强与执政党竞争，反对党往往会选择与执政党类似的竞选策略，设计出不依赖阶级和意识形态的议题。

---

① ［英］艾伦·韦尔：《政党与政党制度》，谢峰译，北京大学出版社 2011 年版，第 146 页。

② ［美］戴维·E. 阿普特：《现代化的政治》，陈尧译，上海世纪出版社 2011 年版，第 148 页。

第五，民族主义政党与政府的关系。政府不同于国家，后者指在一定疆域范围内的政治经济共同体，而前者指管理的制度和模式。按照阿普特的观点，非洲政党起源于早期的非洲政治组织或者政治联盟，属于代表党范畴。在代表党中，各种协会组织仍具有很大的自主性和独立性。[①] 代表党具有与生俱来的松散性和妥协性，无力领导反对殖民统治的斗争，最终被吸收和动员能力更强的团结党所代替。

在非洲，团结党与迪韦尔热的"群众党"、亨廷顿的"民族主义政党"或者科尔曼的"全民型民族主义政党"具有一致的内涵。民族主义政党强调意识形态教育和党员的绝对服从，通过符号、思想和组织加强党员间的相互依赖，广泛吸收党员和联系群众。民族主义政党的出现使罢工罢课、游行示威、抵制不服从等群众运动常态化和规模化。某些被殖民当局镇压的民族主义政党则向军事组织的方向转变，组织更为严密，意识形态更为激进。

亨廷顿与科尔曼都认为民族主义政党的执政合法性来源于反殖民主义斗争，但随着时间推移，特别是对没有经历过革命时代的青年来说，执政党的执政能力、意识形态吸引力、吸纳与动员能力、领袖魅力等因素成为决定民众支持的主要因素。在新的历史时期，社会会出现新的利益集团、新的意识形态和新的社会运动，只有处理好维护本党稳定、促进国家发展和应对新的外部环境冲击等问题以后，民族主义政党才能继续维持其执政合法性，成为民众认同的"国家的政党"。

---

① ［美］戴维·E. 阿普特：《现代化的政治》，陈尧译，上海世纪出版社 2011 年版，第 153—157 页。

三　理论建构：以国家为导向的民族主义政党

不难发现，基于发展视角的政党研究早已有之，例如亨廷顿在《变化社会中的政治秩序》中提出政党发展包括宗派期、两极化阶段、扩展阶段、制度化阶段四个过程。亨廷顿等人也相信多党制浪潮是政党制度发展的方向。但如果引入迪韦尔热等政党类型学研究以后，可以发现政党政治发展的路径、形态、模式并非是唯一的，历史、文化、制度等方面的因素可能使试图建立普遍化政党发展模式的努力变得困难。反过来，如果仅仅静止地观察政党和政党制度的结构与类型，则无法对政党发展的来龙去脉做出准确的分析。

历史—社会路径是研究政党发展的普遍进路，无论是路径依赖论还是新瓶装旧酒论，都强调传统社会在当今非洲国家政治中的巨大影响。如果回顾非洲的历史进程，可以清晰地发现非洲政治转折（包括政党政治）都与世界大环境的变化息息相关：殖民统治时期追求选举权的平权组织、非殖民化时期的社会主义转向以及后冷战时期的第三波，都说明如果脱离国际关系去分析非洲政党很可能会脱离实际。与之相对的是，冲击—反应理论过于强调外力，忽视非洲人的历史文化和主观能动性，因此也显得有失偏颇。

基于过去的研究，我们可以从中总结出影响政党发展的四个关键变量：外部环境、国家、社会和政党制度（政党关系）。如图1—1所示，非洲政党发展的脉络可梳理如下。

（一）殖民统治、阶层分化与早期社团。受殖民统治冲击，非洲传统社会发生阶级分化，非洲人产生广泛的民族和种族意识。各阶层内部或阶层之间形成的社团与争取平等权利的民族主义相结合，构成

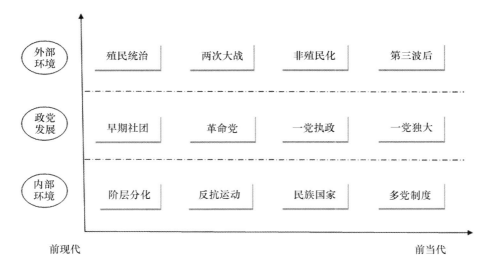

图 1—1　非洲民族主义政党发展

资料来源：笔者自制。

政治性的社会运动。在社会运动组织化和常态化以后，产生了非洲政党的雏形。

（二）民族自决原则与民族解放运动兴起。随着现代化生产方式逐步在非洲城市普及，城市与乡村的经济二元化现象愈加显著，城市逐渐成为政党活动的中心。第一次世界大战以后，美国和苏联关于民族自决的声明使非殖民化成为鼓舞人心的潮流，非洲人不再满足于在殖民地获得平等的政治权利，而追求建立独立的民族国家，这种愿望最终在第二次世界大战以后实现。

（三）冷战格局下的非洲民族主义政党。非洲国家独立以后并没有摆脱外部世界的影响，恰恰相反，整个非洲都被冷战时期的两极体系所割裂。基于历史和现实原因，大多数非洲国家和民族主义政党宣称信奉"社会主义"，尽管这些社会主义往往带上一长串"具有非洲特色的形容词"，极个别还与马列主义背道而驰，但不可否认，大多数宣称信奉社会主义的民族主义政党都得到了社会主义国家的支持和援助，这些民族主义政党夺得政权以后，也模仿苏联建立一党制国家。

（四）一党制与非洲民族国家建构。社会主义在非洲并不成功，冷战时期政治、经济建设方面的努力在"第三波"以后基本付诸东流。从某种程度上说，社会主义和一党制在非洲的失败是非洲人自主进行国家建构努力的一次挫折。尽管从经济现代化成就的角度看，非洲社会主义的实践总体上并不成功，但在统一的官方学说、统一的国民思想理念、社会广泛的动员和参与等层面，对于一个正在形成的国家的精神和文化方面的影响是巨大的。[①] 冷战以后，除了厄立特里亚、南苏丹等极个别案例，其他非洲国家在制度层面发生剧变的情况下仍保持领土完成，不能不说是国家建构成效的体现。

（五）"第三波"后的非洲政党政治。随着苏联解体、冷战终结，非洲民族主义政党失去了最大的支持，纷纷接受西方国家的改革要求，多党制和经济自由化开始主导非洲大陆。一方面，非洲的民族国家出现了利益分配多元化、权威构成多元化、秩序力量多元化的趋势；[②] 另一方面，非洲的多党制度与西方有很大区别，一党居优制在南非、埃塞俄比亚、安哥拉、肯尼亚、坦桑尼亚、莫桑比克等国家广泛存在。一党居优制是非洲传统社会文化与非洲现代化撞击的产物，也从侧面说明非洲的国家与社会的建构仍在进行之中。

四个关键变量出现的时间存在先后之分，可排列为社会、外部环

---

① 刘鸿武等：《从部族社会到民族国家——尼日利亚国家发展史纲》，云南大学出版社 2000 年版，第 30—31 页。

② 肖佳灵：《国家主权论》，时事出版社 2003 年版，第 483 页。

境、国家、政党制度。四个变量对于政党发展的影响有强弱变化，例如在殖民统治时期，外部环境的影响是最强的；非洲国家独立以后，外部环境的影响相对较弱，只有在转折或"浪潮"时期才显得关键。

与西方不同，非洲政党并非产生于议会，而是在反抗帝国主义和殖民主义的过程中建立起来的。在以建立"新国家"为目标的民族解放运动中，民族主义政党不代表某个特定阶级、阶层，而是反帝反殖民的统战组织，形成了群众性的全方位的民族主义政党模式，也就是科尔曼所谓的"全民型民族主义政党"。

对新国家的设想和实现是进行革命动员的有力工具，新国家建构则是独立以后非洲政党的首要目标。在非洲，除了普遍性的泛非主义和社会主义大旗外，每个区域、次区域还存在各自的民族和宗教文化背景，一党制成为大多数国家顺理成章的选择。随着冷战结束和"第三波"民主浪潮的兴起，多党制又成为非洲国家的主流。不过，"第三波"并没有宣告非洲"历史的终结"，政治动荡和武装冲突仍在困扰着相当部分的非洲地区，一些国家出现了民族主义政党重新获得稳定执政地位的趋势。

从起源到发展，"国家"是非洲民族主义政党发展的核心概念。在革命时期，非洲民族主义政党为了调动党员和普通民众的积极性，往往在党纲中提出对未来国家的政治和经济政策的设想。当民族主义政党取得政权以后，执政党为了巩固政权，在意识形态、组织结构、战略决策等方面需要随着时代变化做出调整。民族主义政党从革命党到执政党转型的关键，就是在传统社会与现代国家、革命理念与现实环境、一党独大与政治参与之间找到平衡，维持自革命时期以来获得的作为"国家党"的社会认同。

◇ 小 结

政党是社会多元组成的政治表现形式，政党有两种存在方式：一是作为整体的部分存在，各部分和谐相处，维护国家统一；二是作为整体的对立面存在，成为社会分解、国家撕裂的力量。政党政治是民主政治的双刃剑，可谓"成也政党政治，败也政党政治"。① 从起源上看，西方先有国家、议会，然后有政党，政党是议会政治的派生物，强调部分。发展中国家的民族主义政党在国家之前出现，诞生于殖民地议会之外，是团结殖民地各阶层人民的组织，强调整体。非洲国家独立以后，民众对国家的认同显然低于对族群的认同。相反，民族主义政党的合法性和认同度在反抗殖民统治过程中不断提高，成为凝聚和动员民众的最有效工具，也只有民族主义政党能够成为非洲国家建国初期当仁不让的核心力量。

尽管非洲国家在20世纪七八十年代出现了不少困难，尤其是20世纪八九十年代掀起亨廷顿所谓的"第三波"以后，世界大多数国家被裹挟在市场化和民主化的新自由主义潮流中，非洲各国出现了或激烈或平稳，或停滞或激进的政治转型，非洲一些革命党丧失了执政地位。但我们不能因此就否认非洲各国的主导性政党所取得的成绩。在政治和经济处于持续动荡的情况下，仅有埃塞俄比亚、苏丹发生国家分裂的现象，其他非洲国家均保持领土完整，从侧面说明非洲国家建构在很大程度上取得了成功。"第三波"浪潮发生以后，民族主义政

---

① 林尚立：《政党、政党制度与现代国家——对中国政党制度的理论反思》，《中国延安干部学院学报》2009年第5期。

党在大多数非洲国家虽有挫折，但很快恢复执政权，一党居优制或者一党独大制仍很普遍。因此，正确理解政党、政党制度以及政党政治的内涵，建立一个符合本国国情的政党制度，对于非洲国家的发展和稳定至关重要。

第 二 章

从社会运动到革命党：
非国大对新南非的设想和实现

◇◇ 第一节　非国大成立的背景

南非地处大西洋与印度洋的交汇处，夏无酷暑，冬无严寒，气候宜人，地理优越。南非有得天独厚的地下蕴藏，号称"矿产波斯湾"。现已探明储量并开采的矿产有 70 余种。其中，白金储量占全球储量的 88%，铬储量占 72%，黄金储量占 30%，三者均为世界首位。此外，铁、锰、铀、宝石等资源储藏也十分丰富。南非是一个多民族国家，1910 年建国时，白人占南非总人口的 21.4%，黑人占 67.3%，有色人①占 8.8%，亚裔占 2.6%。②

---

① 在南非，有色人作为白人与土著人的混血后裔，被划成单一族群。与其他国家将有色人等于非白人的分类存在区别。

② *South Africa Yearbook*, 1985, p. 30.

一　南非联邦的形成

南非最早居住的是科伊桑人。[①] 15 世纪时，班图人逐渐向南扩张，逐渐形成了现在南非的科萨人、祖鲁人、茨瓦纳人等黑人族群。1487 年，葡萄牙水手穿越南非的好望角，从而开启了欧洲的殖民时代。1652 年 4 月，范·里贝克率领荷兰东印度公司的船队在开普敦登陆，建立南非第一块殖民地——开普殖民地。1700—1750 年，南非出现第一次殖民高潮。殖民者主要是荷兰人、瓦隆人、弗拉芒人、法国胡格诺教派以及少量德国人。经过上百年的繁衍，白人殖民者形成了叫作"阿非利卡人"（早期自称为"布尔人"）的新民族，操阿非利卡语（非洲化的荷兰语），主要经营奴隶制的农牧场。开普地区的土著人科伊人锐减，并于 19 世纪早期不再作为一个种群存在，只能在南非的有色人中找到其基因。1790 年，南非出现第二次殖民高潮，殖民者继续向东和向北两个方向扩张，抢夺桑人、科萨人等土著人的土地，桑人在殖民扩张中逐渐消亡。

由于好望角是连接欧洲与印度的交通要道，英国在与法国的战争中两次占领开普殖民地。1795 年，英国第一次占领开普殖民地。1802—1803 年，根据《亚眠条约》，英国向荷兰归还开普。1806 年，英国第二次占领开普。1814 年，维也纳会议正式确定开普殖民地归属英国，开普正式进入英国殖民统治阶段。1834 年，开普殖民地从法律上废除奴隶制，引起布尔人不满。大批布尔人离开开普向纳塔

---

① 科伊人和桑人是非洲南端的原住居民，科伊人又称霍屯督人，桑人又称布须曼人。由于对两类人群难以进行有效分辨，人类学家通常使用"科伊桑人"的复合称呼。科伊桑人的肤色呈棕黄色，但同时具有鬈发、宽鼻等黑种人特征。

尔、德兰士瓦、奥兰治等地区迁徙，先后建立纳塔尔殖民地、奥兰治自由邦和德兰士瓦共和国。1838 年 12 月 16 日，布尔人击败祖鲁人，①祖鲁人领袖丁干被杀。1840 年，布尔人在纳塔尔地区建立"纳塔利亚共和国"，英国拒绝承认。1842—1843 年，英军打败布尔人军队，重建纳塔尔殖民地。同时，在科萨人等非洲人聚居区设立保留地，利用非洲人传统领袖实施间接统治。1854 年，英国与布尔人签订《布隆方丹协定》，承认奥兰治自由邦的独立地位。英国 1843 年建立纳塔尔殖民地后，南非出现两个英国殖民地、两个布尔人国家和以祖鲁王国为代表的诸多黑人王国，形成诸国分立局面。

19 世纪是帝国主义瓜分非洲的高潮时期，当时的开普殖民地总理罗德斯就提出著名的"CC 计划"，谋求在非洲建立连接自南非开普敦到埃及开罗的英国殖民地。1878—1879 年，英国与祖鲁王国爆发战争，祖鲁王开芝瓦约被俘。英军退出祖鲁王国，并将祖鲁王国分成 13 个酋长国家，使之从属于纳塔尔殖民地。

1867—1868 年，奥兰治地区陆续发现多处钻石矿。1881 年，第一次英布战争爆发，在奥兰治自由邦的斡旋下，英国与德兰士瓦签订《比勒陀利亚协定》，规定德兰士瓦拥有自治权，英国有权决定德兰士瓦的对外事务。1884 年，威特沃特斯兰德发现超大型黄金矿脉，矿业开发刺激工业部门发展，德兰士瓦的经济实力大增。随着超大型钻石和黄金矿脉先后被发现，英国殖民者与布尔人国家的利益争夺更为激烈。1887—1888 年，罗德斯先后成立南非统一金矿公司和德比尔统

---

① 祖鲁族是南非黑人最大的族群，属父系氏族，实行一夫多妻制。19 世纪，祖鲁王国一度强大，多次英勇抗击阿非利加人和英国殖民者的入侵。1897 年，祖鲁王国被英国吞并。南非联邦成立后，成为纳塔尔省一部分。祖鲁王国灭亡后，祖鲁国王作为民族象征仍被保留，并在南非政治中发挥一定的影响。

一矿业公司，分别垄断黄金和钻石开采。1895—1896 年，罗德斯偷袭德兰士瓦失败。德皇威廉二世向德兰士瓦发去祝贺电报，英德在布尔人共和国问题上尖锐对立。1898 年，英德签订密约，德国停止对布尔人共和国的支持。1899 年，第二次英布战争爆发。在付出沉重的人力、物力代价后，英布双方于 1902 年 5 月 31 日签订《弗里尼欣条约》，英国正式吞并德兰士瓦和奥兰治，两个布尔人共和国分别成为英国的奥兰治殖民地和德兰士瓦殖民地。1910 年 5 月 31 日，开普、纳塔尔、德兰士瓦、奥兰治四个殖民地合并，南非联邦成立。南非党获得选举胜利，原布尔人军事指挥官博塔当选第一届南非总理。

　　南非统一实质上是英布两个对立的白人族群达成妥协与合作，形成了资本所有者（英国殖民者）与土地所有者（布尔人）共同统治的局面。虽然英国的殖民统治相对宽松和自由，但白人至上的思想却是与布尔人毫无二致的。挑起英布战争的罗德斯就宣称盎格鲁—撒克逊人是世界最优秀的民族，英国的殖民地分布越广泛，对人类越有益。南非联邦成立后，作为布尔人的路易斯·博塔出任首任总理，也证明英属的多种族殖民地"自然地"把领地管理权移交给亲缘居民，即英国殖民者后裔和同为白人的布尔人。①

　　统一的南非联邦加速了经济发展和人口流动。受黄金、钻石等贵金属矿产大规模开发刺激，南非经济迅速从落后的农牧业向机器化大生产转变。1860 年，第一批印度劳工被运到纳塔尔殖民地。第一次世界大战结束后，南非工人增长到 40 万人，其中矿工 27 万人，包括白人、黑人、有色人和从英国印度殖民地迁移过来的亚裔。与此同

---

　　① ［美］詹姆斯·科尔曼：《撒哈拉以南的非洲政治》，载［美］加布里埃尔·A. 阿尔蒙德等《发展中地区的政治》，任晓晋、褚建国、宋腊梅译，上海人民出版社 2012 年版，第 232 页。

时，布尔人的农场也因机械化大为扩张，在全国 1700 多个大型农场中，雇佣着约 20 万黑人劳工。[①] 工业化不仅推动南非城市的繁荣，还促使黑人阶层发生分化，居住在城市的黑人群体成为日后影响南非政治的主要力量。

二　黑人群体在南非联邦的地位

城市化进程打破了非洲人田园诗歌般的乡村生活，促使大批黑人青年进入城市寻求发展，在开普敦、约翰内斯堡等城市地区，逐渐出现了一批以医生、教师、律师等为职业的新兴的黑人中产阶级，非洲人传统的酋长—属民、地主—农民的政治经济秩序被打破。在 20 世纪早期的南非，形成了主要由传统的乡村贵族阶层、新兴的城市中产阶层以及教士阶层组成的非洲人上层，和由城市黑人劳工、白人农场劳工和少地无地的黑人小农组成的非洲人下层。

（一）乡村贵族阶层

英国殖民者在乡村地区实行的是间接统治，扶植黑人传统领袖，也就是乡村贵族势力进行统治。南非联邦建立以后，白人之间的行政架构得到统一，大大小小的黑人村落继续散落在乡村地区。南非联邦实际上是"两个国家"，欧洲人国家和非洲人国家（王国、村落等形式）。欧洲人国家对非洲人国家实行隔离统治，不允许非洲人国家进

---

① 陆庭恩：《非洲问题论集》，世界知识出版社 2005 年版，第 154 页。

入欧洲人国家的政治生活。① 换言之，传统黑人领袖在地区层面是既得利益者，但其权力被限制在辖区之内，在南非联邦层面同样受到排斥和歧视。

值得一提的是，闻名遐迩的非国大领袖纳尔逊·罗利赫拉赫拉·曼德拉（Nelson Rolihlahla Mandela）就来自科萨族②的贵族家庭。他于 1918 年 7 月 18 日出生在特兰斯凯首府穆莎莎区附近的名为姆维索的村子。曼德拉的乳名叫"罗利赫拉赫拉"，意思是"节外生枝"或"麻烦制造者"。上学以后，老师给他取了一个英文名字叫纳尔逊。曼德拉的曾祖父是科萨族腾布王朝（Thembu）国王，父亲葛德拉·汉瑞·孟伐肯伊斯瓦（Gadla Henry Mphakanyiswa）则是姆维索部落的首领，并在腾布王朝枢密院中担任职务。曼德拉在南非的昵称叫马迪巴（Madiba），这个名字其实是部落长辈授予曼德拉的荣誉头衔，如今这个称谓已经成为曼德拉的同义词。③ 从小叛逆的曼德拉长大后，挣脱家族束缚来到城市打拼，并最终成为一名革命战士。

（二）城市中产阶层

在英布战争以前，南非的四个殖民地实行不同的种族隔离制度。德兰士瓦和奥兰治两个布尔人共和国实行奴隶制，黑人遭受彻底严格

---

① ［美］詹姆斯·科尔曼：《撒哈拉以南的非洲政治》，载［美］加布里埃尔·A.阿尔蒙德等《发展中地区的政治》，任晓晋、褚建国、宋腊梅译，上海人民出版社 2012 年版，第 229 页。

② 科萨族是南非黑人第二大族群，人数仅次于祖鲁族，主要居住在夸祖鲁—纳塔尔、东开普、西开普等省份。科萨族有重视法律和协商一致的传统，南非最早的黑人政治社团主要由科萨族贵族召集。

③ ［南非］纳尔逊·曼德拉：《与自己对话：曼德拉自传》，王旭译，中信出版社 2011 年版，第 7 页。

的剥削和压迫，几乎没有任何政治权利。开普和纳塔尔两个英国殖民地采取的"软性的"种族政策，一方面宣称不分人种地给予自由平等的权利，另一方面又限定教育水平、财产收入等"最低标准"，实际上剥夺了广大黑人的权益。例如，1989 年，开普殖民地规定"具备英语读写能力的、年收入 50 镑或有 75 镑不动产的成年男子具备选举权"。[①] 四个殖民地统一后，选举的财产限定不断提高，南非当局的种族隔离措施逐步强化，几乎所有黑人的政治权利被剥夺。

（三）城市工人阶级

1809 年，开普殖民当局颁布《霍屯督法令》，将科伊人限制在固定的居住地，科伊人离开居住地需要携带通行证，这是最早与南非种族隔离政策相关的法令。随着南非矿业和制造业的蓬勃发展，非洲人来到城市打工的数量迅速增加。黑人的工资仅有白人劳工的 1/15，因此成为"穷白人"眼中的威胁。[②] 为了安抚白人，南非当局先后制定《通行证法》《工业调整法》等法律，目的是限制黑人在"白人区"的行动自由，剥夺黑人劳工组织工会和罢工的基本权利，此后南非种族隔离的制度化程度不断加深。[③]

（四）乡村农民阶级

乡村黑人遭受的压迫同样沉重。南非联邦成立时，非洲大部分土地已经被白人占领，黑人只有少量分散而贫瘠的"保留地"，约占南

---

① 陆庭恩：《非洲问题论集》，世界知识出版社 2005 年版，第 98—99 页。
② 杨立华：《列国志·南非》，社会科学文献出版社 2010 年版，第 81 页。
③ Muriel Horrell, *Legislation and Race Relations*, Johanesburg: South African Institute of Race Relations, 1971, pp. 3 – 4.

非领土的 7.5%。① 南非在 1913 年出台《土著人土地法》，禁止非洲人在保留地以外占有或购买土地。而在白人农场耕种的黑人雇农，则不享受任何公民权利甚至人身自由。

（五）教士阶层

非洲其他地区的黑人知识分子往往是教会培养出来的，如布莱登、克劳瑟等人本身也是传教士。② 南非教会的重要职位基本被白人把持，黑人独立教会虽然很多，但得不到"合法身份"，长期受到打压。相比于非洲其他地区，南非的反种族主义斗争与宗教势力合作时间更长、更密切，构成南非知识分子和中下层民众的中介渠道。1919年，南非出现了 80 多个黑人自主管理的教会。在"四海皆兄弟""平等仁爱"等基督教义的引导下，黑人农民掀起不服从运动，拒绝向白人政府交纳赋税，斗争一度遍及全国各处，最后白人政府通过剿抚并用的办法才勉强镇压下去。

三　南非黑人政治团体和政党组织

早期的黑人社会多是以地区或血缘为纽带，一是以本地族群为主，影响范围局限在区域和次区域；另一种是在经济相对发达的、外来移民集中的地区，由于离开熟悉的乡村来到崭新陌生的、无依无靠的城市环境，很自然会产生社会和心理不安全感的反应，于是形成由乡村打工者、外国侨民组成的同乡会和互助会。为了在殖民政府和议

---

① Raymond Suttner, "The African National Congress Centenary: A Long and Difficult Journey", *International Affairs*, Vol. 88, 2012, pp. 719 – 738.

② 郑家馨：《南非史》，北京大学出版社 2010 年版，第 169 页。

会中获得利益代言人，黑人开始组织一些带有经济、政治权利主张的社团，采用游行、请愿、罢工等手段，要求获得选举权和被选举权，以便在殖民地政策上维护城市黑人阶层的利益。城市与乡村的黑人联系仍然非常紧密，即使在城市成立的黑人政治组织也会提出维护乡村保留地权益的主张，其最终目的都是追求黑人群体共同的政治经济权利。

（一）非国大的诞生

1853 年，开普殖民地开设民选议会。1856 年，纳塔尔殖民地开设民选议会。1882 年，东开普曾出现过"非洲人党"，是非洲第一个政党组织。但非洲人党的人数不多，影响有限，很快就解散了。[①]1884 年，由科萨族上层召集的"土著人选民协会"[②] 在威廉斯城成立。1887 年，开普殖民当局制定《登记法》，通过土地所有权和不动产条件剥夺非洲选民资格。1887 年 10 月 6 日，土著人选民协会第一次代表会议在威廉斯城召开，会议还邀请了祖鲁族、茨瓦纳族等黑人领袖代表。会后，协会派遣代表向英国女王提交请愿书。虽然此次会议的立场非常温和、保守，但却是南非黑人各族群之间首次召开的关于政治权利的集会，开启了非洲人联合反对种族歧视的先河。[③]

为抗议当局剥夺非洲人的选举权，20 世纪初，纳塔尔和德兰士瓦也相继出现了与开普殖民地类似的土著人大会组织。1908 年，开

---

① 陆庭恩、刘静：《非洲民族主义政党和政党制度》，华东师范大学出版社 1997 年版，第 40 页。

② "土著"在现今的国际话语中存在分歧，有些人认为"土著人"的表述带有贬义。本书沿用中国学术界一般通译的"土著人选民协会"。

③ 郑家馨：《南非史》，北京大学出版社 2010 年版，第 232 页。

普、纳塔尔、奥兰治、德兰士瓦四个殖民地召开"国民会议"，协商建立统一的南非联邦事宜，但国民会议中却没有一名黑人代表参加。1909 年，四个殖民地的非洲人在布隆方丹召开土著人大会，呼吁英国政府和殖民当局在谋划成立南非联邦的过程中，考虑给与黑人平等的选举和被选举权利。同年 9 月，英国议会通过《南非法案》，没有理会非洲人的平权要求。

1912 年 1 月 8 日，在斯威士兰酋长的支持下，全南非的土著人国民大会在布隆方丹召开，出席者大部分是律师、教师、医生、作家、记者等新兴黑人中上层。大会决定成立一个全国性的永久性组织"南非土著人国民大会"（简称 NNC）。南非土著人国民大会仿照英国议会分为上下两院，上院为传统贵族阶层，下院为新兴黑人中上层阶级。上院议长由巴苏陀兰最高酋长莱特西二世担任，祖鲁族牧师兼教师杜比当选南非土著人国民大会第一任主席。

南非土著人国民大会以非洲人获得平等的国民权利为组织目标。对内，南非土著人国民大会是一个黑人族群的联合和协调组织，正如其 1919 年全国代表大会宣言指出的"南非土著人国民大会的奋斗目标是团结不同的族群和部落，实现南非黑人的团结与合作"。[①] 对外，南非土著人国民大会主要采用非暴力、院外请愿为主的和平斗争方式，此时的国民大会与其说像一个政党，不如说是一个白人议会外的压力集团或游说集团。

1912 年以后，南非土著人国民大会每年召开一次会议，会后向南非联邦政府、英国议会和政府递交请愿书，但请愿书基本都石沉大海。例如，1912 年的国民大会请愿书反对限制黑人迁徙自由的《土

---

① Mathole Motshekga, "Pan-Africanism", Ben Turok, eds., *The Historical Roots of the ANC*, Sunnyside：Jacana Media, 2010, p. 95.

著人土地法》，① 但英国政府没有支持国民大会的政治主张，《土著人
土地法》等种族主义法律和政策被通过实施。直到 1917 年，南非土
著人国民大会才制定第一份纲领。纲领提出南非土著人国民大会的目
标是"消灭肤色壁垒"，明确提出"通过符合宪法的途径而不是使用
暴力"，以争取国内外舆论和民众的支持。②

（二）南非共的变迁

南非联邦政府由上层白人组成的南非党执政。白人工人阶级也组
建了南非工党，南非工党起初只允许白人加入。1914—1915 年，南非
加入第一次世界大战，支持英国一方，出兵占领西南非洲（今纳米比
亚）。对德宣战导致南非党发生分裂，极端派另立南非国民党。与此
同时，南非工党内部也因对第一次世界大战的看法而分裂，一部分工
党成员成立了"国际社会主义者联盟"，后者于 1921 年演变为"南非
的共产党"（简称南非共）。南非共主张所有无产阶级联合起来，承
认黑人工人阶级的政治权利，允许黑人入党。1922 年，兰德地区爆
发白人工人起义，提出建立"白人共和国"的口号。南非共曾试图团
结黑人和白人工人共同斗争，但未能成功。最终，兰德起义由于缺少
外界的支持，被政府军血腥镇压。

南非共是南非第一个接纳来自所有种族加入的政党，同时南非共
也有部分党员加入非国大，具有双重身份，推动原本由上层黑人组成
的非国大介入工会和工人罢工。20 世纪 20 年代以后，非国大和南非
共组织了一大批黑人工会组织，例如非洲铁路工人工会、非洲港口工

---

① 1913 年，南非政府出台《土著人土地法》，限制黑人待在保留地内。

② Paul Maylam, *A History of the African People of South Africa*, New York: Palgrave
Macmillan, 1986, p. 55.

人工会、非洲家具工人工会、南非洗衣工人工会、非洲面包工人工会、南非成衣工人工会等。随着工人和农民党员迅速增长，非国大已经不再是新老黑人贵族的温和的谈话会，而逐渐成为黑人反抗种族迫害的统一战线组织，非国大的支部、分部向全国的城乡地区扩散。1923 年，南非土著人国民大会更名为"南非非洲人国民大会"。1926 年，非国大参加了在金伯利举行的第一届非欧洲人大会，会议提出反对一切肤色和种族歧视性的政策，这是南非黑人、有色人和印度人有史以来首次跨种族的大联合。

兰德起义后，南非政府为安抚和拉拢白人工会，采取一系列打压黑人劳工的举措，推出诸如《土著人住区法》《土地登记和保护法》《工业调停法》《土著人代表法》《班图管理法》《矿业和工厂法》《非道德法》等强化种族隔离的法律法令。1927 年的《非道德法》规定禁止黑人与白人通婚。《土著人住区法》规定 1928 年后，在城市的黑人必须携带通行证，并且每个省份和地区的通行证各不相同，违者立即逮捕劳教。仅 1930 年就有 3.2 万黑人因触犯通行证法被判刑。《工业调停法》等职业性法律规则不再承认黑人在城市大部分行业的工人资格或身份，自然也剥夺了黑人在相应行业组织工会和罢工的权利。

1929 年 9 月，非国大与南非共、黑人工会组织以及其他族群的政治组织组建"非洲各民族权利同盟"，由非国大主席古莫特任主席。非洲各民族权利同盟提出将 12 月 16 日命名为"丁干日"，纪念抗击布尔人的祖鲁族首领丁干。同年 12 月 16 日，南非各大城市发生大规模游行和罢工，乡村出现抗捐抗税行动。1930 年，南非当局武力镇压丁干日运动，引起非国大上层温和派的恐慌。古莫特被迫辞去非国大主席职务，南非共在非国大中的影响力也随之下降。部分主张走群众运动路线的成员退出非国大，另建"独立国民大会"组织，非国大走向沉寂和衰弱。

◇ 第二节 "新南非"概念的变迁

早期的非洲政党与宗主国联系密切，政党组织模仿西方政党的结构，政党领袖和积极分子在欧美国家接受教育，并且在宗主国设立分部。1945 年 10 月，恩克鲁玛、肯雅塔、阿齐克韦等非洲民族主义者在英国曼彻斯特举行第五次泛非主义会议，成立工作委员会。会后，泛非会议的委员们回到各自国家，组织民众和建立民族主义组织，非洲民族解放运动进入新阶段。受泛非主义思想影响，南非也出现了一批年轻的非洲人主义的思想家和革命家，冲击着由温和保守的传统贵族阶层掌握的非国大领导权，非国大重新焕发出青春与活力。

一 排外的"非洲主义"思想

安东·姆兹瓦克·伦比德（Antom Muziwakhe Lembede）来自南非祖鲁族，是非国大理论家，"非洲主义"思想的提出者，非国大青年联盟的创立者。

20 世纪 40 年代，以苏玛博士为首的非国大上层仍奉行保守策略，寄希望通过议会斗争的方式改变南非联邦政府的种族歧视政策，与当时已经风起云涌的群众运动形势不相适应。鉴于此，伦比德、西苏鲁、曼德拉、坦博、莫洛卡等青年决定在继续高举非国大大旗的前提下，谋划成立非国大青年联盟。1944 年 3 月，《青年联盟宣言》获得通过；1944 年 9 月，伦比德当选非国大青年联盟首任主席。

　　伦比德不仅是组织者，也是理论家。他撰写过《非国大青年联盟政策》《非洲民族主义与新非洲群众》《非国大青年联盟与其未来计划》等一系列政策文件，系统阐述了非国大青年联盟的指导思想，即"非洲主义"思想。伦比德的"非洲主义"思想认为南非革命具有"以肤色划线的性质"，革命力量来源于各族非洲人之间的团结。[①] 非洲主义具体来说包含三个内容：第一，深受歧视的非洲人必须重拾信心；第二，黑人是非洲土地上的真正主人；第三，非洲人必须是统一的民族。[②] 此外，伦比德反对与包括南非共在内的白人进步势力、有色人或者印度人结成联盟，认为共产主义思想或者其他种族的加入会损害黑人的一致性，削弱非洲人的民族团结。[③]

　　曼德拉等青年深受非洲主义思想影响，曼德拉称伦比德的思想"深深打动我的心弦"。[④] 1948 年，曼德拉当选非国大青年联盟全国书记，明确提出夺回属于非洲人的土地，主宰自己的命运。与此同时，曼德拉注意与共产主义划清界限，反对将外来思想全盘照搬。曼德拉反对共产主义有三个原因：一是受到伦比德思想的影响，认为共产主义会损害非洲人的一致性；二是共产主义致力于打碎封建地主阶层等传统制度，作为传统贵族族裔的曼德拉难以接受；三是共产主义主张

---

　　① ［英］巴尔兹·戴维逊：《现代非洲史：对一个新社会的探索》，舒展等译，中国社会科学出版社 1989 年版，第 208 页。

　　② Lembede，"Some Basic Principles of African Nationalism"，in T. G. Karis and G. M. Carter，eds.，*From the Protest to Challenge*，1973.

　　③ Robert R. Edgar and Luyandaka Msumza，eds.，*Freedom in Our Lifetime*：*The Collected Writings of Anton Muziwakhe Lembede*，Athens：Ohio University Press，1996，pp. 118 – 119.

　　④ Nelson Mandela，*Long Walk to Freedom*：*The Autobiography of Nelson Mandela*，Abacus，2002，pp. 137 – 138.

无神论，曼德拉本人却是虔诚的基督徒。

1949 年，原非国大青年联盟领导人莫洛卡、西苏鲁分别当选非国大主席和秘书长，青年联盟系统在非国大中地位显著上升。在非国大青年联盟的坚持下，当年的非国大全国代表大会通过《行动纲领》，决定"采用抵制、罢工、不服从、不合作及其他可以达到并实现其目标的斗争手段"，实现斗争形式多元化，非国大的组织性质、人员构成开始向"大众型民族解放组织转变"。[1] 到了 20 世纪 50 年代，非国大成员从 7000 人猛增到 10 万人。[2]

不可否认，一方面，伦比德的非洲主义思想确实存在矫枉过正的问题。非洲主义实际上提出了黑人种族主义思想，是用一种新的偏见代替旧的偏见，对建立民族统一战线和非国大的发展造成了一定的负面影响。[3] 另一方面，伦比德在理论和实践上为南非反种族主义斗争注入了强大力量，使之前碌碌无为的非国大重新恢复了活力。后来，他的照片被挂到不少黑人学校的教室，[4] 激励黑人学生和知识分子的民族意识和自信精神，为 1952 年"蔑视不公正法"运动、60 年代"反对通行证法"运动打下坚实基础。

---

① Francis Meli, *South Africa Belongs to Us*: *A History of the ANC*, Harare: Zimbabwe Publishing House, 1988, p. 122.

② Raymond Suttner, "The African National Congress Centenary: A Long and Difficult Journey", *International Affairs*, Vol. 88, 2012, p. 727.

③ 沈晓雷：《浅析伦比德的非洲主义思想》，《西亚非洲》2014 年第 6 期。

④ Catherine Higgs, "Full Circle: Sol Plaatje, Anton Lembeded, Mamphela Ramphele, and the Struggle for Civil Right in South Africa", *Canadian Journal of African Studies*, Vol. 32, No. 2, 1998, p. 386.

二　《自由宪章》中的"新南非"概念

20 世纪 40 年代末 50 年代初，非国大统一战线获得突破性进展。1946 年，非国大与南非印度人大会①达成"在共同利益基础上的"一致行动协议，为日后两个组织的联盟奠定坚实基础。1950 年，南非当局通过《人口登记法》《不道德行为纠正法》《特定居住法》等加强种族隔离制度的法律。"五一罢工"后，南非当局又出台《镇压共产主义条例》，南非共于 1952 年被取缔。1953 年重建地下组织，改为现名"南非共产党"，并加入非国大组织。

受伦比德的非洲主义思想影响，曼德拉等青年领导人起初对于南非共抱有怀疑甚至敌意，认为共产主义思想会削弱非洲人民族主义的观念。因此，还是非国大青年联盟成员的曼德拉曾建议"把共产党员开除出非洲人国民大会的小组成员"。后来，曼德拉逐渐认识到"共产党人是南非唯一准备把非洲人当作平等的人看待的政治组织。他们准备与我们一起进餐，一起交谈，一起生活和一起工作。他们是唯一准备与非洲一起争取政治权利和社会地位的政治组织"。② 这种认识加深了非国大与南非共之间的信任与合作，使非国大成为真正接受不同信仰的、共同实现民族解放目标的统一战线组织。

1951 年，非国大和印度人大会成立联合组织委员会，组织"蔑视不公正法"运动，要求当局最迟于 1952 年 2 月 29 日废除《通行证

---

① 印度人大会 1920 年成立，成员包括商人、知识分子和劳工，争取印度裔权益，反对种族隔离法令。

② 杨立华：《南非黑人领袖纳尔逊·曼德拉》，社会科学文献出版社 1998 年版，第 160—161 页。

法》《镇压共产主义条例》《班图权利法》《限制（保留地）牲畜繁殖法》《特定住居法》《选民分别登记法》六部种族隔离法令。1952年6月26日，南非各大城市爆发公民蔑视不公正法律的抗议活动。曼德拉担任运动总指挥，来自印度人大会的卡查利亚任副总指挥。运动造成8400多人被关押，其中许多人是主动走进监狱的，造成监狱一时人满为患。

随着非国大主要领导相继被捕，蔑视不公正法运动坚持六个月后失败。曼德拉认为这次运动的意义在于"它召唤出巨大的社会力量，并影响了全国成千上万的人。这是一个促进群众在政治上发挥作用的有效方法，是政府的反动政策表达愤慨的强有力手段……它鼓舞并唤起我们的人民摆脱被征服、屈从的唯唯诺诺状态，而成为一支有斗争性的、毫不妥协的战斗队伍"。[1] 更进一步说，蔑视不公正运动增进了非国大与印度人大会、有色人组织和南非共的相互信任，是非国大逐渐转型为民族主义政党并走向成熟的标志。

1955年6月26日，约翰内斯堡附近的克里普顿召开"人民大会联盟"大会，聚集了来自全国各地的非国大、印度人大会、有色人人民组织、白人民族人士等团体的2884名代表，其中黑人2222人，印度人320人，有色人230人，白人112人。会上通过了南非历史上第一份不分种族、阶级和信仰的《自由宪章》，宣称："南非属于所有生活在这里的人民，黑人和白人；任何政府都不能宣称有统治的权力，除非它符合全体人民的意愿。"[2] 主要内容包括：第一，南非属

---

① 杨立华：《南非黑人领袖纳尔逊·曼德拉》，社会科学文献出版社1998年版，第109页。

② Thomas Karis and Gwendolen M. Carter, *From Protest to Challenge*：*A Documentary History of African Politic*, *1882 - 1964*, Stanford：Hoover Institution Press, 1977, p. 205.

于在南非居住的全体人民，黑人和白人；第二，人人享有平等的政治经济权利，包括选举权和被选举权、全体人民在法律面前一律平等、共同享有南非的财富和土地等；第三，凡鼓吹和实行种族或肤色歧视和凌辱的，应视为给予惩处的罪行；第四，取消通行证制度、特定住区和隔离区；第五，每个人享有基本的就业、受教育和住房等权利。

《自由宪章》是为适应形势需要签订的，对于反对种族隔离斗争意义深远。第一，《自由宪章》意味着非国大从法理上把黑人、有色人、印度人都视作"黑人"范畴，并提出南非是黑人和白人共同的家园，有助于团结进步白人势力，组成更大范围的多族群统一战线，也构成日后建立多民族的新南非的理论基础。第二，《自由宪章》明确提出建立民主政府、平等法院，自由使用本民族语言等条款，用一个多元的、平等的、统一的"新南非"图景彻底否定白人统治下的、不平等的、种族隔离的南非现政府。第三，《自由宪章》使用接近3/4的篇幅阐述经济纲领，包括产业（特别是矿业）国有化、实行"耕者有其田"（the land shall be shared among those who work it）的土地改革、全民福利保障等措施，这是非国大成立以来第一份详细而具体的经济设想。值得注意的是，签订《自由宪章》不止非国大一家，其他政党也会引用《自由宪章》，作为攻击非国大执政偏离目标的依据，这就是后话了。

《自由宪章》签订以后，非国大内部的分歧公开化。曼德拉等"宪章派"占据主流，主张联合印度人、有色人和进步白人建立一个多种族的新南非；依然坚持伦比德"非洲主义"思想的"非洲派"则认为，黑人居于人数的绝对优势，无须与其他种族联合，而多种族主义会影响黑人的领导地位。1958年11月2日，"非洲派"退出非国大德兰士瓦大会。1959年4月6日，非洲派组成"阿扎尼亚泛非主义者大会"（简称泛非大），由罗伯特·索布克韦（Robert Sobukwe）任主席，波特拉科·勒巴洛（Potlkao Leballo）任总书记。

受非洲独立运动鼓舞，非国大、泛非大分别于 1960 年 3 月 31 日和 21 日举行全国"反通行证法运动"。南非政府出动军警镇压，造成 300 多人伤亡，上万人被逮捕，史称"沙佩维尔惨案"（Sharpeville Tragedy）。"沙佩维尔惨案"引起国内外震动。在国际，各国纷纷谴责南非政府的残暴行径，联合国通过反对南非种族政策、立即给予黑人民主权利的决议；在国内，约堡、开普敦、德班等所有大城市都出现大规模示威罢工。南非政府出台《紧急状态法》，取缔非国大、泛非大。不久，南非印度人大会等其他族群的政治组织也被宣布为非法。

三 曼德拉的思想变化及其在党内地位的上升

如前所述，曼德拉一开始只是伦比德的追随者之一，在非国大青年联盟的领导层中排名靠后。1948 年，曼德拉当选非国大青年联盟主席，三年后担任"蔑视不公正法"运动的总指挥。虽然在一系列重要事件中逐渐崭露头角，但曼德拉一直以青年激进派领袖的形象出现，党内地位不仅远远低于祖鲁族大酋长、非国大主席卢图利等元老，也排在西苏鲁等同辈人以后，所以曼德拉此时在党内的地位和话语权还未达到举足轻重的地步。

（一）曼德拉推动非国大组织转型

为了改变非国大权力分散、各行其是的局面，曼德拉曾在 20 世纪 50 年代初提出必须加强非国大中央委员会的领导，建立从区域到城镇再到基层的组织结构，才能提高非国大的动员能力和保密性，这就是所谓的"M 计划"。[①]"M 计划"具体内容是将非国大各支部、分部按照街区分成多个小组，每七个小组组成一个区，每四个区为一个行政区。

由于"M 计划"可能将非国大变成一个"神秘化和集权化"的组织，党内领导权也可能因此被非国大青年联盟所掌控，该计划引起了卢图利等非国大元老的担忧和反对。20 世纪 50 年代，"M 计划"推行得并不顺利，只在东开普和德班附近的城镇得到了有效贯彻。[②] 不过，"M 计划"为日后非国大转入地下和"民族之矛"的基层组织建设提供指导，并在长期艰苦的革命斗争中发挥了越来越重要的作用，推动 20 世纪 80 年代的反抗种族隔离运动遍及全国各地的每个街区。

在是否使用武力的问题上，非国大内部进行了长达七年的激烈争论。随着种族隔离的法律愈加严厉、白人军警的暴力手段不断升级，后来的"民族之矛"总司令坦博说："当时我们的问题不是要不要战斗，而是该怎样继续战斗……民族之矛成立前长达 50 年的非暴力斗争只是给南非人民带来越来越多的镇压刑法以及越来越少的权利。"曼德拉也痛苦地质疑继续坚持和平手段和非暴力主义"在政治上是否正确"。[③]

沙佩维尔惨案发生以后，非国大等民族主义政党相继被取缔和镇压。在暴力面前，非国大、泛非大从两个方面应对：一是将组织力量

[①] "M 计划"即是"曼德拉计划"，以曼德拉的英文首字母进行命名。

[②] Tom Lodge, *Black Politics in South Africa Since 1954*, London：Longman，1983，p. 75.

[③] ［美］查伦·史密斯：《曼德拉传》，高天增译，中国人民大学出版社 2013 年版，第 20—25 页。

转移到境外，包括赞比亚、坦桑尼亚等靠近南非的"前线国家"① 和欧美国家，通过国际舆论揭露南非黑人遭受的压迫，争取更多外部支持；二是组织武装力量，非国大成立以曼德拉为总司令的"民族之矛"，泛非大成立"波戈"行动队。

"民族之矛"宣称本组织是："人民群众反对政府及其种族政策压迫的武装组织。它将是人民群众为自由而战、为权利而战、为最终的解放而战的打击力量。"② 按照"M 计划"，"民族之矛"设全国最高指挥部和地区指挥部，地区指挥部具体领导基层武装战斗小组。战斗小组由四人组成，主要执行破坏公共设施、政府机构等任务。1962年 8 月 5 日，曼德拉被捕。1963 年 4 月，泛非大全国起义失败。

随着曼德拉等主要领导人被捕，"民族之矛"在南非国内的组织遭到重创，剩余力量也基本转移到前线国家进行重建。此后，非国大虽然一直坚持武装斗争的政策，但由于敌我力量悬殊，武装斗争的作用主要体现在震撼效果，无法威胁到白人当局的统治。例如 1983 年 5月，比勒陀利亚空军司令部外发生汽车炸弹爆炸事件，造成 19 人死亡，215 人受伤。

（二）曼德拉关于"新南非"的设想

曼德拉被捕后，当局着手对其进行审判和惩罚。审理曼德拉的案

---

① 莫桑比克和安哥拉独立后，南部非洲国家为协调一致行动、共同反对种族主义，成立了"前线国家组织"，最初包括赞比亚、坦桑尼亚、莫桑比克、博茨瓦纳、安哥拉等。1980 年，津巴布韦独立后也参与该组织。前线国家收留南非抵抗运动的流亡者，并允许非国大等南非黑人政党设立分部和军事基地。此外，莱索托、斯威士兰虽然没有正式成为前线国家组织成员，但一直对非国大和泛非大的武装在本国驻扎比较宽容。

② ［美］查伦·史密斯：《曼德拉传》，高天增译，中国人民大学出版社 2013 年版，第 20 页。

件全名为"国家诉非国大最高司令部及其他人案"，因审判地点在约翰内斯堡附近的利沃尼亚，因此又被称作"利沃尼亚审判"（Revonia Trial）。出人意料的是，利沃尼亚审判竟变成了曼德拉表现和阐述革命观点的舞台。审判中曼德拉身穿非洲酋长传统的兽皮大衣，妻子温妮身穿科萨族的传统衣裙，向外界传递出审判所具有的种族压迫内涵。

在法庭上，曼德拉阐述了自己关于"新南非"的设想："我珍视一个民主和自由社会的梦想，在这样的社会中，所有人和谐共处，以及享有平等的机会。这是一个我希望为之活下去并达成的梦想。但如果需要，这也是一个我准备为之赴死的梦想。"曼德拉在表达与旧制度势不两立的同时，也传递着这样一个理念，即：新南非将是一个统一而非分裂的南非，黑人摆脱白人少数政权的统治而当家做主，目的是实现黑人和白人共同管理国家。按照曼德拉的话说："当我走出监狱时，同时解放被压迫者和压迫者成为我的使命。"①

对于非国大与南非共、社会主义运动之间的关系，曼德拉在审判中说了这样一句广为人知的话："非国大的政策迎合了我内心深处的信念。它寻求全体黑人的团结，消除非洲黑人不同部落之间的分歧。它寻求非洲黑人在他们自己出生的土地上获得政治权利……我一向把自己看成是一个非洲人爱国者。今天，我被建立一个无产阶级社会的理想吸引。"南非白人政府试图将非国大描述为一个共产主义政党，以便使用《抑制共产主义法》予以合法的镇压。因此，非国大与南非共的联系、曼德拉本人关于经济改革的论述也被故意夸大和利用。

---

① ［南非］纳尔逊·曼德拉：《漫漫自由路——曼德拉自传》，谭振学译，广西师范大学出版社 2013 年版，第 39—341 页。

（三）以曼德拉为核心的领导体制

南非当局最终判决曼德拉等人有罪，并将他们关押在开普敦附近的罗本岛监狱。罗本岛监狱的条件非常恶劣，食物严重不足，四季只提供冷水。除了强制劳动以外，犯人还要随时面临狱警的检查和殴打。① 尽管如此，曼德拉仍十分强调组织的重要性，努力使囚犯们团结起来。在《漫漫自由路》电影中，他对坦博、西苏鲁等狱友说："手指少了握不紧拳头，人员少了建不了组织。"他鼓励同志们不要意志消沉，积极进行体育锻炼、学习文化知识，甚至还和狱友一起种植蔬菜水果，把罗本岛监狱变成了非国大的"罗本岛大学"。南非前总统祖马原本只有小学水平，他在罗本岛学会了读书、写字和英语。

曼德拉出身科萨族贵族家庭，从小接触部落长老决策和处理问题的方式，学会用协商讨论的方式处理问题，这一点不仅表现在对待非国大"同志"② 上，曼德拉与党外人士交往时也抱有宽容接受的态度。监狱里除了关押非国大党员，还有泛非大、自由党、共产党等其他党派成员；除了关押黑人，还有有色人、印度人、白人等其他肤色的犯人。为了处理好与白人狱警的关系，曼德拉学习阿非利卡语，赢得了对方的尊重和友谊。1975 年曾有一本关于罗本岛的秘密备忘录流出。备忘录显示罗本岛的非国大组织通过贿赂狱警、借助打扫卫生

---

① Jeremy Gordin, *Zuma a Biography*, Capetown: Jonathan Ball Publishers, 2008, pp. 18 – 20.

② 非国大党员之间称同志，是模仿共产党、社会党之间的称呼。在罗本岛监狱中，同志的范围扩大到所有接受曼德拉领导的犯人，同志之间的支持帮助他们共同挺过折磨和重压。

的女佣等手段，与外界建立了很多秘密联系渠道；在罗本岛内部，则存在一个以曼德拉为核心的"最高机构"。虽然最高机构内部以及最高机构与其他犯人存在争论和分歧，但该文件最后重申"曼德拉在罗本岛监狱对非国大的领导权"。①

就这样，非国大党员围绕在曼德拉周围，其他政党又围绕在非国大周围，罗本岛自发建立了宽容自由而又集中民主的政治结构。通过新老囚犯的更替，罗本岛的政治文化被传播到监狱以外，曼德拉在党内的领袖魅力也不断提升。非国大的沙特纳认为："虽然身陷囹圄，但他们也在狱中创造了另一个世界，能更好地控制自己的生活……他们在监狱中构建了一种文化，这种文化是政治文化的延续。通过长时间的磨合，在非洲人国民大会内也能有效建立起这样的文化。"② 民族之矛成员赛克斯维尔就表示自己被捕后，希望被关进罗本岛监狱，以便见到领袖曼德拉。③

四　黑人家园——白人政府加强种族隔离的举措

1943 年，国民党④刊物上首次出现"种族隔离"（Apartheid）一词。1948 年，马兰以种族隔离政策为竞选纲领，率领国民党击败统一党，南非进入国民党统治时期。1958 年，主张"不惜一切代价实施隔离"的维沃尔德政府上台。为了应对愈演愈烈的抵抗运动，白人

① ［美］丹妮·谢克特：《曼德拉：漫漫自由路》，潘丽君、任小红、张琨译，广东人民出版社 2013 年版，第 83 页。
② 同上书，第 24—25 页。
③ 同上书，第 113 页。
④ 1940 年，统一党在对德宣战问题上发生分裂，一部分统一党成员与马兰率领的白人右翼成立"统一国民党"。

政府一面进行武力镇压，同时进一步加强种族隔离的制度化建设，先后通过《促进班图自治法》和《工业调解法》。《促进班图自治法》提出在黑人保留地实行自治，谋划建立若干"班图斯坦"（Bantustans）①，由南非政府委任保留地的黑人贵族和地主进行统治，达到通过黑人控制黑人的目的。《工业调解法》禁止黑人加入白人工会，强化城市的种族隔离。

（一）班图斯坦（黑人家园）的建立

沙佩维尔惨案发生以后，南非加快"黑白分别发展"步伐，计划通过将300多块黑人保留地整合成10个"独立的黑人国家"。按照白人政府计划，南非将成立10个黑人国家和1个白人国家，其中占总人口17%的白人国家拥有87%的南非领土（10个黑人家园概况见表2—1）。

1972年5月，博普塔茨瓦纳班图斯坦自治政府成立，7月，西斯凯班图斯坦自治政府成立；1974年，巴苏陀·夸夸班图斯坦自治政府成立，10月，特兰斯凯率先宣布成立"共和国"，成为第一个"独立"的班图斯坦；1977年，夸祖鲁班图斯坦自治政府成立，12月，博普塔茨瓦纳成立"独立"的班图斯坦共和国；1978年，斯威士班图斯坦自治政府成立；1979年9月，文达成立"独立"的班图斯坦共和国；1981年，西斯凯成立"独立"的班图斯坦共和国。

---

① "班图斯坦"，意思是黑人国家，后更名为"黑人家园"。由于南非黑人族群基本上起源于班图人，故得名。

表 2—1　　　　　　　　　　　班图斯坦（黑人家园）概况

名称	面积（km²）	国土块数	法定人口	常住人口	千人/km²
博普塔茨瓦纳	38000	6	210 万人	88.7 万人	18
文达	6500	3	45 万人	26.5 万人	14.4
莱博瓦	22000	7	220 万人	108.7 万人	10
特兰斯凯	41000	3	420 万人	175 万人	9.7
加赞库布	6800	5	81 万人	27.6 万人	8.3
夸祖鲁	31000	44	500 万人	210 万人	6.4
斯威士	3700	3	59 万人	11.8 万人	6.2
西斯凯	5300	19	87 万人	52.7 万人	6
南恩德贝莱	750	1	24 万人	不详	3
巴苏陀·夸夸	480	1	170 万人	2.4 万人	0.3

资料来源：郑家馨：《南非史》，北京大学出版社 2010 年版。

班图斯坦自治政府或者共和国无论在政治和经济上都无法实现真正的独立。首先，整合后的 10 个班图斯坦的"国土"依然支离破碎，夸祖鲁面积仅 31000 平方公里，却分散在 44 块"国土"和 144 个"黑点"上。博普塔茨瓦纳后来整合为 7 块，3 块在开普省北部，3 块在德兰士瓦西北部，1 块在奥兰治省，各块相距遥远。

其次，班图斯坦的经济发展水平远远不能养活增长迅速的本地人口。1970—1980 年，黑人家园人口增长 69%，每平方公里人口净增23.8 人，此时全南非每平方米人口密度仅 9.1 人。[①] 黑人家园人口密度高，物产却很贫瘠，工业十分落后。以率先"独立"的特兰斯凯为例，特兰斯凯人口约 300 人，但 95% 以上的家庭缺乏或没有可耕种的

---

①　Leonard Thompson, *A History of South Africa*, New Haven：Yale University Press, 2001, pp. 162 – 164.

土地，需每年从白人南非地区购买 20 万吨左右的玉米。① 由于黑人聚居区的土地无法养活本地人口，到白人南非地区打工成为青壮年劳动力的必然选择，以便赚取"外汇"，从白人区"进口"粮食。② 在农村，黑人的童年一般在父亲缺失的条件下度过；成人结婚后，向土著首领申请一份土地，然后外出打工，供养家庭；年老后回到家乡，继承土地，维持生计。1976 年，特兰斯凯有 176 万人，外出打工者接近特兰斯凯总人口的 60%。③

（二）"因卡塔"——班图斯坦政党的代表

南非法律赋予黑人家园地区的传统领袖政治管理权和土地分配权，使得传统黑人贵族阶层和黑人家园政治力量成为既得利益者，扮演白人政府帮手的角色。这一点以夸祖鲁黑人家园领导人曼戈苏图·布特莱奇（Mangosuthu Buthelezi）为代表。布特莱奇是祖鲁王族后裔。曼德拉与布特莱奇 1955 年就已经相识，布特莱奇较前者年轻 10 岁。布特莱奇曾在读书时加入非国大青年联盟组织，后因非国大被取缔，祖鲁王室成员基本退出非国大。1975 年，布特莱奇重建"因卡塔"，"因卡塔"是"民族文化解放运动"的简称，旨在保护祖鲁族文化传统。因卡塔认为黑人家园可以自治但不可以"独立"，主张各个黑人家园之间加强团结，反对剥夺南非黑人的国籍，要求获得平等公正的政治经济权利。

非国大、泛非大等被取缔后，因卡塔成为最重要的合法黑人组

---

① A. Lemon, *Apartheid*, London: Saxon House, 1976, p. 150.

② Francis Wilson, *Migrant Labour in South Africa*, Johanesburg, 1972, p. 172.

③ Donald Moerdijk, *Anti-Development*, *South Africa and Its Bantustans*, Unesco, 1981, p. 106.

织。因卡塔虽然被认为是部族政党，但布特莱奇一直谋求成为全体黑人的领袖。在南非当局的支持下，因卡塔在全国范围内广泛吸收党员，重建后在三年时间里就在南非四省建立 1000 多个支部，拥有 30 多万缴纳会费的党员，一度成为南非最大的黑人政治组织。

1977 年，南非 IMSA 分别对约翰内斯堡、德班和开普敦的黑人进行民意测验，显示布特莱奇获得 43.8% 的支持率，因卡塔获得 44% 的支持率，而曼德拉只获得 18.6% 的支持率。但索韦托暴动后，黑人革命热情再次高涨。1981 年，《星报》再次对上述三个城市进行民意测验，结果显示曼德拉和非国大在黑人民众中的支持率分别上升到 59% 和 40%，而布特莱奇和因卡塔的支持率则下降到 20% 和 21%。[①]

为了应对国内外压力，一方面，种族隔离政府刻意采取分而治之的策略，将不同的地区、族群进行隔离统治，不仅将黑人与白人隔离，还将不同民族的黑人分隔，从而削弱黑人之间联合抵抗的能力，加强对人数众多的非洲人的控制；另一方面，白人政府有意扶植由传统贵族阶层领导的黑人政党，使用亲政府的班图斯坦组织排斥非国大等黑人革命组织，从而实现渔翁得利的险恶用心。

◇◇第三节　制宪谈判与新南非的诞生

一　种族隔离统治走向末路

1960 年"沙佩维尔惨案"爆发，联合国安理会和联合国大会分

---

① 杨立华：《"因卡塔"——祖鲁族"民族文化解放运动"的复兴和发展》，《西亚非洲》1982 年第 6 期。

别召开会议，敦促南非当局放弃种族主义政策。随后联大又通过决议要求成员国单独或集体采取断绝外交、经贸、民众交流等制裁方式，促使南非结束种族隔离状态。

由于西方大国没有认真执行联合国的制裁决议，无法迫使南非白人政府改变政策。直到"索韦托暴动"① 发生后，西方国家态度才发生重大改变。1978 年，美国国会通过了全面从南非撤资法案；1985 年，法国宣布从南非召回所有投资，随后北欧国家，日本、加拿大等国也宣布对南非实行有限制裁，同年 9 月，英联邦通过制裁南非的八项措施；1986 年，美国国会通过《全面反对种族隔离法》，禁止美国企业与南非有贸易和金融往来。国际制裁不仅导致南非的外国投资和贷款锐减，还严重影响了投资者信心，造成大量资本外逃，外债急剧上升。据统计，南非短期债务从 1980 年的 60 亿美元增至 1986 年的 240 亿美元，1987 年的固定投资却比 1980 年下降逾 30%。② 非国大还得到西方一些中小国家的资助和支持，例如瑞典政府允许民族之矛战士每人每月可以领取 2300 兰特津贴。不少人相信瑞典首相帕尔梅在 1986 年遇刺与南非情报机构有关。③

除了西方国家以外，苏联、中国、古巴、叙利亚、埃及、越南等国家也对非国大给予了热情支持。20 世纪 70 年代，非国大代表团拜访刚刚打败美国的越南，武元甲慷慨地向非国大提供武器装备和军事训练，完成了对"民族之矛"武装的改造。莫桑比克解放阵线、安哥

---

① 1976 年 6 月，索韦托地区学生抗议当局强行推动阿非利卡语教学，南非政府予以武力镇压，造成 17 人死亡，上千人受伤。

② Robert M. Price, *The Apartheid State in Crisis*, Oxford：Oxford University Press，1991，p. 29.

③ ［美］丹妮·谢克特：《曼德拉：漫漫自由路》，潘丽君、任小红、张琨译，广东人民出版社 2013 年版，第 207 页。

拉人民解放运动、津巴布韦民主同盟、刚果工人党和卢旺达爱国阵线等前线国家政党也给予非国大大力支持。

20 世纪 70 年代后，南非与古巴卷入旷日持久的安哥拉内战，使南非白人政府陷入困境。对内部，要时刻提防民族之矛战士和黑人暴动，南非变成一个"白人警察国家"。1985 年，南非总统博塔宣布在 36 个黑人城镇实施紧急状态，逮捕约 38000 人。次年，颁布《全国紧急状态法》，戒严从此成为南非的常态。对外部，为应付安哥拉战事，南非强行征召白人男子入伍，各地怨声载道。1975—1985 年，南非军费急剧增长 500%，所占 GDP 比重从 2.2% 增加到 10% 左右。如果再加上维持治安的费用，安全支出已构成南非财政的不可承受之重。[①]

日趋严峻的形势使多数阿非里卡人相信尽快变革是比推迟更好的选择。[②] 进入 20 世纪 80 年代，南非政府采取"三院制"[③]、允许建立黑人工会、部分开放党禁等措施，稍微放松对多民族参政的压制。1983 年，"联合民主阵线"成立，包括工会、妇女协会、体育协会、青年学生团体等 575 个社会组织。虽然非国大被列为非法组织不在其中，但联合民主阵线的主流派"民族主义派"则完全接受非国大的主张，因此联合民主阵线实际上是非国大"合法的附属组织"（legal wing）[④]。1985 年 12 月 1 日，33 个工会组织在纳塔尔省召开会议，正式成立南非工会大会（COSATU）。在 1987 年 7 月举行的第二次全国

[①]　［南非］S. 泰列柏兰奇：《迷失在转型中——1986 年以来南非的求索之路》，董志雄译，民主与建设出版社 2015 年版，第 52 页。

[②]　Hermann Gilioraee, *The Africaners*, Tafelburg Publishers Limited, 2003, p. 631.

[③]　1983 年，南非共和国修改宪法，在白人议院以外设立有色人议院和印度人议院。白人议院为 166 席，有色人议院为 80 席，印度人议院为 40 席。白人仍占据议会多数地位。

[④]　*The Economist*, May 10, 1986, p. 11.

代表会议上，南非工会大会宣布接受《自由宪章》。①

南非政界和经济界上层开始与海外流亡的非国大成员和关在罗本岛的曼德拉举行秘密接触。曼德拉在狱中递交给白人政府声明，重申非国大的四项主张：第一，在谈判开始前决不放弃武装斗争；第二，绝不与南非共产党断绝关系；第三，在黑人多数统治问题上绝不妥协；第四，坚持原有的政治经济政策。②

戈尔巴乔夫改革后，苏联开始推行与西方缓和的政策，对非国大和南非共的援助逐渐减少。为了适应国际形势，非国大一方面制定了多元化的斗争策略，另一方面继续突出军事斗争作用。如 1988 年非国大的声明表示："我们反复强调正确信念是只有通过一场革命运动，即最大限度地团结民主和爱国力量，使其加入自己的阵营，使用包括革命暴力在内的多元化战略，才能够推翻种族隔离政权。"③ 1989 年 8 月，非洲统一组织南部非洲特别委员会在哈拉雷通过由非国大起草的制宪谈判先决条件：（1）解除党禁；（2）释放政治犯；（3）保障流亡人员安全回国；（4）废除镇压法令；（5）取消紧急状态；（6）撤出黑人城镇驻军。

1989 年 1 月，博塔突患中风，德克勒克继任国民党主席。8 月，博塔辞去总统职务，德克勒克继任总统。德克勒克是国民党内改革派的代表，对与非国大进行谈判持积极态度，结束种族隔离统治的时机逐渐成熟。

---

① Congress of South African Trade Unions, *South African History Online*, http://www.sahistory.org.za/topic/congress-south-african-trade-unions-cosatu.

② 郑家馨：《南非史》，北京大学出版社 2010 年版，第 354 页。

③ Peter Vanneman, *Soviet Strategy in Southern Africa: Gorbachev's Pragmatic Approach*, Stanford: Hoover Press, p. 20.

二　非国大合法化后的组织建设

为了掌握变革的主动权，南非新任总统德克勒克出人意料地在1989 年年末下达释放政治犯和废除种族隔离法案等一系列命令。1990年，曼德拉获得自由。事态的变化使非国大紧急召开会议，商讨一份名为《非国大的解禁——我们的战略思考》的文件，提出非国大应迅速建立军事组织，以防政府变卦。不过，非国大内部派系林立，组织复杂，各派力量常常传递相互矛盾的声音。1990 年 8 月 6 日，非国大又推翻了先前的声明，与德克勒克签订《比勒陀利亚备忘录》，做出停止武装斗争的决定。后来由于制宪谈判中出现大量非国大支持者伤亡，该决定引起了很大争议。

非国大获得合法地位后，曼德拉等人的首要工作是推进"M 计划"，完善国内的党组织建设。首先以内部领导核心（internal leadership core）为基础，组织恢复和重建地方党部。[1] 在一年多的时间里，非国大在全国设置了 936 个分支机构，党员迅速增加到 289320 人。[2]非国大、南非共和南非最大的工会组织南非工会大会在 1990 年组成"三方联盟"。

相比南非工会大会，南非共与非国大结盟的时间更久，组织联系更强，对非国大的影响也更大。1952 年，南非种族主义政府颁布镇压共产主义的法令不久，南非共组织转入地下，不少南非共党员以双

---

① 马正义：《从革命到治理：南非非国大的角色转变及面临的挑战》，《当代世界与社会主义》2015 年第 5 期。

② Vincent Darracq, "The African National Congress（ANC）Organization at the Grassroots", *African Affairs*, No. 107, 2008, p. 593.

重身份加入非国大。"沙佩维尔惨案"发生不久，非国大也被宣布为非法组织。通过南非共与社会主义国家的联系，非国大获得大量援助，使得流亡在外的党组织和武装力量得以重建。此后，南非共逐渐成为非国大的中坚力量，南非共总书记斯沃洛、哈尼先后担任民族之矛参谋长。德克勒克上台后，南非开放党禁，南非共重新成为群众性政党，但并未完全从非国大独立出来。南非共成员在非国大全国执委中仍占据三分之一以上的位置，包括非国大总书记、副总书记；同时，南非总统、非国大主席曼德拉、姆贝基、祖马也均为南非共中央委员会委员。

开放党禁促使南非党派的种族界限逐渐被打破，各个党派开始为争取党员而争斗不休。1990 年，布特莱奇组建因卡塔自由党，宣布吸收所有种族成员，并有部分白人右翼加入。1992 年后，保守党、阿非利卡民族联盟等白人右翼政党开始向黑人开放。《自由宪章》通过以后，非国大就一直是黑人、有色人、印度人、白人等多族群政党。制宪会议期间，非国大向西斯凯、夸夸、夸祖鲁、博普塔茨瓦纳四个黑人家园"和平进军"，意图扩大非国大的影响。但由于"M 计划"在这里未能有效实施，非国大基层准备薄弱，和平进军遭到黑人家园势力的强硬抵制。加之之前为了配合谈判，非国大已经做出停止武装斗争的决定，导致非国大支持者在与敌对武装的冲突中死伤惨重，给非国大带来严峻的挑战。

三 各方关于"新南非"设计的冲突与妥协

（一）制宪谈判的内外冲突

1991 年，在曼德拉倡议下，近百个非洲人政党和社会团体组成

"爱国阵线大会"。11月，南非20个主要的政治势力召开制宪谈判预备会议。12月20日，第一次"民主南非大会"（CODESA）即制宪谈判正式召开，标志着非国大与白人政府正式进入政权移交谈判阶段。非国大强调"多数人统治"，而白人政府坚持要求获得"否决权"，双方在权力分配上僵持不下，谈判一度破裂。除了非国大、国民党，还有激进的泛非大、保守的白人右翼、主张建立祖鲁人国家的因卡塔自由党等政党都希望左右谈判进程，谈判相当艰难而漫长，场外冲突不断。

为了阻止非国大掌握权力，南非国家安全局、军队、警察和白人右翼组织组成"暗杀团"，不断制造流血事件，南非笼罩在右翼分子政变和种族内战的阴云下。1990年3月，白人警察向非国大抗议群众开火，造成12人死亡，300多人受伤；1992年9月，数万名非国大支持者举行示威游行，在试图进入西斯凯地区的体育馆时与南非军队发生冲突，28名游行群众被射杀；1993年4月，南非共产党领导人、民族之矛参谋长哈尼被白人极端分子刺杀。①

白人右翼还勾结因卡塔自由党、黑人家园武装向非国大支持者发起攻击。目前披露的材料表明，布特莱奇得到了白人情报机构的资金支持，部分因卡塔自由党干部还秘密接受军方的培训和武器援助。在因卡塔武装袭击非国大支持者的行动中，警察采取纵容甚至保护的态度。② 由于"祖鲁法典"规定携带长矛、木棍、铁棍和战斧是符合祖鲁传统的"文化权利"，而其他民族则没有这样的特权，所以因卡塔

---

① ［南非］纳尔逊·曼德拉：《与自己对话：曼德拉自传》，王旭译，中信出版社2011年版，第292—293页。

② ［美］查伦·史密斯：《曼德拉传》，高天增译，中国人民大学出版社2013年版，第101页。

自由党的攻击性比其他黑人族群更强，黑人党派武斗在夸祖鲁—纳塔尔省地区出现的伤亡也更多。

在谈判期间，曼德拉曾提出与布特莱奇举行会面，并呼吁支持者理解像布特莱奇这样与白人政府合作的黑人领袖。然而，两人的会面迟迟没有实现，两党争夺愈演愈烈。根据曼德拉的笔记，1992 年 3 月、4 月、5 月、6 月、7 月、8 月分别有 140 人、91 人、79 人、82 人、133 人、52 人在暴力冲突中死亡。① 根据真相与和解委员会的调查，因卡塔在冲突中杀害了约 4000 人，非国大则杀害了约 1000 人。②

白人右翼不断制造血案的目的是激怒黑人民众，使南非陷入内战局面，从而让曼德拉与白人政府开明派之间所有的努力都将化为乌有。1990 年 9 月，非国大内部出现要求建立自卫力量的声音。对此，曼德拉一方面不断向德克勒克施压，要求政府加强对军警和暴力犯罪的管制，另一方面努力安抚党内同志和广大民众，呼吁用和平手段对抗敌人的阴谋。哈尼遇刺后，曼德拉发表全国讲话，警告"我们不能眼睁睁看着一个崇拜战争、嗜血如命且常常草率行事的政府把我们的国家变成又一个安哥拉"。③ 他认为唯一能做的就是在全国范围内组织游行示威，这样民众就可以找到发泄愤怒的地方。虽然个别游行示威演变成了暴力事件，但总体上保持和平，挫败了右翼分子将愤怒转化成内战的阴谋。

---

① ［南非］纳尔逊·曼德拉：《与自己对话：曼德拉自传》，王旭译，中信出版社 2011 年版，第 295 页。

② ［美］查伦·史密斯：《曼德拉传》，高天增译，中国人民大学出版社 2013 年版，第 111 页。

③ ［南非］纳尔逊·曼德拉：《与自己对话：曼德拉自传》，王旭译，中信出版社 2011 年版，第 295 页。

（二）非国大的妥协

为了打破谈判僵局，南非共总书记斯沃洛提出分享权力的"夕阳条款"。1992 年 11 月 25 日，斯沃洛起草的《谈判的战略目标》提出，不寻求立即施行"多数人统治"，主张先在一段时期内与白人分享权力，组建民族团结政府，然后逐步向多数统治过渡。"夕阳条款"得到包括国民党在内的绝大多数政治势力的支持。

1993 年，保守党、因卡塔、泛非大以及三个"黑人家园"的代表先后退出制宪谈判。在德兰士瓦省（现为豪登省和马兰加省的部分地区）的敖兰尼亚，阿非利加人于 1993 年 11 月宣布成立"人民国家"（Volkstate）。与此同时，布特莱奇领导的夸祖鲁、博普塔茨瓦纳等黑人家园也威胁"单边独立"。但这些分裂主义行动已经无法阻止南非政治转型的大势。1993 年 11 月，南非制宪谈判终于达成基本共识，剩下的政党和政治组织表决支持《南非共和国宪法草案》。1993 年 12 月 22 日，临时宪法正式获得通过。

南非民主大会是关于新南非宪法和政治体系的公开讨论，但新南非经济方面的安排却是秘密进行的，只存在国民党代表的白人精英（如矿业能源复合体）、国际货币基金组织和非国大之间。泰列柏兰奇认为矿业能源复合体需要做的是：第一，如何说服非国大放弃社会主义和国有化；第二，如何避免非国大成为一个倾向于大规模转移支付的民粹主义政府；第三，如何确保矿业能源复合体继续在新政府中处于支配性地位；第四，如何使阿非利卡右翼，特别是掌握武装力量的白人接受政治协议；第五，如何处理与南非工会大会的关系。①

---

① ［南非］S. 泰列柏兰奇：《迷失在转型中——1986 年以来南非的求索之路》，董志雄译，民主与建设出版社 2015 年版，第 55 页。

自《自由宪章》签订以来，国有化一直是非国大的基本经济纲领，曼德拉在狱中与南非政府谈判时仍坚持土地与产业公有制原则。曼德拉获释后，在出访美国、瑞士等国时，商界领袖纷纷警告国有化可能造成的严重后果，使得曼德拉"平生第一次认识到，如果我们希望获得投资，就必须重新探讨国有化政策……消除自己财产被国有化的畏惧之情"。①

一些左翼著作对于非国大在经济上的妥协非常遗憾和失望，例如泰列柏兰奇的《南非不公平的历史：1652—2002 年》、普特劳和霍顿的《谁统治南非》、卡斯里尔斯的《全副武装与危险之旅》等都披露了非国大向"资产阶级"妥协的某些细节。政权转移以后，由于白人精英依然是工业和土地的主导力量，非国大在经济问题上的软弱随即展示出来。

（三）制宪谈判的结构分析

综上所述，1989—1994 年的制宪谈判主要包括三个主体：白人政府、非国大和英美代表。在核心谈判成员的背后，存在着国内的矿产资源共同体，西方跨国企业、军方、白人农场主、白人右翼政党、黑人家园、因卡塔等其他党派、非洲前线国家、苏联等势力（参见图2—1）。由于各方实力不均衡，要想让谈判进行下去，某些妥协是不可避免的。

首先，随着苏联解体、东欧剧变，原先社会主义和土地国有化政策的支持者，如赞比亚、尼日利亚、津巴布韦等非洲前线国家出现不同程度的动荡和困难，非国大的外部支持大幅减少，在谈判中并没有

---

① ［南非］纳尔逊·曼德拉：《与自己对话：曼德拉自传》，王旭译，中信出版社2011 年版，第 331 页。

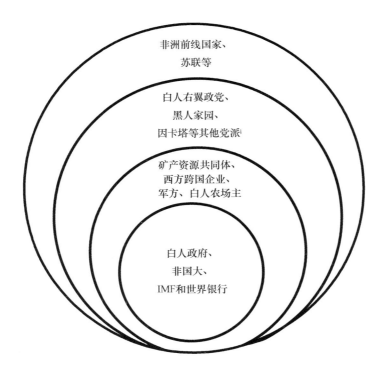

图 2—1　制宪谈判结构图示

资料来源：笔者自制。

多少回旋的筹码。

其次，在老布什构建全球新秩序、福山宣称自由主义终结历史的时代，非国大与绝大多数非洲国家一样，开始追随美国的新自由主义思想，接受国际货币基金组织的贷款和指导，实行经济结构调整和私有化，以期达到美国宣称的"华盛顿共识"的要求。非国大接受新自由主义的另一个因素是，如果不与美国合作，新南非将面临英美撤资甚至制裁，这是新生国家难以承受的。

最后，1989—1994 年，德克勒克任期内的政府赤字从 912 亿兰特增加到 2370 亿兰特。无论是非国大上台还是国民党继续执政，南非都亟须外部的财政支持。而此时，冷战获胜的美国及其控制的国际金融机构成为唯一的求助对象，国际货币基金组织将接受华盛顿共识作为贷款的先决条件，迫使非国大放弃经济国有化的政策。

为了避免一场一触即发的种族内战，曼德拉的确在某些重大问题上向白人做出妥协，他表示"不希望接手一个满目疮痍的国家"。[①]在苏联、中国和前线国家等方面的帮助下，民族之矛和波戈在海外重建了军事基地，实力日渐增长。直到 20 世纪 80 年代末期，非国大每年的会议文件仍会提出把武装斗争作为推翻种族主义统治的主要手段。但由于实力上与南非政府军相差巨大，民族之矛实际上对白人政府无法产生真正的威胁。在制宪会议期间，南非军方中的右翼分子不愿接受失败，频频直接或间接制造事端，意图将国家引入内战。如果真的与白人军警开战，非国大完全没有胜算，对此，非国大领导者心知肚明。作为一线谈判的主要负责人，斯沃洛曾援引智利总统阿连德的例子来证明激进的革命措施只会带来军方反革命的结果。因此，曼德拉反对非国大内部要求进行类似纽伦堡审判的建议，而是选择用宽容和谅解处理历史问题。前白人军方领导宣布效忠新政府，保证不会发动政变。[②]原南非国防军、非国大武装"民族之矛"、"黑人家园"部队、泛非大武装波戈等顺利整合，组建了新的南非国防军。

制宪谈判是各方妥协的结果。过渡宪法规定的民族团结政府没有实行非国大单独执政，而是与南非共、南非工会大会组成三方同盟，

---

① ［美］查伦·史密斯：《曼德拉传》，高天增译，中国人民大学出版社 2013 年版，第 38—39 页。

② 艾周昌、舒运国、沐涛、张忠祥：《南非现代化研究》，华东师范大学出版社 2000 年版，第 266—267 页。

并与原执政党国民党、祖鲁人政党因卡塔自由党分享权力组成民族团结政府，吸收白人旧公务员、有色人、印度裔等其他少数族裔进入政府，并与泛非大、自由阵线、保守党等在野党广泛接触，寻求谅解与合作。"南非模式"着眼于化解种族矛盾，促进民族团结，调动各方积极性，集中力量解决振兴经济、解决就业、改善民生等迫切问题，取得了很大成就。"南非模式"在非洲影响巨大，安哥拉内战谈判就是仿照南非组建联合政府，邀请反对派成员担任副总统和若干部长，实现权力分享。其他如加蓬、喀麦隆、塞内加尔、科特迪瓦等国也陆续组成了一党为主、多党参政的政权形式，取得了不错的效果。[①]

◇ 小　结

19 世纪末 20 世纪初，工业化大生产催生一大批新兴行业和社会群体，非洲地区出现形式各样的社会团体或社会运动，形成所谓的"非洲社会组织热潮"（African societomania）[②]。非洲早期的政治结合通常是混合的多元的组织，有时作为民族文化团体，有时作为学生组织，有时则模仿西方议会结构。随着政治结社的范围从地区延伸到全国，"大会""协会"逐渐失去了单一的专业性的功能，而演变为脆弱的全国性政治联合体。[③]

[①]　徐济明、谈世中：《当代非洲政治变革》，经济科学出版社 1998 年版，第149 页。

[②]　Immanuel Wallerstein，"Voluntary Associations"，in James S. Coleman and Carl G. Rosberg，Jr.，ed.，*Political Parties and National Integration in Tropical Africa*，Berkeley：University of California Press，1964，p. 331.

[③]　K. W. J. Post，*The Nigerian Federal Election of 1959*，Oxford：Oxford University Press，1963.

1912 年，由杜比等人发起、在布隆方丹成立的"南非土著人国民大会"，成为"非洲人国民大会"的前身，大会的目的是为了使非洲各民族和各个部落消除敌意，改变过去因冲突导致的世代为仇、不相往来的局面。但非国大在很长时间里没有党章、没有明确的组织目标、没有具体的经济纲领，甚至没有固定的党员，按照亨廷顿关于政党发展四阶段的划分，非国大在早期勉强处于宗派期。根据政党的类型学划分，非国大早期属于代表党或者干部党的范畴，是一种精英的政治联盟。

非国大青年联盟成立后，非国大向群众党和团结党的方向转变，成为 20 世纪 50 年代南非群众运动的领导者。在指导纲领上，非国大从 1919 年的"团结不同的族群和部落，实现南非黑人的团结与合作"，[①] 转变为 1955 年倡导公民身份而非族群身份的多元包容的《自由宪章》。值得注意的是，1955 年《自由宪章》已经包含了相对成熟的经济纲领和夺取政权的意图。

众所周知，当前南非的执政党并非是非国大一个政党，而是由非国大、南非共和南非工会大会三方组成的执政联盟。三个组织并不是同时出现的，在一开始也并非是联盟关系。例如，曼德拉花了很长时间才接受南非共加入非国大。不过，有趣的是，无论在罗本岛还是海外流亡的非国大机构，都出现了非国大与南非共合作日趋紧密的情形。这一点，到了制宪谈判时期更为突出。制宪谈判成为非国大意识形态发生急剧转变的时期，以至于非国大内部有批评曼德拉变节的声音。

综上所述，《自由宪章》是非国大向民族主义政党转型的关键点。

---

① Mathole Motshekga, "Pan-Africanism", Ben Turok ed., *The Historical Roots of the ANC*, Sunnyside: Jacana Media, 2010, p. 95.

受伦比德的非洲主义思想影响，非国大的"非洲人"概念过去只代表黑人；随着革命形势发展以及南非特殊的族裔结构这一因素，南非的非洲人内涵扩展到有色人、印度人等其他族群。"国民"一词表明非国大在成立伊始就是争取平等公民权利的组织；后来逐渐包含经济改革、土地革命等内容。"大会"则代表非国大最早是不同具有民族民主运动思想的组织和个人聚集开会的平台，组织内部结构也是模仿英国议会设置上下议院。随着聚会的增加和制度的完善，非国大逐渐变成了一个健全的政党组织。曼德拉曾说："革命是一个组织，以夺取政权为目标。"[1] 在夺取政权的过程中，非国大出现了多次转折，其中不乏实用主义的价值取向，在促进非国大自身的发展转型的同时，最终成功参与和实现了新南非的政治体系设计。

---

[1]　Nelson Mandela, *Conversation with Myself*, Macmillan, 2010, p. 108.

第 三 章

从革命党到执政党:非国大领导下的
新南非建设

　　基于革命时期积攒下来的崇高威望,1994 年开始以前,几乎所有人都认定曼德拉及其领导的非国大获得首次大选胜利是板上钉钉的。然而打江山易,坐江山难。当时的南非经济连续负增长、政府财政资不抵债,加上民族矛盾尖锐,国家濒临分裂和内战,很多人担心此前并无治国经验的曼德拉和非国大当选后难以应对这一严峻形势。1991 年,蒙特福莱尔庄园曾召开过关于南非前景的展望会议,与会者曾设想南非未来有四种可能:一是"鸵鸟"模式,国民党放弃谈判,继续执政;二是"跛鸭"模式,非国大长时期与国民党分享政权;三是"伊卡洛斯"模式,非国大迅速堕落丧失权力,就像不少取得独立的赤道非洲政党一样;四是"红鹤"模式,渐进改革,平稳转型,像红鹤一样平稳低翔。① 事实证明,新南非既没有变成跛鸭,也没有迅速崩溃。二十年来,新南非在非国大的领导下,一直处于"平稳低翔"之中。

---

① 秦晖:《曼德拉与新南非:这是一场"值得"的转型》,《国家人文历史》2014
年第 2 期。

◇ 第一节 曼德拉致力于新南非统一的努力

一 民族团结政府的诞生

1994 年 4 月，南非举行史上首次不分种族的大选，实现了非国大"一人一票"和一院制的主张。最终，非国大获得 1223 万张选票，占总得票的 62.65%；国民党获得 398 万张选票，占总得票的 20.39%；因卡塔自由党获 205 万张选票，占总得票的 10.54%；民主党、泛非大、非洲基督教民主党分别占 1.7%、1.2% 和 0.5%。根据大选结果，国民议会 400 个议席中，非国大获得 252 席，国民党 82 席，因卡塔自由党 43 席，保守党 9 席，泛非大 5 席，基督教民主党 2 席。参议院 90 个议席，非国大占据 60 席，国民党 17 席。

按照制宪谈判时提出的夕阳条款，新南非将组建权力分享的民族团结政府。在非国大内部，根据南非共总书记斯沃洛的提议，非国大与南非共、南非工会代表大会组成执政三方联盟，共同参选和参与政权。根据比例代表和多族群原则，新政府包含的 27 个内阁部长中，非国大获得总统、第一副总统和包括外交部、国防部和安全部部长在内的 18 个部长职位，曼德拉出任总统，坦博·姆贝基出任第一副总统；国民党获得第二副总统和包括财政部长在内的 6 名部长职位，原白人政府总统德克勒克出任第二副总统；因卡塔自由党占据包括内政部长在内的 3 个部长职位，布特莱奇出任内务部长。按肤色统计，黑人部长 14 名，白人部长 7 名，有色人 3 名，亚裔 3 名。①

与国民党亦敌亦友的状态不同，因卡塔自由党在种族隔离时期和制宪谈判期间一直是非国大最直接的对手。非国大被取缔以后，因卡塔在南非黑人中的影响力如日中天，甚至一度超越了曼德拉领导的非国大。1983 年，因卡塔与非国大成员在纳塔尔省发生激烈冲突，造成 5 名非国大成员死亡，这是两党首次造成人员伤亡的冲突。

在制宪谈判时期，布特莱奇一方面设置谈判前提条件，包括保证祖鲁王的特殊地位；在南非实行邦联制，夸祖鲁—纳塔尔地区获得特别自治权等要求。这些要求的实质是以祖鲁王的名义，排挤非国大势力，把夸祖鲁—纳塔尔地区变为布特莱奇的独立王国。另一方面，布特莱奇与保守党、阿非利卡抵抗运动、布尔人解放运动、重建国民党等白人右翼勾结，企图以武力手段阻止非国大扩大其影响力。由于对 1993 年达成的临时宪法草案不满，因卡塔自由党伙同三个黑人家园和两个白人右翼政党组成"自由联盟"，宣布抵制 1994 年大选，并扬言建立独立的"祖鲁人国家"。后经过曼德拉、祖马等人的不懈努力，因卡塔自由党最终同意参加大选。随着选举平稳举行，因卡塔自由党加入非国大领导的联合政府。布特莱奇后来成为曼德拉政府的内政部长。在曼德拉、姆贝基出国访问期间，布特莱奇作为非执政党党员曾 9 次出任代总统，自己还颇为骄傲地称之为"一项世界纪录"。②

值得一提的是，从官方数据看，非国大在第一届选举获得 62.65% 的选票。因为临时宪法规定，新一届政府必须是包含多政党的民族团结政府，并且重大事项必须获得 2/3 议员的支持才能通过。

---

① 郑家馨：《南非史》，北京大学出版社 2010 年版，第 370 页。

② 杨立华：《"因卡塔"——祖鲁族"民族文化解放运动"的复兴和发展》，《西亚非洲》1982 年第 6 期。

曼德拉认为如果非国大的票数超过 2/3，那么民族团结政府就等于形同虚设，会引起其他党派对非国大独裁统治的担忧。于是，当非国大的票数接近 63% 时，就没有再计票，以便"给反对党留有一席之地"。①

临时宪法规定：南非是统一的国家，各地区不以族群为标准进行划界，地方立法不得超越宪法规定的范围。殖民时期，南非现有版图上存在过布尔人共和国、英国殖民地、黑人王国等不同的政权形式。英布战争后，布尔人共和国和英国殖民地合并为南非联邦，众多黑人传统政权却保存下来，种族隔离时期建立的"黑人家园"制度进一步加剧了地方行政的分割。民族团结政府成立后，10 个黑人家园、800多个不同形式的传统政权与原白人种族主义统治下的南非合并，被划分为 9 个省和 278 个地方行政单位。地方行政单位包括 8 个都市辖区（Metropolitan Municipalities）、44 个地区辖区（District Municipalities）和 226 个乡镇辖区（Local Municipalities）。南非在 1994 年终于实现真正意义上的统一。

二 曼德拉争取民族和解的措施

（一）曼德拉的领导风格

非国大获得合法地位以后，曼德拉主要做了以下几项工作：第一，重建非国大的本土力量，制定"M 计划"主抓党的基层建设，建立隶属于中央执行委员会的区域和城镇支部，使非国大党员短时间

---

① ［美］丹妮·谢克特：《曼德拉：漫漫自由路》，潘丽君、任小红、张琨译，广东人民出版社 2013 年版，第 144 页。

内增加到 20 万—30 万人。第二，曼德拉不恋权位的风范增进了非国大内部的团结。曼德拉出狱时威望极高，却仍继续尊重坦博的非国大主席地位，直到坦博去世才就任非国大主席。在竞选总统期间，曼德拉就明确宣布当选后不寻求连任。第三，积极与极"左"的泛非大和右翼的因卡塔自由党接触，协调立场，共同参与制宪谈判。第四，提出"多种族统治"，放弃土地重新分配的激进主张，安抚白人的忧虑情绪，争取大多数白人对新南非政府的支持。[①] 尽管在执政过程中遭受了不少质疑和挑战，但曼德拉仍成功地促进了民众和解和国家认同，为非国大接下来的执政奠定坚实基础。

亦许是年事已高，亦许是性格使然，曼德拉对于权力有着异于常人的淡泊。在制宪谈判期间，制定具体对策的是斯沃洛，曼德拉只在一些重大问题上做出决定。对于 1994 年的首次大选，曼德拉一开始并不愿参加。后在党内同志的一致要求下宣布参选，但又开出只担任一届总统的要求。非洲人有国王、贵族、酋长等尊卑的差别，但在处理族群问题上却遵循协商讨论的原则。出身科萨族王室的曼德拉从小耳濡目染，学会了充分听取各方意见然后做出决定的"非洲式民主领导"。[②] 当选南非国家总统兼非国大主席后，曼德拉没有搞"一言堂""一把抓"，反而坚持非国大的决议必须交由全国执委会集体讨论或者投票做出。事实上，曼德拉甚至连一届总统也不算当满。1997 年，副总统姆贝基当选新一任非国大主席后，曼德拉就把基本日常工作提前移交给姆贝基处理，处于"临朝不理政"的状态。

[①] 郑家馨：《南非史》，北京大学出版社 2010 年版，第 358—360 页。
[②] Ruth-Anna Hobday, *Mandela：The Authorized Portrait*, Wild Dog Press, 2006, p. 14.

（二）争取南非白人的举措

曼德拉当然不是无所作为。作为国家的最高领袖，他把大部分时间用在联系群众和促进和解方面。南非新宪法第一章第六款规定南非官方语言由 11 种民族语言组成，每个民族都有使用本民族语言文字的权利；第五条第五款还规定中央和地方政府必须至少使用两种语言。南非总统在每年的国情咨文中，必须使用 11 种语言依次问好，体现各族平等与团结。

据曼德拉的卫士长回忆，曼德拉在公开场合总是认真与围拢上来的群众一一握手，当卫士长出于安全考虑提醒曼德拉时，曼德拉则坚持要过去，并提醒警卫在保卫时要保持微笑。[1] 曼德拉担任总统期间，邀请南非所有政党前领导的遗孀出席茶话会。不仅如此，他还亲自来到敖兰尼亚看望南非白人政府前总理维沃尔德博士的遗孀。敖兰尼亚是阿非利卡人宣布建立"人民国家"的地方。1996 年新宪法第 20 条第 5 款规定阿非利卡人拥有探讨独自建国的权利。南非政府允许敖兰尼亚村作为阿非利卡的精神象征，并鼓励该村参与地方政治。[2]

体育在非国大具有重要的地位。青年曼德拉非常喜欢拳击，他摆出击打姿势的黑白照片在种族主义统治最严厉的时期，仍在黑人群众中间广为流传。曼德拉的前妻温妮曾组织过曼德拉足球联队，号称是南非的"曼联队"。当然体育不仅仅可以鼓舞革命士气，也能够促进族群间的和解和友爱。丹妮·谢克特在《曼德拉：漫漫自由路》一书中写道："1971 年，一枚旋转着的乒乓球打破了冰封 20 载的中美外

---

① Rory Steyn and Debora Patta, *One Step Behind Mandela*, Zebra Press, 2000, p. 1.

② 杨立华：《新南非的包容性发展之路——非国大 100 周年纪念》，《西亚非洲》2012 年第 1 期。

交僵局，证实了一个事实——体育确实拥有改变世界的魔力。一生酷爱运动的曼德拉深明此理。"① 1995 年，橄榄球世界杯在南非举行，这时曼德拉刚刚当选南非总统。长久以来，橄榄球在南非一直是一项白人为主的运动，绿黄相间的"小羚羊"队服也被视为白人的象征。南非队成功打入世界杯的决赛，曼德拉出人意料地穿着小羚羊队服亲临现场助威，昭示着黑人与白人的和解。最终南非队夺冠，曼德拉得到小羚羊队员、南非白人乃至全体南非人的顶礼膜拜。

（三）加强与传统黑人领袖的关系

各部族的酋长势力过去是南非白人政府拉拢和利用的对象，在种族隔离时期扮演着既得利益者的角色。"黑人家园"成立后，各部族拥有了相对成熟的政治组织，以及一定的经济基础和军事力量，曾多次与非国大成员发生冲突。新南非成立后，宪法第 13 条明确承认和保护"传统领导人的制度、地位和作用"。在黑人传统居住区所在的省份，需设立"传统领导人议院"，负责讨论本地传统习俗、法律和制度，并向省政府提出政策建议。在各省设立传统领导人机构的基础上，非国大又在中央层面设置"全国传统领导人委员会"，通过选举产生 1 名主席和 19 名成员，负责直接向总统和政府各部门提出意见和建议。②

非国大与祖鲁族的关系也有明显改善。根据与白人政府达成的妥协，在夸祖鲁地区继续保留祖鲁王，很多祖鲁族的传统法律和习惯在本地区优先于国家法律而存在。制宪会议期间，布特莱奇以维护祖鲁王的名义与非国大分庭抗礼。然而，祖鲁王祖韦利蒂尼不甘心做布特

---

① ［美］丹妮·谢克特：《曼德拉：漫漫自由路》，潘丽君、任小红、张琨译，广东人民出版社 2013 年版，第 7 页。

② 杨立华：《南非政治中的部族因素》，《西亚非洲》1995 年第 5 期。

莱奇的傀儡和工具。他对内联合布特莱奇的政敌，改革王室会议制度，架空布特莱奇的摄政王地位；对外与非国大靠近，与曼德拉所属的腾布王朝家族联姻。后来，祖鲁王在非国大与因卡塔自由党的竞争中宣布"中立"，直接导致因卡塔自由党的势力日渐削弱。

（四）成立"真相与和解委员会"

在曼德拉主政期间，最重要的和解举措就是成立"真相与和解委员会"。根据 1995 年通过的《促进民族团结与和解法》，国家授权真相与和解委员会对 1960 年 3 月—1994 年 5 月发生的侵犯人权事件进行调查、澄清、补偿和赦免。委员会由德斯蒙德·图图（Desmond M. Tutu）主教领导，1996 年 4 月 15 日举行首次听证会，1998 年 7 月结束所有调查取证工作。在 1996—2003 年的 7 年时间里，真相与和解委员会共审理约 2.2 万个案例，有 3500 人获得赦免。鉴于新南非已经废除死刑，其余被驳回赦免申请的人员仍被给予生命权利。

与重在惩罚战犯的纽伦堡审判不同，真相与和解委员会寻找真相的目的却是国民之间的宽恕与和解，避免类似侵犯人权的行径重蹈覆辙。正如图图主教所言："真相与和解委员会首先要的，就是真相挖掘任务。如果没有真相，南非的过去与未来之间便无法取得和解……我们的做法是从'真相被听见'开始，就以它最赤裸、最丑陋也最混乱的原貌示人。"① 真相与和解委员会于 1995 年 12 月 16 日开始工作，这一天被定为南非的"和解日"；委员会最终报告在 2003 年 3 月 21 日完成，这一天是南非的"人权日"。南非真相与和解委员会以理性的精神超越过去的冲突与分裂，不仅维护着南非本国的正义

---

① ［南非］德斯蒙德·图图、默福·图图：《宽恕》，祁怡伟译，华夏出版社 2015 年版，第 77 页。

与统一，还为世界其他地区解决历史问题提供了一条可以借鉴的新路。

三 困难重重的"重建与发展计划"

早在执政以前，非国大就制定了"重建与发展计划"（RDP），提出5年内创造250万个就业机会，建造100万套住宅，为250万户家庭提供生活用电，为100万户家庭提供清洁饮用水，全民享受10年免费教育，将30%的农田重新分配给黑人。1994年，毫无竞选经验的非国大找来了美国的政策顾问格林伯格，此人是时任美国总统克林顿的竞选顾问。格林伯格认为非国大的定位已经从"解放组织"变为"变革组织"，那么曼德拉的海报就不应是过去戴着拳击手套或者拿着冲锋枪的形象，而应该变得慈爱可亲、充满微笑。他摘选"重建与发展计划"，为曼德拉设计的竞选口号是"让人人过上好日子——5年内250万个就业机会和100万套新住房"。①

长期以来，白人在南非经济中居于绝对统治地位。1990年，南非人均占有土地是白人的0.31%，黑人资本在约翰内斯堡交易所中的市值比例不足1%。新南非成立时，白人平均可支配收入是黑人的7.5倍，0.6%的白人和68%的黑人生活在贫困线以下。② 大选前夕（1994年4月15日），非国大发表《肯定性行动与新宪法》报告向民

---

① ［美］丹妮·谢克特：《曼德拉：漫漫自由路》，潘丽君、任小红、张琨译，广东人民出版社2013年版，第143页。

② Simon Stacey, "Social Justice, Transitional Justice, and Political Transformation in South Africa", in Michael Reisch, ed., *The Routledge International Handbook of Social Justice*, New York：Routledge, 2014, p. 94.

众进行政策解释。该文指出非国大将执行一项"肯定性的行动"，目的并非是用一种黑人的专制代替白人的专制，而是"采取特别措施保证黑人、妇女以及在过去受到不公正待遇的群体，在生活中获得真正的机会"，最终"以一种新型的、有效的、原则性的方式解决过去造成的鸿沟和不平等"。该文强调肯定性行动不仅仅是正确的，而且是生死攸关的，"如果不实施肯定性行动，国家就将陷入落后和分裂的状态"。[①]

非国大执政后开始实施"重建与发展计划"，大幅增加在社会保障方面的投入，仅养老保险和贫困儿童救济两项就增加到3.5倍，有680万人口因此受益。[②]"重建与发展计划"提出将在十年内创造250万个就业岗位，建立30万套免费住房，为1200万人提供清洁饮用水，建立全民医疗、事业保险等社会福利体系。1994年，当选后的非国大政府提出5年内拿出390亿兰特实施"重建与发展计划"，但最终财政只能拨付40多亿兰特，进展非常缓慢。由于"重建与发展计划"过于注重福利性质而忽视增长方面，同时曼德拉追求黑人增益而白人不减的精神，给国家财政带来沉重负担，进而引起资方和劳方两方面都有不满的情形。

《建设新南非》蓝皮书也指出："农村地区包括许多备受种族隔离摧残的人们，农业部门的特征就是极端地不平等，以致这些人在种族隔离结束后的南非无法生存。"[③] 1955年通过的《自由宪章》提出

① African National Congress Policy Document, *Affirmative Action and the New Constitution*, April 1994, http：//www. anc. org. za/show. php? id ＝283#.

② *Towards a Ten Year Review*, Policy Coordination and Advisory Service, 2003, p. 18.

③ Marc Van Ameringen, ed., *Building a New South Africa. Economic Policy：A Report from the Mission on Economic Analysis and Policy Formation for Post-Apartheid South Africa*, International Development Research Centre, 1995, p. 31.

"耕者有其田"，主张采取国有化手段重新分配土地。直到狱中谈判期间，曼德拉仍坚持土地再分配的经济政策。为了打消白人对于企业国有化和土地改革的担忧，在制宪会议前，非国大公布"重建与发展计划"，删去了《自由宪章》中有关土地革命的主张。制宪会议最终通过的宪法草案也规定自 1913 年 6 月 13 日以后被剥夺土地者，可以在现今土地所有者同意出售的前提下，个别或集体地提出归还土地申请并商谈赎买问题。新南非宪法严格保护私有财产。1996 年宪法第一章第 25 条规定：除非依据普遍适用的法律，为了公共利益的目的，并给予赔偿之外，任何人的财产不可侵犯。所谓的公共利益，是指国家对土地改革的承诺，以及对平等获取南非所有自然资源而进行的改革。[①] 虽然南非政府 1994 年颁布《土地回归权利法》，成立 5 人组成的"土地回归权利委员会"，用以帮助索回 1913 年以来被强行剥夺的土地。委员会成立前 3 年，共收到 22404 份诉讼。但直到 1996 年 10 月，才确定第一份的合法诉讼。截至 1997 年 12 月，仅有 18 起诉讼得到解决。[②] 加之白人农场主团体以宪法保护私人财产为由强烈抵制，土地回归进展步履维艰。

失业是南非面临的最大挑战之一。黑人青少年由于受教育水平较低，多数拥挤在低技术行业。虽然不同来源的数据不一，但可以肯定的是，南非的失业率不可能低于 20%，也就是说至少约 500 万人口。新南非头十年只创造 100 万个岗位，远远低于南非的失业率和出生率。为了缓解就业压力，南非采取扩大公共部门就业的办法，推出雇

---

① 杨立华：《新南非十年：多元一体国家的建设》，《西亚非洲》2004 年第 4 期。

② 艾周昌、舒运国、沐涛、张忠祥：《南非现代化研究》，华东师范大学出版社 2000 年版，第 271 页。

佣黑人和妇女的照顾性计划。① 1994 年，黑人和妇女在中央公共部门的就业比例分别为6% 和2% 。1998 年，黑人在中央公共部门的比例上升到44% ，在省级部门的比例为53% ；妇女在中央和地方的比例都在15% 左右。② 政府短时间内雇佣大量黑人，首先冲击了白人公务员的就业机会。其次，黑人公务员一开始普遍存在教育水平低、熟练程度差等问题，影响政府的工作效率。最后，公共部门并非生产性行业，依靠公务员就业显然不是长久之计。

四 1996 年宪法颁布与民族团结政府终结

临时宪法是制宪会议期间各方就权力分配问题达成妥协的产物，是在特定历史条件下形成的，对加强民族团结和政权平稳交接具有极其重要的意义。按照当时的协议，临时宪法的过渡期为五年，之后将制定新宪法以解决一些悬而未决的问题，例如民族团结政府是否继续存在、国家实行联邦制还是单一制、财产私有权等。

1996 年5 月8 日，制宪会议以421 票赞成、2 票反对、10 票弃权通过新宪法。1996 年宪法规定议会采取两院制，即国民议会（The National Assembly）和省议院（The National Council of Province）。国民议会设400 个议席，其中200 个由全国大选产生，另200 个由省级选举产生。获得国民议会多数的政党可以单独组阁。全国重新划分为九个省，分别是东开普省、西开普省、北开普省、西北省、奥兰治自由州、豪登省、夸祖鲁—纳塔尔省、北方省和姆普马兰加省。为保障大

---

① South Africa Government Document, *Affirmative Action*, RDP White Paper, Capetown: CIP Book Printer.

② *South Africa Official Year Book*, 1998.

小省份利益平衡，省议院的 90 个议席平均分配，每省 10 个议席。每省代表团由省长和各省议院依据各省议院政党席位比例选出六名常驻代表和三名特别代表构成。

为了防止执政党滥用权力，新宪法设置严格的修宪条件，规定修宪必须得到 2/3 多数议员的同意，规定国家制度的宪法第一条需要 3/4 的绝对多数支持才能修改。关于宪法中的地方事务规定，必须得到涉及省份的地方议院首先同意，然后获得省议院中六个省份以上的支持才能修改。此外，新宪法明确各级法院的司法权独立不受侵犯，还特别设立宪法法院作为唯一享有最终违宪司法权的机构，有权对中央和地方议会、政府的合宪性进行审查。

新宪法的制定和通过并没有表面看起来的那样顺利，南非政党围绕新宪法的条款设置出现激烈争执。因卡塔自由党因新宪法没有实行联邦制，在制宪过程中就宣布退出以示抗议，并拒绝参与草案的表决。自由阵线等白人右翼政党投了弃权票。国民党对多数党可以单独组阁的规定表示不满，在给新宪法草案投了赞成票以后，次日就以草案没有写入执政党权力分享条款为由宣布退出民族团结政府，接着又退出除西开普省以外的所有地方政府机构，民族团结政府自此提前宣布告终。

◇ 第二节　姆贝基对"新南非"理想的"偏离"

一　非国大在选举中取得空前胜利

塔博·姆贝基（Thabo Mbeki）与曼德拉一样来自科萨族，父亲戈文·姆贝基是非国大早期领导人之一。受家庭影响，姆贝基 14 岁就加入学校的非国大分部组织。1975 年，姆贝基当选非国大全国执委、新闻部主任和发言人。1989 年以后，姆贝基以非国大首席外交官的身份访问多国，争取国际社会道义和物质支持。1994 年，曼德拉当选新南非总统，姆贝基当选第一副总统。

非国大存在本土党员和流亡党员两种类型。姆贝基作为非国大元老戈文·姆贝基的儿子，从一开始就被流亡在外的非国大组织按照领袖的方向进行培养。虽然姆贝基继任曼德拉的职务被认为是理所当然的，但在权力移交的前夕，曼德拉仍然向党内高层和执政联盟的领导人征求建议，并表现出对另一名总统候选人、时任工会领袖的拉马弗撒的支持倾向。当然，也有观点认为曼德拉是担心其与姆贝基共同出身科萨族，给人造成任人唯亲的印象。最终，执政高层坚持继续推举姆贝基为下届总统候选人，被认为是"海外流亡政治学的胜利"。[①] 1997 年 12 月，曼德拉在第 50 次非国大全国代表大会上宣布辞去主席职务，由姆贝基继任。1999 年，姆贝基获得大选胜利，正式出任南非总统。

在 1999 年大选中，姆贝基领导的非国大取得 66.35% 的选票，在国民议会的席位增长到 266 席。2003 年《议员转党法》施行后，非国大成为最大赢家，在国民议会议席增至 275 席，超过议会 2/3 多数；在省议院中，非国大取代因卡塔自由党成为夸祖鲁—纳塔尔省的第一大党。2004 年全国大选后，非国大赢得 69.69% 的选票，赢得国民议会 279 个议席，议席数继续上涨；在地方选举中，非国大取得所有 9 省的执政权，取得空前胜利。2006 年 3 月，非国大在第三次地方

---

① ［美］查伦·史密斯：《曼德拉传》，高天增译，中国人民大学出版社 2013 年版，第 152 页。

选举获得 66% 的选票，在超过 3/4 的各级地方政府中执政。

与非国大的巨大胜利形成鲜明对比的是国民党迅速衰落。退出民族团结政府后，德克勒克撤销了国民党总书记办公室，成立由原总书记迈耶领导的工作特别小组。以迈耶为首的改革派认为由于背负种族隔离历史包袱，国民党必须解散重建才能成为各种族接受的政党；国民党西开普主席克里尔认为国民党在西开普省的白人和有色人的支持率依然稳固，应维持国民党，逐渐扩大黑人基础。1998 年，纷争后的国民党改名为"新国民党"，更换党旗和党徽以示与过去决裂。2000 年与民主党合并成立民主同盟①；次年 10 月新国民党退出民主联盟，加入非国大政府。新国民党在 2004 年选举中只获得 1.65% 的选票，并丧失在西开普省的执政地位。2005 年 4 月 10 日，新国民党宣布自行解散，并入非国大。

民族团结政府的另一个参政党因卡塔自由党也出现明显的衰退。1996 年的夸祖鲁—纳塔尔地方选举，因卡塔自由党就开始显示明显颓势，支持率较 1994 年下降 10%。2003 年，因卡塔自由党与民主联盟建立"变革同盟"，得票率走低至 6.97%。在大本营夸祖鲁—纳塔尔省地方选举中，因卡塔自由党仅获得 36.87% 的选票，丧失该省的执政地位。

姆贝基领导下的非国大取得空前胜利，使南非成为事实上的一党主导国家。贺文萍曾总结两种对非国大一党主导的看法：一种是西方

---

① 民主联盟的前身是 1959 年由著名反种族隔离活动家海伦·苏斯曼等人创建的进步党，后来先后改组为进步改革党、进步联邦党。20 世纪 90 年代改名为民主党，2000年与新国民党合并组成民主联盟。该党得到大多数白人、有色人和部分黑人的支持，目前是继非国大后的南非第二大政党，也是西开普省的执政党。在 2014 年全国大选中，民主联盟得票率提升到了 22.2%，巩固最大在野党的地位。2015 年 5 月 10 日，民主联盟选举慕斯·迈马内（Mmusi Maimane）为新一任领袖，成为该党历史上首位黑人领袖。

国家和南非白人的普遍忧虑，认为南非实际上是一个一党制国家，存在重蹈非洲独裁政权覆辙的可能；另一种类似于亨廷顿在《变化社会中的政治秩序》中提出的观点，即权力集中在一个强大、有信誉和可信赖的政党中并不危险，有利于民主巩固和经济改革。[①] 事实上，由于南非宪法中存在诸多限制执政党权力的条款，非国大即使有心走向独裁统治，在操作上也几无可能。并且从后来姆贝基政府的政策实施来看，非国大鼎盛的背后实则蕴藏着危机。

二　拥抱"新自由主义"的姆贝基政府

姆贝基完全拥抱"新自由主义"[②] 的说法其实并不符合事实。早在担任副总统时，他就于 1998 年 5 月发表过"两个国家"的演说，提出改变白人和黑人贫富差距是民族和解的前提。该演说当时引起巨大争议，争议的原因倒不是否认解决两极分化的必要性，而是白人担忧非国大可能违反保护私有财产的法律，通过强行剥夺白人合法财产追求财富平等。1994—2004 年，非国大建成住房 160 万套，900 万人获得清洁饮用水，640 万人享受到新的卫生场所，社会救济覆盖人群从 290 万人扩大到 740 万人。[③] 这表明曼德拉任总统时制定的"重建

---

① 贺文萍：《从曼德拉到姆贝基：南非民主政治的巩固》，《西亚非洲》2001 年第 6 期。

② 注：新自由主义相信市场能够独自实现资源最优配置，主张尽可能地降低政府对经济的干预，降低公共和福利开支；在国际贸易问题上，新自由主义主张实现货物、资本和服务的无限制跨境自由流动。冷战结束以后，新自由主义一度被奉为圭臬，有人将其包装成"华盛顿共识"，向发展中国家和转型国家进行推销。参见：樊勇明、沈陈《TPP 与新一轮全球贸易规则制定》，《国际关系研究》2013 年第 5 期。

③ 杨立华：《列国志·南非》，社会科学文献出版社 2010 年版，第 241—242 页。

与发展计划"在姆贝基的治下得到长足的发展。

由于国际制裁解除，大量外资和国际借款涌入，非国大执政前两年的经济成绩较为出色。1995 年、1996 年，南非 GDP 增长分别为 3.4% 和 3.1%。但此后，南非经济就出现增长乏力问题，1997 年为 1.7%，1998 年更是跌至 0.1%。增长放缓的原因有依赖外资、产业结构不合理、社会治安等，同时也与"重建与发展计划"过于强调福利、损害企业家积极性有关。非国大上层逐渐认识到"重建与发展计划"不利于吸引外资和促进就业，于是在没有与执政联盟另两方南非共和南非工会大会商量的情况下，提出了"增长、就业与再分配法案"，旨在通过严格控制政府支持、减免税收、抑制工资增长、加深国有企业私有化等措施，建立亲商的政策环境，提振经济增长。除此之外，非国大还陆续制定和修改《肯定性行动》《基础广泛的黑人经济振兴法案》《国家高等教育计划》等一系列向黑人倾斜的法律政策，要求过去由白人垄断的矿业、制造业、金融业、服务业等行业在规定期限内增加黑人控股的比例。

黑人经济振兴计划提出十年内在南非企业中实现黑人高级经理人比例达到 60%，中层管理者达到 75%，技术人员达到 80%，达不到该计划要求的企业将无法获得政府采购的项目。后来的"南非加速和共享增长倡议"与之一脉相承，宗旨就是提升黑人的经济实力和就业水平，也因此被认为是一份扶持黑人中产阶级的计划。

南非就业公平委员会的统计显示，1999 年黑人占据最高管理层、高级管理层、中层和技术岗位的比例分别为 6%、8% 和 33%；《肯定性行动》实施 15 年后，黑人占据最高管理层、高级管理层、中层和技术岗位的比例分别上升到 19.8%、23% 和 38.4%，有色人和印度人的比例也有所提高（见表 3—1）。

表3—1　　　　　　　　南非各族群占管理层比例（2014 年）

	黑人	有色人	印度人	白人
最高管理层	19.8%	5.1%	8.4%	62.7%
高级管理层	23%	7%	10.1%	57%
中层和技术岗位	38.4%	9.6%	9.4%	40.2%

资料来源：Commission for Employment Equity，*14th Commission for Employment Equity Annual Report 2013 – 2014*，http：//www. labour. gov. za/DOL/downloads/documents/annual – reports/employment – equity/2013 – 2014/14ceereport_part1. pdf.

　　不过，管理层中黑人比例的上升主要发生在公共部门，私人部门的进展非常有限。2013 年，黑人、有色人、印度人、白人在公共部门的就业比例为74.8%、10.8%、2.2% 和12.2%。[①] 黑人在政府部门和国有企业最高管理层的比例分别为69.3% 和49.4%，在高级管理层的比例分别为62.8% 和45.1%；在私人部门，白人占据最高管理层和高级管理层的比例仍高达69.6% 和62%。[②]

　　在教育方面，黑人的入学率大幅提高，但毕业率仍不容乐观。以四年高等教育为例，黑人在商务管理专业的毕业率为33%，白人为83%；黑人在工程专业的毕业率为32%，白人为64%；黑人在语言专业的毕业率为26%，白人为65%；黑人在法律专业的毕业率为

---

① Solidarity Research Institute，*Transformation in the Public Service*，March 2014，http：//www. Solidarityresearch. co. za/wp – content/uploads/2014/03/2014 – 03 – 17 – Transformation – National – Departments – ENG. pdf.

② Commission for Employment Equity，*14th Commission for Employment Equity Annual Report 2013 – 2014*，http：//www. labour. gov. za/DOL/downloads/documents/annual – reports/employment – equity/2013 – 2014/14ceereport_part1. pdf.

21%，白人为 48%。①

　　黑人经济振兴政策中鼓励黑人精英和企业家的条款促进新兴黑人富人阶层出现。黑人在南非最富阶层和中产阶级的比例明显增长，其中黑人中产阶级从 1993 年的 30 万人增加到 2012 年的 300 万人，占据全国中产阶级人数的 41%。② 由于黑人经济振兴与政府采购挂钩，白人企业为了获得公共部门订单，而往往愿意将股份低价卖给有政治背景的黑人，从而形成莫莱茨·姆贝基所说的"合法的腐败"。③ 因此，收入最高的黑人群体绝大多数具有政府背景，直接或者间接供职于公共部门和国有企业。

　　南非执政二十年来，人均收入从 27500 兰特上升到 38500 兰特，增幅为 40%。④ 南非统计局数据显示，2001—2011 年，黑人的年均收入从 22522 兰特上涨到 60613 兰特，增幅达 169.13%（扣除通胀因素后实际增长为 91.62%）；白人同期的收入增幅为 88.38%（扣除通胀因素实际增长为 10.88%）。2000 年，白人与黑人的平均可支配收入比例为 1∶0.15；2011 年，两者比例为 1∶0.4。⑤

　　值得注意的是，黑人经济振兴政策在制造出一批被称为"黑钻

―――――――――

　　① Glen Fisher and Ian Scott, *The Role of Higher Education in Closing the Skills Gap in South Africa*, The World Bank Human Development Group, Africa Region, October 2011, http：// www. glenfisher. ca/downloads/files/Higher% 20Education% 20in% 20SA. pdf.

　　② 于红：《南非的肯定性行动分析》，《世界民族》2014 年第 6 期。

　　③ Johann Redelinghuys, "Black Economic Empowerment：It's Time to Rethink Our Strategy", http：//www. dailymaverick. co. za/opinionista/2013 – 05 – 13 – black – economic – disempowerment – its – time – to – rethink – our – strategy/.

　　④ "Address by President Jacob Zuma to 10th National Congress of NEHAWU", 26 June, 2013, http：//www. anc. org. za/show. php？ id =10373.

　　⑤ "Census 2011 Statistic", http：// www. statssa. gov. za/Publications/P03014/P03014 2011. pdf.

石"的黑人中产阶层的同时，[①] 并没有改变广大黑人的赤贫状况，南非仍有 2300 万黑人生活在贫困线以下，占总人口的 45.5%。[②] 1993年，南非人均收入基尼系数为 0.67；2000 年至今，南非基尼系数一直维持在 0.7 上下，收入差距不降反升。统计表明，极少数富裕人口收入占到了全社会总收入的 75%。[③] 南非公正与和解委员会的调查显示，有 27.9% 的受访者认为收入是南非社会最主要的鸿沟，排在第一；而只有 14.6% 的受访者认为种族是社会分离的最主要根源，排在第四。[④]

"增长、就业与再分配法案"的一个特色是专门针对旧政府的白人公务员设立保护条款，禁止随意辞退。根据南非人文科学研究院的调查，白人妇女除了具备专业技能优势，还得到性别平等政策的照顾，因而成为南非就业计划的受益者。在执行"振兴黑人经济计划"的基础上，南非 2006 年又推出了"加速和共享增长倡议"，扩大政府对经济的干预力度，加快基础设施建设，实行行业优先发展战略，加强教育和人力资源培训，力争大幅降低南非全体社会的贫困率和失业率。此外，南非也是社会保障系统较为发达的国家，国内有近四分之

---

① 近年来，"黑钻石"群体增长迅速。2004 年，这一群体的数量是 160 万人，占总人口的 8%；2012 年，该群体增长至 420 万人，占总人口的 16%。

② "Poverty Trends in South Africa: An Examination of Absolute Poverty Between 2006 and 2011", http://beta2. statssa. gov. za/publications/Report − 03 − 10 − 06/Report − 03 − 10 − 06March2014. pdf.

③ Servaas van der Berg, *South Africa Will Remain a Hugely Unequal Society for a Long Time*, http://theconversation. com/south − africa − will − remain − a − hugely − unequal − society − for − a − long − time − 25949.

④ Kim Wale, "SA Reconciliation Barometer Survey: 2013 Report", The Institute for Justice and Reconciliation, http://reconciliationbarometer. org/wp − content/uploads/2013/12/IJR − Barometer − Report − 2013 − 22Nov1635. pdf.

一人口接受政府长期或临时性救助，对解决贫困、弱势群体的燃眉之需起到重要作用。

三 执政三方联盟的分歧与危机

姆贝基政府时期，执政三方联盟之间在"增长、就业与再分配法案"、黑人经济振兴政策等问题上出现严重分歧。[①] 南非共早在 1993年就提出："不应当仅仅强调种族压迫，而是应当包括阶级和性别压迫以及城乡之间巨大的不平等……打造一个黑人中产阶级也不会实现这一目标。"[②] 由于"增长、就业与再分配法案"在许多方面借鉴了华盛顿共识的内容，国企私有化、抑制工资增长等措施直接损害了南非工人阶级的利益。黑人经济振兴政策鼓励黑人精英和企业家的条款颇具争议，南非共和南非工会大会认为此举只能让小部分黑人获利，不能惠及广大黑人贫民的利益。

在执政三方联盟体制中，南非共和南非工会大会并非可有可无。南非共是左翼思潮的代表，主要作用在于政策理论、对外联系和干部培养。南非工会大会有 21 个分支工会，180 万会员，有助于非国大加强与工人阶级联系，稳固城市地区的选票。关于执政三方联盟的矛盾，姆贝基的副手、南非副总统莫特兰蒂公开宣称："非国大的改革被指责为'搞新自由主义'。不幸的是，在南非共和南非工会大会中

[①] 戴旭：《南非执政三方联盟为何斗而不破》，《当代世界》2005 年第 11 期。

[②] "Affirmative Action Time for a Class Approach", African Communist Journal Extracts, No. 134, 1993, http://www.nelsonmandela.org/omalley/index.php/site/q/03lv02424/04lv02730/05lv03005/06lv03006/07lv03068/08lv03069.htm.

也有这种倾向，并且通过政党间双重成员身份侵入了非国大的肌体组织。"① 可以想象，当肌体不再属于大脑时，对于姆贝基来说无异于釜底抽薪。

在非洲复兴问题上，南非的财力根本无法实现自己的野心。虽然得到了联合国、非洲统一组织（今已更名为"非洲联盟组织"）、南部非洲发展共同体的承认和支持，但以新南非的国力远远无法满足其他非洲国家的期待。新南非自身还存在失业问题、福利问题、犯罪问题等尖锐的国内矛盾尚待解决，更无力为非洲大陆提供有力的财政支持。目前南非经济的增长远远不足以满足就业需求，而主张增长优先的姆贝基下台，显示分配优先是非国大和黑人民众内部的主流意见。

姆贝基性格刚愎自用，在决策时不愿意征询他人意见，甚至包括曼德拉的意见。据联合国艾滋病联合规划署估计，南非 2009 年一年有 31 万人因艾滋病去世，平均每天有 850 人被艾滋病夺去生命。曼德拉的家人，包括 1 个儿子、1 个侄女和 2 位侄孙女因艾滋病死去，曼德拉在艾滋病问题上的态度出现由消极向积极转变。姆贝基担任总统期间未能有效遏制艾滋病蔓延，并拒绝发放有助于延长生命的抗艾药物。两人还对艾滋病的主要责任进行相互指责。

与姆贝基相反，祖马的亲和力很强，在面对非国大与祖鲁族、工会争执时显示出很强的调解能力。② 因此，当姆贝基利用丑闻打击祖马时，非国大党内多数人却认为姆贝基在打击报复，选择站在祖马一

---

① ［南非］卡莱马·莫特兰蒂：《非国大面临严峻挑战》，《西亚非洲》2002 年第 2 期。

② Rapule Tabane，"Where Is SA's Own Obama"，*Mail & Guardian*，Vol. 11，No. 27，2009.

边。① 2007 年 12 月，在非国大主席选举中，祖马获得 2329 票，姆贝基获得 1505 票，祖马以明显优势当选，非国大迎来"祖马时代"。

◇ 第三节　祖马时期的非国大发展

雅各布·祖马（Jacob Zuma）出身非洲最大的黑人族群祖鲁族，年少家境贫困，没有接受过正规教育。17 岁加入非国大，三年后被捕关进罗本岛监狱。在罗本岛监狱期间，响应曼德拉号召，积极学习文化知识和加强体育锻炼，后来自称"罗本岛足球队主力后卫兼队长"。② 与其他年长的非国大党员不同，此时才 20 岁出头的祖马活力十足，能说会唱，很受狱友欢迎。

制宪会议期间，非国大与因卡塔自由党冲突不断。祖马利用祖鲁族身份成为调解两党关系的桥梁，成功帮助曼德拉劝说布特莱奇放弃独立并加入民族团结政府，避免了一场迫在眉睫的内战。1994 年，他当选非国大在夸祖鲁—纳塔尔地区的主席职务。

1997 年后，祖马进入非国大中央高层，在第一任姆贝基政府中担任外交部部长。祖马身上带有显著的民粹主义色彩，他常常在集会活动中高唱"把我的机关枪拿来"等革命歌曲，通过穿兽皮跳舞、手握长矛弓箭来展示祖鲁族的传统文化，博得大批黑人民众的好感。③

---

① Mandy Rossouw, "Zuma Proclaim New Era of Hope", *Mail & Guardian*, Vol. 4, No. 25, 2009.

② Jeremy Gordin, *Zuma a Biography*, Capetown: Jonathan Ball Publishers, 2008, p. 20.

③ 刘中伟：《南非"草根"总统祖马》，《国际资料信息》2009 年第 6 期。

一　非国大党内的意识形态分歧

（一）"务实派"与"人民派"

制宪会议时期，为了实现政权和平转移，非国大决定实行"两步走"路线，即先完成结束种族隔离统治的民族革命，出台一系列加强经济平等的举措，但基本上都是福利性措施，不涉及所有权等根本性问题；第二步进行经济国有化的社会革命，但没有确定的时间表。

平心而论，非国大党内并非所有人都能接受"两步走"战略，因此也就分裂出所谓"务实派"和"人民派"。曼德拉执政时期，非常注意让"务实派"和"人民派"保持平衡，非国大的政策可以视为"左右两个翅膀"：一方面，接受务实派意见，向右翼上层做出巨大让步，保护白人的私有产权；另一方面，满足人民派要求，制定了范围巨大的福利计划。

不过，随着一批政界、商界黑人精英群体①变为新的既得利益者，特别是一小部分非国大上层利用权力进行"合法的腐败"，使得民众怀疑非国大还有多大的意志去迈出"第二步"。姆贝基上台以后，非

---

① 　黑人精英群体必须区分种族隔离统治时期的精英群体和新南非时期的精英群体。如前所述，黑人精英群体在殖民统治和种族隔离时期就已形成，并一直对革命持消极态度。为了证明种族隔离制度的合理性，白人政府对 600 万占总人口 20% 左右的黑人精英群体给予优厚待遇，既有政治上的自治权利，也有经济上的分配倾斜。其结果是 1975—1996 年，占据 60% 的最贫穷的非洲人家庭的收入下降了超过 30%，而同一时期非洲精英的收入却上升了超过 35%。新兴黑人群体也就是所谓的"黑钻石"。2004 年，新兴黑人精英群体的数量是 160 万人，占总人口的 8%；2012 年增长至 420 万人，占总人口的 16%。参见：孙红旗《土地问题与南非政治经济》，中央编译出版社 2011 年版，第 148 页。

国大高层出现进一步向新自由主义靠拢的趋势。例如，"南非加速和共享增长倡议"就是在没有与执政三方同盟中的另两方——南非共和南非工会大会，也没有通过非国大全国代表大会讨论的情况下，由姆贝基及其上层集团做出的决策，引起非国大绝大多数党员，特别是来自中下层的党员的强烈不满。在姆贝基治下，看似鼎盛的非国大实际暗藏着巨大的裂痕。

与姆贝基不愿意征询广泛意见、喜欢利用小圈子决策相反，祖马群众基础广泛，亲和力很强，在非国大面临矛盾和冲突时显示出很强的调解能力，得到了南非共和南非工会大会的鼎力支持，被认为是非国大中下层党员的代表。[①] 当姆贝基利用丑闻打击祖马时，非国大党内外大多相信姆贝基是通过行政手段干预司法，对受到打压的祖马采取同情或支持态度。[②] 2005 年以后，姆贝基与祖马的矛盾逐渐激化和浮出水面。支持姆贝基的一方利用贪腐案做文章，试图结束祖马的政治生涯；支持祖马的一方抨击姆贝基周围形成的上层小圈子，损害了传统的民主讨论机制，祖马的一个重要口号是"权力属于基层组织"（Amandla Asemasebeni）。

2005 年 6 月，祖马因涉嫌军购腐败被解除副总统职务，并停止其在非国大各级组织的一切活动。11 月，祖马涉嫌强奸接受法院审讯。2006 年 5 月，法院裁定祖马强奸不成立，其被无罪释放，支持祖马的势力重新占据上风。在 2007 年全国代表大会前夕，非国大党内形成了两个权力中心对决的局面，双方围绕党主席和其他职位发生激烈争

---

① Rapule Tabane, "Where Is SA's Own Obama", *Mail & Guardian*, Vol. 11, No. 27, 2009.

② Mandy Rossouw, "Zuma Proclaim New Era of Hope", *Mail & Guardian*, Vol. 4, No. 25, 2009.

执。祖马一派认为，按照常规，非国大主席领导全党参加竞选，获胜后出任南非总统。姆贝基一派认为，总统有只能担任两届的任期限制，非国大则没有任期限制。因此，姆贝基卸任总统后仍可以继续担任非国大主席职务，而且也没有任何文件明文规定南非总统必须由非国大主席担任。2007年11月下旬，非国大主席提名揭晓，姆贝基得到四个省的支持，祖马得到五个省和非国大青年联盟、妇女联盟的支持。

（二）波洛夸内大会的左右之争

双方斗争在波洛夸内大会上达到最高潮。2007年12月，非国大第52届全国大会在林波波省首府波洛夸内召开。会上，人民派党员在与姆贝基及其支持者的斗争中占据上风，使波洛夸内大会逐渐演变成一场针对姆贝基政策的批斗大会。在最后的换届选举中，祖马击败姆贝基当选党主席，曼塔舍击败莱科塔当选总书记，人民派取得全胜。

波洛夸内大会后，继续担任总统的姆贝基曾试图利用针对祖马的司法诉讼进行反击。然而，2008年9月12日，彼得马茨堡高级法院法官尼克尔森认为姆贝基政府干预了司法，以"程序非正义"为由裁定针对祖马的腐败起诉无效，姆贝基由此失去打击祖马的最后武器。9月19—20日，非国大全国执委召开会议，最终发表"提前召回"姆贝基的声明，改由副总统莫特兰蒂继任总统。9月21日，姆贝基发表电视讲话，宣布辞去总统职务。9月23日，姆贝基一派不满罢免决定，包括十余名部长和省长在内的一大批官员辞职以示抗议。

波洛夸内大会是对非国大右翼的重大打击，也是对非国大本身的重大打击。在波洛夸内大会的党主席选举中，祖马获得2329票，姆贝基获得 1505 票。虽然祖马获得绝对优势，但在参加议会的 4000 余名党员中，仍有 1/3 的代表支持姆贝基。2008 年姆贝基辞职后，支持姆贝基的前非国大总书记莱科塔等人立即脱离非国大，组成"人民大会党"（COPE）。人民大会党成立初期，宣称拥有 42.8 万党员。[①] 2009 年第一次参加大选就获得 30 个议席，直接导致非国大在国民议会中丧失 2/3 绝对多数。以至于当时有评论相信人民大会党的出现，使非国大第一次面临失去执政地位的威胁。[②]

（三）祖马执政后的非国大意识形态

2010 年，极富民粹主义色彩的祖马当选南非总统后，并没有像人民担心的那样会被民粹主义路线绑架，实行激进经济改革。祖马总统明确指出南非应当成为"发展型国家"，而不是"福利国家"，应通过社会救济与社区经济发展相结合的方式，最终使受益者从救济领取者逐渐成为自食其力者。2014 年，南非人文社会科学委员会出版的"国情咨文报告"也认为祖马时期南非继续走在建国领袖设计的道路上，自由主义仍是当前南非主流的意识形态。

尽管如此，由于经济持续低迷，南非国内两种左翼思潮不可忽视。一种是来源于知识界的左翼思潮。事实上，南非共和非国大左派势力在早期都是由一批受左翼思潮影响的知识分子组成的，随着革命进程发展和不同阶层加入，他们的声音逐渐被弱化了。从革命性质来讲，新南非只是完成了平等和独立的民族主义革命，与左翼知识分子最初设想的社会主义的经济革命相去甚远。另一种是根植于南非底层

---

① 刘中伟：《南非非国大的分裂及其影响》，《西亚非洲》2009 年第 7 期。

② Martin Plaut，"How ANC Came to Split"，http：//news. bbc. co. uk/2/hi/africa/7695492. stm.

的民粹主义，相当部分的非国大人民派党员提出学习津巴布韦穆加贝的激进政策，立即实行经济国有化和重新分配土地。

2012 年马里卡纳事件发生后，祖马领导的非国大党员与部分工会、非国大极左派党员的矛盾严重激化。2013 年，南非工会大会下属最大的分支金属制造工会（Numsa）认为非国大背弃了《自由宪章》中关于解决贫困和不平等的承诺，转而与白人资本家勾结推出《国家发展计划》，于是宣布退出南非工会大会和三方同盟。① 曾担任非国大青年联盟主席的朱利叶斯·马莱玛（Julius Malema）是非国大激进左翼代表，曾在波洛夸内大会中是祖马的积极支持者。祖马当选总统后，两人在政策上发生分歧。后来马莱玛多次公开抨击祖马，导致 2012 年 2 月前者被非国大全国执委以"制造党内分裂、毁坏非国大声誉"为由开除。2013 年 7 月，以马莱玛为代表的极左派成立经济自由斗士党（EFF）。2014 年，首次参加大选的经济自由斗士党一跃成为国民议会第三大党，使南非的政党格局和力量对比出现新的变化。

二　祖马时期的非国大组织建设

祖马当选非国大主席和南非总统后，首要任务并非是清洗姆贝基一方的势力。恰恰相反，为了将人民大会党的分裂影响降低到最小，祖马的首要任务是修复非国大高层的分歧和裂痕。2008 年 9 月，非国大全国执委罢免姆贝基，任命原姆贝基的支持者、副总统莫特兰蒂为

---

① "Numsa Accuses ANC of Failure to Meet Its Promises", *Business Day*, http://www.bdlive.co.za/national/politics/2013/12/03/numsa – accuses – anc – of – failure – to – meet – its – promises.

代总统。在 2009 年祖马的第一届内阁中，莫特兰蒂继续担任副总统。姆贝基虽被罢免总统，但并没有失去党籍，一定程度稳定住了大部分姆贝基的支持者，避免非国大发生大的分裂。祖马还对内阁结构进行改组，将内阁部长的数量增加到 34 个。其中，南非共和南非工会大会获得 7 个正副部长职位，加重两个盟友在内阁中的分量，使姆贝基时期一度紧张的三方联盟关系得到修复。

祖马之所以能够击败姆贝基，依靠的是其亲民色彩和中下层党员的支持。在"权力属于基层组织"（Amandla Asemasebeni）口号的指引下，非国大领导层赶赴各省加强基层组织建设，处理内斗频仍、政令不一、拉帮结派等两个中心带来的问题。① 祖马当选总统以后，继续强调非国大与民众的联系。例如，南非国民议会出台政策前，除了交由议员公开讨论外，还设立听证和公众审查制度，使公众可以直接对各个议会专门委员会的立法提出意见和建议。在媒体变革时代，非国大除了坚持传统的电台广播形式，还通过电话、电视和网络与民众进行直接交流。南非总统祖马就以身作则，定期通过"总统热线"形式帮助民众分忧解难。

祖马时期，非国大的基层民主建设重新得到重视。非国大建立较为公正民主的决策机制，党的重要文件经专门委员会起草后，下发到各级党部进行民主讨论，征求基层党员的意见。组织选举也采取推举和差额选举制，通过无记名投票决定当选者。党内候选人绝大多数来自各级支部、分部党员的推举，至少得到五个支部的推举才能获得候选人资格。除了有族裔多元性要求，还规定妇女候选人至少达到1/3，保证有残疾人代表。非国大所有选举均采取无记名投票和公开唱票

---

① ［南非］雅各布·祖马：《迈向无私奋斗的一百年：共同努力，建立民族民主社会》，载洪君编《当代世界政党文献（2011）》，党建读物出版社 2012 年版。

形式。

三　祖马时期非国大遭遇的执政挑战

随着经济形势的恶化，南非失业率也不断攀升。据估计，有50%以上的黑人工人是家里唯一的收入来源，他们绝大部分来自乡村，平日暂住在城郊的贫民窟，假期返回100公里以外的家中，所得收入的绝大部分用来供养家人和孩子。为了提高薪水，南非工人经常举行罢工。2012年8月16日，马里卡纳铂金矿发生罢工，警察在维持治安的过程中与矿工发生冲突，有34名矿工在冲突中被击毙。马里卡纳罢工造成高达125亿兰特的出口损失，其中铂金和黄金损失为101亿兰特，引发外国投资者对南非经济环境的极度担忧。[1] 除了经济损失，罢工还使执政三方同盟出现裂痕，南非工会大会与非国大、南非共相互指责，严重危及非国大的执政基础和在国民心目中的形象。[2]

在国家经济困难的时期，政府官员的腐败问题更容易激起民众不满。2010年，祖马动用2.46亿兰特公款给位于恩坎德拉（Nkandla）的私人别墅进行装修，引发反对党和民众的激烈批评。《星期天时报》调查的1000名非国大支持者，有33%的受访者表示不太可能投票支持非国大；51%的受访者希望祖马总统立即辞职。[3] 2014年，南非监

---

① Ross Harvey，"Marikana as a Tipping Point? The Politics Economy of Labour Tension in South Africa's Mining Industry and How Best to Resolve Them"，*Occasional Paper SAIIA*，No. 164，2013，p. 16.

② Martin Plaut and Paul Holden，*Who Rules South Africa?* Johannesburg：Jonathan Ball Publishers，2012，p. 5.

③ "Half of ANC Want Zuma to Quit—Poll"，*Business Day*，http：//www. bdlive. co. za/national/politics/2013/12/15/half – of – anc – want – zuma – to – quit – – poll.

察公署的报告结果认为装修的原因是为了"提升安保措施"。但事情并没有因此而结束，主要反对党经济自由斗士党仍不时利用别墅装修做文章，在议会上高呼"还钱"，阻止祖马发表工作报告。

平心而论，非国大非常重视反腐工作。2004—2012 年，共有 1504 名官员因贪腐问题被开除，341 人被给予警告，16 人被降职。在被起诉的 202 名官员中包括警察总监、有"南非骄傲"之称的塞莱比，他因收受贿赂和伪造证据被判刑 15 年。① 根据"透明国际"（Transparency International）的数据，南非的腐败指数排名从 2001 年最高的第 38 位跌至第 72 位的新低。但近两年出现回升，2015 年的排名为第 61 位。②

此外，非国大还面临族群冲突的挑战。过去，族群问题常常被理解为种族问题和民族问题，非国大在应对黑人与白人的矛盾、祖鲁族与科萨族的矛盾等方面投入大量精力。然而，2015 年在南非爆发的排外风波则表明本地人与外国移民直接的矛盾正在不断上升。2015 年 1 月，南非北部地区出现抢劫和殴打外国人现象。3 月，祖鲁王兹韦利蒂尼发表煽动性讲话称："非洲国家为南非解放运动做出贡献的事实，不应作为允许外国人烦扰本地人这种情况出现的借口……我们要求那些来自其他国家的人请回到他们的国家。"祖鲁王的讲话使排外现象演变为全国性骚乱，大批祖鲁族青年走上街头，用凶器袭击外国移民，焚烧移民房屋，洗劫外国商铺。4 月 14 日，祖马的儿子爱德华·祖马也发表类似言论，把骚乱推向失控的边缘。2015 年 4 月 19—20 日，在南非内政部采取增派军力、警力等强力手段以后，发

---

① 张忠祥：《非国大引领南非走向复兴》，《当代世界》2013 年第 10 期。

② Transparency International, "Csorruption Perceptions Index 2014", https://issuu.com/transparencyinternational/docs/2014_cpibrochure_en? e=2496456/10375881.

生在德班、约堡等地区的针对其他非洲国家移民的排外骚乱已基本得到控制。据报道，持续三周的排外骚乱造成至少 6 人死亡，数千人流离失所。

有不少评论认为，祖鲁王兹韦利蒂尼应对骚乱负责。南非士兵公会曾向南非人权委员会递交控诉，称祖鲁王是骚乱的始作俑者，应当追究其刑事责任。不过，多数南非人却对此很不认同。南非是非洲最发达的国家，吸引约 500 万邻国移民前来寻找机会，其中不乏大量非法移民。由于非法移民与本地黑人贫民在社会阶层、法律地位、居住地理等方面相距较近，且习惯用暴力而非法律手段保护自己，双方的冲突时有发生。站在南非本地人的角度，很自然地认为是外国移民带来了矛盾和暴力，因此，赶走而不是安置非法移民在南非很有市场。鉴于此，祖鲁王在自我辩护时，反复强调自己针对的是非法移民。爱德华·祖马在发表他的"独立看法"时也说："所有在南非的非法移民都必须离开……我们不接受枪击我们母亲和姐妹的外国人。"

值得注意的是，2015 年的南非排外事件既不新鲜，也不孤立。2008 年南非爆发过一次更大规模的排外暴乱，当时造成至少 50 人死亡，17000 多人流离失所。2010 年，南非成功举办世界杯不久，当时也出现了数起小规模排外暴力事件。事实上，对生活在黑人贫民区的外国人来说，被本地人恐吓、殴打、收保护费、偷窃抢劫等现象可谓司空见惯。由于本地人与外国人之间个人的、集团的争斗每天都在发生，双方积怨已久，屡次出现的排外骚乱实质是黑人聚居区长期矛盾的放大和集中爆发。

在这次骚乱中，有以下几个问题需要关注。

第一，祖鲁族在南非政治中的特殊地位。祖鲁族是南非最大的黑人族群，占全国总人口的 20% 以上。祖鲁族具有尚武传统，19 世纪时一度称霸南部非洲，并与白人殖民者爆发过数次大规模武装对抗。种族隔离统治终结后，祖鲁族成为南非最不可忽视的力量之一。祖鲁王虽然在法律上只是民族象征，但具有很大权威性和影响力。例如，为争取祖鲁族的支持，来自科萨族的曼德拉采用联姻手段，把女儿嫁给祖鲁王的妻弟。考虑到祖鲁王在南非的特殊地位，以及他采取召开反暴力集会等一系列公关措施，士兵公会起诉获得法庭支持的可能性不大。

第二，非国大的执政能力。祖马是土生土长的祖鲁族出身：一方面，他的祖鲁族形象使之在丑闻缠身的情况下仍然大权稳固；另一方面，在本次骚乱中，祖马投鼠忌器，迟迟没有采取强力措施制止骚乱蔓延，因此被指责对骚乱反应迟缓甚至纵容。尤其是爱德华·祖马发表排外言论以后，祖马的领导能力遭到更大质疑。对非国大政府来说，尽快出台一部有关非法移民的法案则更为切实可行。

第三，南非在非洲的形象和领导能力。由于排外骚乱的受害者主要来自邻国，南非与被称为"兄弟姐妹"的非洲国家的关系因此受到极大损害。在南非政府已向相关国家表达歉意、并保证外国移民的人身和财产安全的情况下，部分国家继续做出撤侨决定：在津巴布韦、莫桑比克等邻国，甚至出现了"赶走南非人""制裁南非"的声音。

第四，黑人贫民的诉求。如前所述，在骚乱中被视为"加害者"的本地黑人其实也是受害者。黑人贫民是非国大的主要支持者，新南非曾给他们带来很多憧憬。但二十年来的经济停滞却使他们大失所望，"继续革命理论"油然而生。无论是暴力排外骚乱，还是在南非各大城市出现的清除白人领袖塑像行动，都反映出黑人群体强烈要求改变现状的情绪。毫无疑问，黑人群体的过激行动无异于饮鸩止渴，只会让外国投资望而却步，这要求非国大在短期的选票利益和长远的国家利益之间必须做出正确的抉择。

◇◇ 第四节 拉马福萨政府的政策调整

一 从淡出到回归

西里尔·拉马福萨（Cyril Ramaphosa）1952 年出生在约翰内斯堡附近的索韦托，这里是南非黑人民权运动的中心舞台。拉马福萨 1981 年从南非大学毕业，次年成为全国矿工联盟的第一书记。1991 年，拉马福萨当选非国大总书记，并作为曼德拉的代表参与政权交接谈判和宪法制定会议。不到 40 岁的拉马福萨，被视为曼德拉的潜在继任者之一，一时成为全国瞩目的政治明星。

或许担心拉马福萨缺乏从政经验，或许姆贝基在党内拥有更雄厚的政治基础，曼德拉最终选择姆贝基成为继承人，后者在 1994 年 5 月当选新南非第一副总统。年轻的拉马福萨感到心灰意冷，甚至没有参加曼德拉的总统就职典礼。平心而论，以拉马福萨的资历和年龄，足以在党内谋求一个不错的职务，政治前景依然光明。但是，拉马福萨却出人意料地辞去行政职务。1997 年 12 月，姆贝基成为非国大主席。那一年，弃政从商的拉马福萨以最高得票数，当选为非国大执委。

"树挪死，人挪活。"拉马福萨来到商界后显得如鱼得水。他担任过千年综合投资（Millennium Consolidated Investment）执行主席；做过乔尼克有限公司（Johnnic）、南非电信集团（MTN）、南非特殊险保险公司（SASRIA）的非执行主席；拥有南非麦当劳连锁集团的大部分股份；在南非啤酒集团（SAB）、第一兰德公司（Firstrand）、隆明铂业（Lonmin）、麦钢控股集团（Macsteel）等多家企业亦有董事席位。从金融到矿业，从电信到媒体，从快餐到饮料，几乎所有重要产业都能看到拉马福萨的身影。公开的财产申报显示，拉马福萨拥有4.5亿美元净资产和31套房产，跻身南非最富有的人物之列。不过，长期淡出政治中心使他的党内影响力大为降低。在2007年波洛夸内大会上，拉马福萨再次当选非国大执委，得票数却降到了第30位。

舆论关于拉马福萨重回政坛的揣测从未停止，不过总被当事人出面否认。2012年，由他担任非执行董事的隆明铂业爆发大罢工，警察在镇压过程中造成34名矿工死亡。经过法院调查，拉马福萨与本次矿工致死事件没有直接联系。2013年2月，他辞去了在隆明铂业的董事会职务。也许是冥冥之中的天意，罢工事件竟成为他回归政坛的转折点。2012年12月，拉马福萨接受南非总统祖马的邀请，参选非国大副主席。凭借祖马阵营的力挺，拉马福萨成功当选。2014年5月，他又与祖马联合参加全国大选。成功当选副总统后，拉马福萨辞去所有商业职位。

由于长期远离政治中心，拉马福萨回归伊始的地位并不稳固。传统上，身兼非国大副主席和南非副总统，基本上可以确定为下一届非国大主席和南非总统候选人。但舆论普遍认为，祖马的前妻德拉米尼·祖马才是最有竞争力的人选。甚至到2016年年底，拉马福萨发表避免非国大分裂的讲话，仍被舆论解读为无意参与下届主席的竞争。

随着南非政坛持续动荡，特别是非国大在2016年地方选举遭受挫败、在野党连续提出对祖马的不信任案，非国大的执政之基不断受到侵蚀。在这种情况下，部分非国大党员开始呼吁拉马福萨参与非国大主席竞选，改变当前混乱不堪的局面。2017年年初，拉马福萨终于做出"准备领导"的表态。他于2017年12月，击败德拉米尼·祖马和其他竞选者，当选为新一任非国大主席。

二 召回祖马

当年拉马福萨退出政坛时，非国大是一支引领国家走向团结与变革的中坚力量。然而，当他重回政坛后，非国大的执政基石却出现动摇与裂痕。祖马上台后，三方联盟的关系极大改善。但祖马没有采取激进的经济政策，非国大与工会、黑人贫民的主要分歧并未解决。以马莱玛为首的极左派建立"经济自由斗士党"，力图通过宣扬国有化和土地革命，吸引中下层的黑人民众。2014年，首次参加大选的经济自由斗士党一跃成为国民议会第三大党，对非国大的执政地位构成极大挑战。2013年，南非工会大会下属最大的分支金属制造工会（Numsa）认为非国大背弃了《自由宪章》中关于解决贫困和不平等的承诺，于是退出南非工会大会和三方同盟。随着一系列有关祖马的贪腐丑闻曝出，南非共、南非工会大会等左翼势力转而支持拉马福萨，拉马福萨和祖马出现明显的阵营分歧。

第一，党内分歧。2017年非国大主席竞选出现了两位旗鼓相当的竞争者，拉马福萨与德拉米尼·祖马。前者得到南非工会大会、南非共、全国矿工联合会以及北开普省、东开普省、豪登省等地方党部的力挺，后者的支持者为妇女联盟、青年联盟以及夸祖鲁—纳塔尔、林波波省、姆普马兰加省等地方党部。最终，拉马福萨仅以179票的微弱优势胜出。

除了党主席选举，其他五位领导层成员的选举同样激烈。来自祖马阵营的马布扎、玛加舒莱、杜阿尔特分别当选党的副主席、总书记、全国主席。换言之，总共 6 人的领导层出现了两大阵营平分秋色的形势，拉马福萨改革祖马政策的能力因此大打折扣。在公布 6 位领导层选举结果的过程中，现场的非国大代表每当一方发出欢呼、喝彩时，另一方便发出嘘声、口哨声，表明非国大内部出现了一条从上到下的裂痕。

第二，党政分歧。为了让前妻顺利当选，2017 年 10 月，也就是非国大主席选举前的两个月，祖马据称"建议"拉马福萨主动退出竞选，否则将罢免其副总统职务。对此，拉马福萨既没有澄清，也没有承认。无论传闻真假，两人关系由盟友转变为对手却是不争的事实。

拉马福萨赢得主席选举后，由于祖马的总统任期到 2019 年，新任主席与现任总统构成党政双头格局。在政府内阁中，祖马有权罢免拉马福萨的副总统职务；但在非国大内部，祖马却要受到拉马福萨的领导。双头政治的情况在 2008 年也曾发生过，当时的非国大主席祖马发出著名的"召回令"，将没有结束总统任期的姆贝基废黜。

第三，社会分歧。由于经济持续不振，南非的中产阶级、工会以及缺少土地的农民对非国大的不满日趋增长。在 2016 年的地方选举中，非国大的得票率跌至 54%，为 1994 年以来的最低谷。尤其是城市选票流失严重，约翰内斯堡、开普敦等主要城市的执政权被反对党民主联盟占据，反对党与非国大的差距明显缩小。

另外，祖马的贪腐丑闻是导致民意转变和反对党坐大的又一诱因。自祖马执政以来，反对党已经发起了八次不信任案。尽管凭借非国大在议会的绝对多数，不信任案全都没有通过，但这些负面新闻严重削弱了非国大曾经无可比拟的道德优势。拉马福萨当选主席后，对祖马丑闻的处置被视为重拾民意的关键。

第四，道路分歧。南非各阶层、各政党都宣称沿着曼德拉的道路前进，不过对于曼德拉道路的理解已经发生分歧。拉马福萨主张重拾"爱"的价值观，用宽恕包容引导社会友爱，促进国家团结和发展。反对党经济自由斗士宣称曼德拉曾许诺"耕者有其田"，现在承诺已不能拖延下去，提出用激进的手段重新分配财富。这一主张得到了不少贫困阶层的支持，对非国大的意识形态构成直接竞争。

按照宪法规定，祖马的任期应到 2019 年结束。拉马福萨当选非国大主席不久，东开普省地方党部就开始着手提前结束祖马总统任期的动议。2018 年 2 月 7—11 日，非国大主席兼南非副总统拉马福萨连续五天与祖马围绕权力交接举行协商，不过祖马拒绝辞去总统职务。12 日，拉马福萨召开非国大执委会紧急会议，讨论祖马去留问题。经过长达 13 个小时的马拉松式讨论，非国大执委会最终因祖马深陷腐败丑闻不宜继续担任总统，通过召回祖马的决定。德拉米尼·祖马、非国大妇女联盟、夸祖鲁—纳塔尔地方党部等祖马的铁杆支持者表示接受非国大执委会的决定。

召回决定发出以后，祖马本人仍以"介绍拉马福萨给外国首脑"为由，请求非国大执委会再宽限三个月时间，使其能够在参加非盟峰会、主持金砖国家峰会和南部非洲发展共同体会议后离开总统府。祖马的请求并没有得到非国大执委会的同意，原本隶属于祖马阵营的非国大总书记马加舒尔表示，如果祖马拒绝辞职，非国大将予以"处理"。关于处理的具体方式，舆论普遍认为非国大很可能投票支持在野党经济自由斗士提出的第九次针对祖马的总统弹劾案，弹劾案将在 2 月 22 日进行投票。由于占据议会 62% 席位的非国大力保，祖马得以在过去八次弹劾中平安无事。此次非国大也加入弹劾祖马的行列，祖马几无逆转的可能。为了避免因 22 号的议会弹劾而下台，祖马被迫于 14 日晚在比勒陀利亚发表辞职讲话，正式宣告祖马时代的终结。

三　拉马福萨政府的政策特征

拉马福萨和统御全局相距甚远。从某种意义上说，拉马福萨的当选并不代表务实派在非国大重获优势，而是诸多反对祖马势力的一次集体胜利。因此，至少在拉马福萨赢得下次总统大选之前，拉马福萨政府都将处于相对弱势的地位。

首先，新政府班子是党内各派妥协平衡的产物。尽管祖马已经辞职，但祖马留下的班底依然存在。来自祖马阵营的马布扎、马加舒尔、杜阿尔特分别当选党的副主席、总书记、全国主席。在拉马福萨公布的首任内阁名单中，倾向拉马福萨的非国大全国主席曼塔谢担任矿业部长，南非共总书记恩齐曼迪担任运输部长。曾被祖马解除职务的戈尔丹、内内、哈内科姆分别担任公共企业部长、财政部长、旅游部长。与拉马福萨竞选非国大主席的德拉米尼·祖马担任总统府部长。原属于祖马阵营的非国大副主席马布扎出任南非副总统。从新内阁的组成可以发现，拉马福萨注意不同势力间的平衡，将维护党内团结作为执政的优先考虑。

其次，拉马福萨的党内威望有限，政策实施时常受到掣肘。召回祖马与召回姆贝基性质不同。召回姆贝基的理由是利用总统职权蓄意破坏祖马接班，带有明显的权力斗争色彩，而姆贝基本身并没有触犯国法；相反，祖马在被召回以前就已经丑闻缠身，面临多项司法调查，因此非国大以涉嫌贪腐不适合担任总统为由召回祖马。德拉米尼·祖马等人支持召回的原因在于贪腐，不能说明非国大执委会完全听命于拉马福萨。值得注意的是，拉马福萨继承的是祖马剩余的一年任期，属于过渡总统。拉马福萨曾考虑提前举行大选，但遭到领导层其他成员的反对。反对理由是在现阶段举行大选很可能使非国大丧失目前占据议会60%席位的优势，因此要求拉马福萨向选民展示提振经济和打击腐败的能力后，再参与全国大选。在地方，拉马福萨提议非国大地方党部换届选举推迟到全国大选以后召开，目的是避免因新的非国大地方领导上台，打破现有党内的脆弱平衡。不过该提议遭到夸祖鲁—纳塔尔省、豪登省、自由州省、林波波省等多数地方党部的激烈反对。

再次，由于新政府班子成员是激进派与务实派的结合，因此拉马福萨政府的政策也显示出混合性特征。在非国大全国代表大会上，关于土地问题存在两种观点的激烈碰撞。一种观点来自东开普省、夸祖鲁—纳塔尔省、马普马拉加省等"土地渴望"（land hunger）的地区，该观点宣称曼德拉曾许诺"耕者有其田"，现在承诺已不能拖延下去，提出用激进的手段重新分配财富，立即实行没有赔偿的土地征收。另一方以西开普省为代表，表达对土地征收可能带来经济灾难的担忧，要求尽可能使用宪法规定的征地手段以后，再考虑采用激进手段。为了安抚党内激进派和黑人农民，拉马福萨综合党内外各派观点后提出了折中的方式：即在不影响农业生产和经济发展的基础上，南非政府有权对土地进行无偿征收。

2018年2月27日，在拉马福萨领导的非国大支持下，议会以241票赞成、83票反对，通过经济自由斗士党提出的赋予总统无偿征用土地权力的修宪法案。鉴于21世纪初津巴布韦的无偿征地不仅造成国内农产品生产瘫痪，还给本国带来国际经济制裁，拉马福萨故而反复强调，土地征收的前提是不影响农场正常运转和国家粮食安全，主张用对话而非暴力、法制而非强制、民主而非迫害的方式来解决矛盾。尽管如此，征地议案的通过仍然刺激了部分地区的抢地行为，米德兰（Midrand）、马波罗（Marlboro）、赫曼努斯（Hermanus）等地发生黑人农民袭击白人农场事件。

最后，为了重拾民意赢得即将到来的大选，经济发展和惩治腐败将成为拉马福萨政府的中心工作。2008 年国际金融危机严重打击南非经济，2010 年世界杯前后曾有短暂反弹，但此后重新陷入停滞。祖马政府在非国大建党 100 年的时间推出《2030 国家发展计划》，提出未来二十年中实现年均增长 5.4%，每年至少创造 50 万个就业岗位，失业人数降到 6%，基尼系数降到 0.6%。纵观祖马担任总统的第二个任期，南非的 GDP 年增长率从未超过 2%，对外贸易总额在 2008—2009 年间明显萎缩，进口额到 2012 年才恢复到 2008 年的水平，这表明其国内市场恢复非常缓慢。2015 年以后，全球三大评级机构不断降低南非主权债务评级，至 2017 年其沦为"垃圾级"。与之相反，拉马福萨深受商界欢迎，非国大主席选举结果一出，兰特对美元的汇率应声反弹，至 2017 年年末共上涨 7%，一跃成为表现最好的新兴市场货币之一。国际评级机构也逐步提升南非的债务评级。拉马福萨继任总统后，于 2018 年 2 月第一次向议会发表国情咨文，提出稳步提升南非经济和实行稳健的财政政策。在经济连续六年接近零增长、兰特越发疲软的背景下，拉马福萨的当选无异于为市场提供了一剂强心针，有助于吸引投资者和创造就业。

不可否认，贪腐等负面新闻严重削弱了非国大曾经无可比拟的道德优势，有清晰的证据表明祖马政府的丑闻与非国大支持率下降之间有着密切联系。由于祖马仍居总统之位，任何关于祖马贪腐案的调查，都可以被其用行政命令的方式叫停。凭借非国大在议会的绝对多数，祖马得以在反对党提出的八次不信任案中屹立不倒。拉马福萨当选主席后，立即召回祖马，并对其进行司法调查，赢得民众支持。

　　在当选主席的致辞上，拉马福萨宣称将打击腐败和推动经济改革。拉马福萨必须尽可能地弥合分歧，才能让非国大政权重回无可动摇的磐石之上。2017 年，拉马福萨成功挽回了非国大与南非共的联盟，证明其在政治上的协调能力。而接下来，摆在眼前的问题是如何处理与祖马及其阵营的关系。

　　首先是召回祖马的问题。由于祖马仍居总统之位，任何关于祖马贪腐案的调查，都可以被其用行政命令的方式叫停。在议会，处于少数的反对党即便提出再多不信任案，也无法推翻祖马内阁。于是，拉马福萨的召回令成为提前结束祖马任期的唯一途径。

　　其次是惩治贪腐的问题。调查祖马存在困难，并不意味着可以不了了之。事实上，祖马只是非国大贪腐丑闻的焦点，民众不满的对象包括所有党内的腐败分子。所以，新主席打击腐败可先从党内着手，成立非国大的调查委员会。委员会调查的对象不能只是祖马一人，而是所有党员，任何存在腐败问题的党员干部都应接受党纪处罚，以便恢复非国大声誉、取信于民。

　　最后是安排德拉米尼·祖马的问题。德拉米尼·祖马既有多年担任政府部长的内政经验，亦有作为非洲联盟主席的外交经历，并且自始至终没有卷入贪腐丑闻中。因此，她在国内外，特别是女性和青年中享有相当的人望。若德拉米尼·祖马能接受拉马福萨提供的职位，并联合参与明年的总统大选，无疑有助于提升非国大的支持率。

◇ 小　结

　　非国大赢得 1994 年大选，主要着眼于两项工作：一是清算种族隔离时期的历史问题，维护公平与正义，促进国内民族和解；二是发展经济问题，尤其是改变长期以来黑人受到经济歧视和剥夺的状况，扶持黑人经济发展，加快构建全民福利体系。两项工作都取得了巨大的成就，同时产生了新的问题。

在民族和解的问题上，真相与和解委员会不仅要还原历史真相，还力图对过去的罪行给予最大可能的宽恕，在促进民族和解方面的作用不容抹杀。然而，由于长达数百年的殖民主义、种族主义统治，族群之间的严重隔阂继续以生活方式、民族文化、社会心理等形态存在，近期出现的清除白人领袖塑像运动就是一例。黑人群体中发生的排外骚乱则是族群矛盾新的发展形势。

《自由宪章》签订以后，资源与产业国有化就是非国大主要的革命目标。但基于一些原因，曼德拉等人采取务实的措施推迟了新南非的国有化进程。资源民族主义存在两种：一种是集权的资源民族主义，主张政府对市场进行大力干预，把能源资源收归国有，建立国家石油公司管理和经营自然资源；另一种是革新的资源民族主义，政府处于强势监管地位，有权根据市场情况而调整征税水平。[①] 曼德拉则属于后者，以资源是否收归国有来判断非国大是否偏离民族主义路线是不合时宜的。

在收入分配公平方面，非国大在执政初期的经济政策重点在于为纠正种族隔离统治时期对黑人经济的歧视和掠夺，新南非政府陆续颁布一系列向黑人倾斜的法律政策。但是，这些激进的政策并没有使南非的贫富差距问题出现太多改善。与此同时，黑人经济扶持政策还造成用工成本大幅提高，促使商业资本加快外逃，南非失业问题雪上加

---

① 张建新：《资源民族主义的全球化及其影响》，《社会科学》2014 年第 2 期。

霜。讽刺的是，黑人经济扶持政策创造出的黑人精英阶层，反而让原本就已经严重的两极分化问题更为严重和复杂。

非国大在民族和解与分配公平方面的成绩是非国大持续执政的基础。曼德拉依靠谅解和包容的政策，赢得南非各族的广泛支持，成为民族团结的象征；姆贝基因为忽视收入分化问题，而引起工会力量和基层党员的不满，最终盛极而衰。祖马有效应对了非国大执政以后最严重的分裂，加强基层党组织建设，确保非国大继续保持执政党地位。尽管如此，腐败、经济增长、族群矛盾等积蓄已久的问题已成为削弱非国大执政基础的主要因素，不能不引起非国大的高度关注。

在非国大的语境中，所谓"召回"（recall），是根据党的最高决策机构非国大执委会的决定，将出任包括总统在内的国家公职的本党党员免职，改派其他党员接替的制度。自非国大执政以来，共发生两次召回总统事件，第一次是召回姆贝基，第二次是召回祖马。南非的祖马时代由召回开始，亦因召回结束。从姆贝基到拉马福萨的更迭，可以发现南非政治的政党因素远远大于个人因素。不管是当年在非洲政坛耀眼夺目的姆贝基，还是长期陷于丑闻之中的祖马，非国大总是决定权力归属的最关键要素，非国大内部的政治更迭直接影响到国家政治的更迭。非国大本身是一个代表南非各阶层利益的混合体，自执掌政权的那天起，党内务实派与激进派的争斗便从未消失。鉴于拉马福萨仅以微弱优势战胜德拉米尼·祖马，因此巩固党内支持、避免召回重演成为其优先考虑，作为务实派的拉马福萨提出折中的政策主张，在政策上同时照顾党内两派，目的是避免非国大再次出现分裂。

第 四 章

非国大与新南非相互建构的路径分析

从革命党到执政党是非国大实现自身发展转型的过程，也是《自由宪章》中的"新南非"从梦想到现实的过程。非国大与新南非主要在四个方向进行相互建构：第一，非国大代表的社会群体不断扩展，革命目标从上层人争取选举权等政治权利，发展为全民性的、包含经济和社会改革纲领的《自由宪章》；第二，政党制度化程度不断加强，新南非民主体制包括政党制度日趋完善；第三，强化国家认同是非国大执政后的首要目标，在新南非建构过程中，非国大的思想和组织形态也在发生改变；第四，非国大积极应对外部影响和挑战，新南非对外交往的领域和范围不断扩展。

◇ 第一节　社会群体的疏离与整合

一　族群整合

非国大起源于黑人群体要求权利平等的社会运动。在南非，白人社会几乎不加区分地歧视和排斥黑人，促使非洲人的种族意识被乡村贵族、城市中产阶级、教士、黑人劳工、黑人小农等广泛阶层所接受。开普、纳塔尔等地区相继建立各自的土著人权利协会以后，为召开全国性的土著人大会奠定了思想和组织准备。

　　早期非国大的成员主要是具备名望、财富或者知识的上层黑人群体。例如1912年召开的第一届南非土著人大会由斯威士兰酋长出资支持，上院议长由巴苏陀兰最高酋长莱特西二世担任，主席则是牧师兼教师的杜比。首届大会确定南非土著人大会为永久性组织，每年召开一次会议。伦比德、西苏鲁、曼德拉等人建立非国大青年联盟以后，非国大开始吸收大量的工人和学生，非国大的组织性质逐渐向"大众型民族解放组织转变"。[①]

　　早期的非国大是仅限于黑人参加的组织，目的是团结相互之间本有矛盾的黑人族群。1926年，非国大参加了在金伯利举行的第一届非欧洲人大会，吸引来自全国的黑人、有色人和印度人组织参与，这是非国大首次与其他肤色的组织实现政治联合。1955年6月25日，南非非洲人国民大会、印度人国民大会和有色人国民大会召开人民大会，通过了南非历史上第一份不分种族、阶级和信仰的《自由宪章》，宣称："南非属于所有生活在这里的人民，黑人和白人；任何政府都不能宣称有统治的权力，除非它符合全体人民的意愿。"这意味着非国大开始把黑人、有色人、印度人都视作被压迫民族，印度人和有色人的政治组织开始被统一在非国大领导之下；承认反对种族隔离的白人也属于"非洲人"范畴，为非国大演变为全民性政党奠定理论基础。

　　制宪会议期间，因卡塔自由党代表的祖鲁族、保守党代表的阿非

---

① Francis Meli, *South Africa Belongs to Us：A History of the ANC*, Harare：Zimbabwe Publishing House, 1988, p. 122.

利卡右翼成为非国大组织扩展和接手政权的主要障碍。在三年多时间里，因卡塔与非国大的冲突造成上万人伤亡。由于对 1993 年达成的临时宪法草案不满，因卡塔自由党伙同三个黑人家园和两个白人右翼政党组成自由联盟，宣布抵制 1994 年大选，并扬言建立独立的"祖鲁人国家"。后经过非国大努力劝说，因卡塔自由党回到选举并加入民族联合政府。2003 年《议员转党法》施行后，在省议会选举中，非国大取代因卡塔自由党成为夸祖鲁—纳塔尔省的第一大党，标志非国大得到了大多数祖鲁族民众的认同。

二　城乡整合

民族主义政党是地域性与功能性社会冲突共存作用的产物。随着南非矿业和制造业的蓬勃发展，非洲人来到城市打工的数量迅速增加。20 世纪 20 年代以后，非国大和南非共组织了一大批黑人工会组织，例如非洲铁路工人工会、非洲港口工人工会、非洲家具工人工会、南非洗衣工人工会、非洲面包工人工会、南非成衣工人工会等。随着白人政府颁布《土著人住区法》《工业调解法》等一系列强化种族隔离的法律法令，黑人劳工失去了在城市的任何权利，包括组织工会和罢工的权利。

城市是思想、经济和结社最活跃的地区，也是种族压迫最严重的地方，因此开普敦、约翰内斯堡等大城市在反歧视运动中处于先锋地位。1929—1930 年，非国大曾领导过短暂的工人运动高潮，但很快归于沉寂。20 世纪 50 年代以后，随着工人、学生等大批黑人平民阶层加入非国大，城市社会运动再次兴起。在非国大和印度人大会联合组织下，1952 年 6 月 26 日，南非各大城市爆发公民蔑视不公正法律的抗议活动。曼德拉担任运动总指挥，来自印度人大会的卡查利亚任副总指挥。由于运动主要领导相继被捕，蔑视不公正法运动坚持六个月后失败。此次运动使非国大意识到与其他种族、党派（包括共产党）合作的必要性，为1955年签订《自由宪章》奠定基础。

沙佩维尔惨案后，非国大组建"民族之矛"开展武装斗争，活动的中心仍是城市。"民族之矛"设全国最高指挥部和地区指挥部，地区指挥部具体领导基层武装战斗小组。战斗小组由四人组成，主要执行破坏公共设施、政府机构等任务。与此同时，南非白人政府在乡村地区的黑人保留地推行"班图斯坦"计划，通过黑人传统贵族实现间接统治。作为种族隔离政策的既得利益者，传统贵族统治下的乡村消极看待革命，站到非国大的对立面。

在非洲，亲族、宗族理念深入。新南非成立后，鉴于传统领袖具有的崇高威望，新南非的政治体制设立传统领袖咨询委员会，在政治生活中给予其一席之地。南非的社会团体虽然以城市为中心，但乡村与城市的黑人联系并没有被割裂，有时传统制度也会被带入城市。在外打工的农村人，赚到的大部分钱会寄给父母、妻子、兄弟姐妹；长期居住城市的公司白领、老师，会为了相隔几代红白喜事，千里迢迢赶往家乡参加；在政府工作的公务员，会想办法满足亲友的各种要求，即使有些要求或许并不合法。

非洲国家独立以后，社会二元化状态没有因此改善。亨廷顿认为农村在发展中国家扮演着"钟摆"的角色，不是稳定的根源，就是革命的根源……如果政府不能得到农村的支持和默认，那么政治稳定的基础就微乎其微了。[①] 在很多落后的乡村地区，农民不识字，也对政

---

① ［美］塞缪尔·P. 亨廷顿：《变化社会中的政治秩序》，王冠华等译，上海世纪出版社2008年版，第267页。

治知之甚少，常常追随本地的地主、酋长和知识分子，有时会笃信某些并不存在的神话或谣言。选举取消财产限制使农村成为执政党的根基，传统的依附、忠诚、宗族等封建关系不仅没有消失，反而以选举的形式表现出来，传统势力的影响力上升。①

三 阶层整合

如前所述，非国大最初的组成成员来自黑人中上层阶级。随着社会运动蓬勃开展，非国大逐渐由上层人士的谈话会，变为全民型的民族主义政党，工人、农民、学生成为非国大的主力军。1995 年通过的《自由宪章》提出"共享南非财富和土地"，主张产业国有化和土地改革。1990 年，非国大与南非共、南非工会大会建立三方联盟，表明非国大在思想上和组织上仍以左翼为主。

不过，为了打消白人的担忧，非国大公布"重建与发展计划"，用"平等"取代《自由宪章》中的"解放"。解放本身带有推翻现行制度的内涵，不仅要推翻种族隔离政治制度，也要摧毁压迫剥削黑人的经济制度。而平等则表示追求分配、机会和权利的公平，暗含对现存制度的承认。1996 年宪法第一章第 25 条规定：除非依据普遍适用的法律，为了公共利益的目的，并给予赔偿之外，任何人的财产不可侵犯。所谓的公共利益，是指国家对土地改革的承诺，以及对平等获取南非所有自然资源而进行的改革。② 新南非从宪法上保障白人的私有财产不受侵犯。后来，新国民党并入非国大也表明，白人资产阶级

---

① Arnold M. Rose, ed., *The Institution of Advanced Societies*, Minneapolis：University of Minneasota Press, 1958, p. 552.

② 杨立华：《新南非十年：多元一体国家的建设》，《西亚非洲》2004 年第 4 期。

和农场主群体已经被非国大所接纳。南非政府考虑过采取国家赎买的办法，但由于国家财政无力承担赎买土地的耗资，加之白人农场主团体以宪法保护私人财产为由强烈抵制，土地回归进展步履维艰，引起南非贫农小农的不满。

黑人中产阶级崛起是新南非社会阶层发生的最大变化。为了提升黑人的经济实力和就业水平，姆贝基政府相继提出"黑人经济振兴计划"和"加速和共享增长倡议"，促进黑人在南非最富阶层和中产阶级的比例明显增长。与此同时，黑人族群内的基尼系数已经达到0.66，黑人内部的两极分化趋势显著。①

伊恩·菲米斯特（Ian Phimister）比较津巴布韦和南非的革命，指出游击队在政府和社会中的地位与经济政策存在相关性。与津巴布韦相比，南非的主要斗争场所在城市，对白人政权的武力威胁较小，谈判实力也相对较弱。民族之矛、波戈游击队战士与国防军合并以后，并没有像预期那样担任军队要职。反而因专业水平和教育程度所限，只能担任普通士官，接受白人军官的领导，每月领取微薄的津贴。老战士们"像20年前的越战老兵一样，他们带着心理的创伤和痛苦回到社会，而社会却并没有欢迎他们的归来……不少人开始堕落：酗酒、吸毒、自杀，甚至走上犯罪的道路"②。老战士群体多次上街游行示威，甚至冲击非国大机构，成为社会不稳定因素。津巴布韦虽然没能通过武装斗争实现权力更迭，但津巴布韦的"老战士"却

---

① Servaas Van Der Berg, *South Africa Will Remain a Hugely Unequal Society for a Long Time*, http://theconversation.com/south-africa-will-remain-a-hugely-unequal-society-for-a-long-time-25949.

② ［美］查伦·史密斯：《曼德拉传》，高天增译，中国人民大学出版社2013年版，第79页。

构成了独立后民族政府的中坚。南非的革命是反种族主义的政治革命胜利，而不是反资本主义的社会革命胜利，经济问题、性别问题等没有解决或者没有触及。[①]

◇ 第二节 政党格局的分散与集中

自新南非成立以来，非国大一直保持着60%以上的议会席位，占据统治地位。不过，新南非没有实行非国大单独执政，而是与南非共、南非工会大会组成执政三方联盟，与原执政党国民党、祖鲁人政党因卡塔自由党分享权力组成民族团结政府，吸收白人旧公务员、有色人、印度裔等其他少数族裔进入政府，并与泛非大、自由阵线、保守党等在野党广泛接触，寻求谅解与合作，形成了在非洲与众不同的"南非模式"。

一 执政后非国大的组织结构

合法化后的非国大是南非覆盖范围最大、人数最多的政治组织。非国大中央位于约翰内斯堡，党中央在全国9个省依次下设省级执行委员会（The Provincial Executive Committee，简称 PEC）、地区执行委员会（The Regional Executive Committee，简称 REC）和党支部（The Branch）。此外，非国大还有一些附属组织，例如非国大妇女联盟、非国大青年联盟（见图4—1）。

---

① Ian Phimister, "Comrades Compromised: The Zimbabwean and South African Liberation Struggles Compared and Constrasted", *Journal of Historical Sociology*, No. 3, 1995, p. 89.

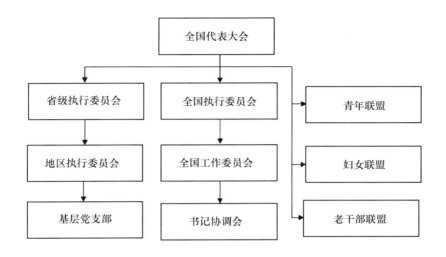

图 4—1　非国大组织结构示意图

资料来源：笔者自制。

　　全国代表大会是非国大的最高机构，每五年举行一次会议。全国代表大会选举全国执行委员会、主席、总书记以及类似于政治局常委的六位主要领导人。大会负责制定大政方针、修改党章和审议工作汇报。

　　全国执行委员会（The National Executive Committee，简称 NEC）是全国代表大会的常设机构，在全国代表大会闭会期间，负责讨论和决定大政方针。全国执委会成员约为 80 人，包括六名主要领导人、非国大妇联主席、非国大青联主席、老干部联盟主席和总书记、各省执委会主席和书记。全国执委会每两个月召开一次会议，会后总书记把会议纪要分发给各位执委。

　　在全国执委会的基础上，又选举产生 20 人的全国工作委员会（The National Working Committee）。全国工委会是中央日常决策机构和执行机构，负责落实全国代表大会和全国执委会制定的方针政策。全国工委会每两周召开一次会议，会议在约翰内斯堡和省部所在地轮流举行。会后总书记把会议纪要分发给各位工委。

非国大六位主要领导人包括非国大主席、副主席、总书记、常务秘书长、常务副秘书长和财务总监。六位主要领导人约每周举行一次会议，目的是就党和国家的重大问题进行经常性接触。会议的主题和时间由总书记协调确定，总书记亲自负责会议记录，但一般不公布会议纪要。

党支部是非国大赖以生存的基础。从 1990 年合法化至今，非国大支部数量从最初的几十个发展到 3900 多个，党员 70 多万人，平均每个支部有 180 人。非国大的基层党组织遍及各种族、各地区，支部的动员能力使一个占据全国人口不到 2% 的政党在全国和地区选举中屡战屡胜。

另外，非国大是由不同社会组织共同组成的，具有与生俱来的社会包容性，同时也容易造成组织涣散。在 20 世纪 90 年代初期，党的机构和党员数量迅速扩张，加之南非共合法化后独立建党，一度造成非国大干部紧缺，基层组织松散。[1] 在 3900 多个党支部中，只有 2/3 的支部运作良好，一些处于边远农村地区的支部因资金缺乏基本处于停滞状态。反倒是一些宗教社团或其他非政府组织，由于得到财团资助而在地方动员中有赶超非国大的态势。

姆贝基统治后期，非国大上层形成小圈子，损害了传统的民主讨论机制。因此，祖马反对姆贝基的一个重要口号是"权力属于基层组织"。2007 年，祖马在波洛夸内大会上击败姆贝基当选主席以后，非

---

① 刘乃亚：《从借鉴中国经验看南非政党政治》，《西亚非洲》2002 年第 6 期。

国大派出全国执委委员深入各地支部，采取走访每家每户的方式争取民众，基层组织的作用和活力重新提升。非国大建立一百周年（2012年）之际，祖马又开展一场革新（Imvuselelo）运动，提升非国大基层组织活力，扩大党员队伍；同时掀起党员教育运动，筹办党校，加强各层干部和普通党员培训，使全党在思想和组织上取得统一。

二　执政三方联盟的关系

在执政三方联盟体制中，南非共与非国大结盟较早，可追溯到20世纪20年代。1952年，南非共转为地下组织以后，南非共党员大量加入非国大，因而具有双重身份。南非共是南非左翼思潮的代表，对非国大的政策制定、对外交往和干部培养发挥重要影响。南非工会大会1985年成立，1990年与非国大、南非共结盟。虽然起步较晚，但因其拥有21个分支工会，180万会员，是非国大赢得工人阶级选票的重要保障。姆贝基执政时，非国大与南非共、南非工会大会在一些政策问题上相互指责。非国大甚至考虑清理党内的"双重党员身份"问题，执政三方联盟一度濒临破裂。①

三方执政同盟主要分歧有三点：一是"增长、就业与再分配"法案；二是黑人经济振兴政策；三是针对津巴布韦的外交。核心是前两点。② 非国大先后推出以公平为核心的"重建与发展计划"、以市场为重心的"增长、就业与再分配法案"，以及兼顾公平与效率的"加速和共享增长倡议"等政策，显示非国大一直在公平与效率的夹缝中

---

① ［南非］卡莱马·莫特兰蒂：《非国大面临严峻挑战》，《西亚非洲》2002年第2期。

② 戴旭：《南非执政三方联盟为何斗而不破》，《当代世界》2005年第11期。

"平衡"。① 如前所述，非国大自从签订《自由宪章》以后就转变为革命性政党。非国大党旗由黑、绿、金三色组成，黑色代表人民；绿色代表土地；金色代表资源。盾牌和长矛象征反抗白人统治的斗争；车轮象征签订《自由宪章》的人民大会；紧握的拳头象征团结一致，争取自由与平等的力量。

直到制宪谈判时期，以曼德拉、姆贝基为代表的"务实派"才放弃国有化等激进主张，转而寻求有利于中产阶级的经济政策。因此，从执政一开始，非国大内部就存在"务实派"和"人民派"的区分。② "务实派"以曼德拉为代表，主张渐进平稳的推动改革；"人民派"则要求迅速履行承诺，满足民众的改革愿望。虽然"务实派"在执政前期掌握实权，在全国执行委员会占据主流，但"人民派"容易获得基层党员的青睐。包括曼德拉的前妻温妮·曼德拉在内，有三名"人民派"执委在非国大执政后的首届全国执委委员选举中名列前五。

姆贝基在没有事先与执政联盟另两方南非共和南非工会大会商量的情况下，提出了"增长、就业与再分配法案"，自然遭到三方同盟另外两方的激烈反对。2005 年，南非共曾与南非工会大会达成协议，提出如果非国大不能实行倾向于穷人的政策，双方将组织新的政党。③ 在南非共、南非工会大会以及非国大青年联盟等方面的支持下，祖马在波洛夸内大会上击败姆贝基当选非国大新一任主席。2010 年，祖马

---

① 周国辉："当代世界政党情势（2012）非洲篇：2012 年南非政党情势的几个特点"，中国共产党新闻网，http://theory. people. com. cn/n/2013/0625/c365100 - 21967502. html。

② 葛佶：《南非新政府的第一年：成就与问题》，《西亚非洲》1995 年第 5 期。

③ 杨立华：《从姆贝基去职看南非政治风云》，《西亚非洲》2009 年第 1 期。

担任总统后对内阁结构进行改组，将内阁部长的数量增加到 34 个。其中，南非共和南非工会大会获得 7 个正副部长职位，加重两个盟友在内阁中的分量，使姆贝基时期一度紧张的三方联盟关系得到修复。

三　新南非的一党独大格局

（一）1996 年宪法对南非政党的影响

1996 年 5 月 8 日，制宪会议以 421 票赞成、2 票反对、10 票弃权通过新宪法。

新宪法涉及政党制度的规定主要有：第一，取消权力分享原则，允许多数党单独组阁。议会采取两院制，国民议会和省议院。国民议会设 400 个议席，其中 200 个由全国大选产生，另 200 个由省级选举产生。获得国民议会多数的政党可以单独组阁。

第二，小党权益保护。新宪法采用比例代表制，国民议会按照大选结果比例确定议席，获得总选票的 0.25% 以上即可占有议席，获得 0.01% 比例票数的政党就可得到国家资助。新宪法规定有利于小党发展，造成政党数量大增。制宪谈判时，只有 19 个政治势力参与，且 10 个黑人家园严格来说连政治团体都不算；而 2015 年大选获得 0.01% 比例的政党就有 29 个，近半数（14 个）是新成立的政党。

第三，地方权益保护。全国重新划分为九个省，分别是东开普省、西开普省、北开普省、西北省、奥兰治自由州、豪登省、夸祖鲁—纳塔尔省、北方省和姆普马兰加省。为保障大小省份利益平衡，省议院的 90 个议席平均分配，每省 10 个议席。每省代表团由省长和各省议院依据各省议院政党席位比例选出六名常驻代表和三名特别代表构成。

第四，设置严格的修宪条件，防止执政党滥用权力。新宪法规定修宪必须得到 2/3 多数议员的同意，规定国家制度的宪法第一条更需要 3/4 的绝对多数支持才能修改。关于宪法中的地方事务规定，必须得到涉及省份的地方议院首先同意，然后获得省议院中六个省份以上的支持才能修改。

第五，设立宪法法院，给予其违宪审查权。为了加强对执政党和议会的监督，确保宪法和法律的权威不受侵犯，新宪法除了明确各级法院的司法权独立不受侵犯以外，还特别设立宪法法院作为唯一享有最终违宪司法权的机构，有权对中央和地方议会、政府的合宪性进行审查。

从 1996 年宪法的规定可以看出，宪法关于对执政党的规定以限制居多，而关于小党的规则则以保护和鼓励为主。然而从表 4—1 可以发现，自 1994 年以来，非国大一直保持着 60% 以上的支持率，即便是出现国民党退出民族团结政府、莱科塔建立人民大会党、马莱玛成立经济自由战士党等分裂事件，非国大的力量也没有遭到根本性削弱。

表 4—1　　　　　　　　　　非国大历年大选情况

年份	得票数	得票率	席位数	席位增减
1994	12，237，655	62.65%	252/400	
1999	10，601，330	66.35%	266/400	+14
2004	10，880，915	69.69%	279/400	+13
2009	11，650，748	65.90%	264/400	−15
2014	11，436，921	62.15%	249/400	−15

资料来源：笔者根据相关数据自制。

（二）南非政党发展的分化

1999 年大选后，南非政党格局出现分化（见表 4—2）。在 1999

年大选中，姆贝基领导的非国大取得 66.35% 的选票，在国民议会的席位增长到 266 席。2003 年《议员转党法》施行后，非国大成为最大赢家，在国民议会的议席增至 275 席，超过议会 2/3 多数；在省议会中，非国大取代因卡塔自由党成为夸祖鲁—纳塔尔省的第一大党。2004 年全国大选后，非国大赢得 69.69% 的选票，赢得国民议会 279 个议席，议席数继续上涨；在地方选举中，非国大取得所有 9 省的执政权，取得空前胜利。2006 年 3 月，南非在第三次地方选举中获得 66% 的选票，在超过 3/4 的各级地方政府中执政。

表4—2　　　　　　　　　历届国民议会主要政党一览

年份	党派名称	议席数	党派名称	议席数	党派名称	议席数	党派名称	议席数	党派名称	议席数	党派名称	议席数
1994	非国大	252	国民党	82	因卡塔自由党	43	自由前线	9	民主党	7	泛非大	5
1999	非国大	266	民主党	38	因卡塔自由党	34	新国民党	28	联合民主运动	14	泛非大	3
2004	非国大	279	民主联盟	50	因卡塔自由党	28	联合民主运动	9	新国民党	7	泛非大	3
2009	非国大	264	民主联盟	67	人民大会党	30	因卡塔自由党	18	联合民主运动	4	泛非大	1
2014	非国大	249	民主联盟	89	经济自由斗士	25	因卡塔自由党	10	人民大会党	3	泛非大	1

资料来源：笔者根据相关数据自制。

与非国大的巨大胜利形成鲜明对比的是国民党的迅速衰落。1998 年，纷争后的国民党改名为"新国民党"。2000 年与民主党合并成立民主同盟；次年 10 月，新国民党加入非国大政府。2004 年选举只获得 1.65% 的选票，并丧失在西开普省的执政地位。2005 年 4 月 10 日，新国民党宣布自行解散，并入非国大。民族团结政府的另一个参政党因卡塔自由党也出现明显的衰退，得票率走低至 6.97%。在大本营夸祖鲁—纳塔尔省地方选举中，丧失该省的执政地位。

（三）非国大"一党独大"的原因

非国大之所以能够稳定长期执政，其原因包括代表群体广泛、革命遗产、政策符合广大民众需要等方面。然而，问题是几乎所有政党都宣称代表全国民众，为什么只有非国大能调动广泛的力量？参加反对种族隔离革命运动的不只是非国大一个政党，怎么解释其他政党的相对衰落？翻阅各个党派的竞选纲领，不难发现每个政党的政策趋于中庸，差距并不大，既然如此，为什么非国大仍然能够脱颖而出？

政党是现代国家进行动员的基本力量，有助于将地方性团体整合到更广泛的民族国家中。除了以民族或地区自治为宗旨的分离主义政党外，大部分政党都把自身定位成全民性的政党，尽可能扩大群众基础。例如，南非的因卡塔基本上由祖鲁族人组成，却宣称代表全体南非黑人利益，努力吸收祖鲁族聚居区以外的党员。因此，很多民族主义政党其实是名不副实的，一个国家以内真正能够在全国范围进行政治动员的民族主义政党其实很少能达到三个或以上。

非洲国家的现代化发展推动民众多元归属，多元化选民促进政党制度稳定。在二元化的非洲国家中，比例代表制有利于促进选民多元归属，多元归属有利于实现国家和政党制度的稳定。过去非洲的政党制度实质上是二元的、排他的，国家认同与地区认同、城市与农村、基督教与伊斯兰教等等。多元归属使分离性和排他性的界限正在被淡化。尤其在经济发达的非洲国家或地区，政党的族裔、阶级等色彩正在变得不像过去那么重要，民众形成了多重归属的、不同身份的利益诉求，种族、职业、宗教、性别、环境等因素在现代政治中扮演着等同于或者超越阶级因素的角色。

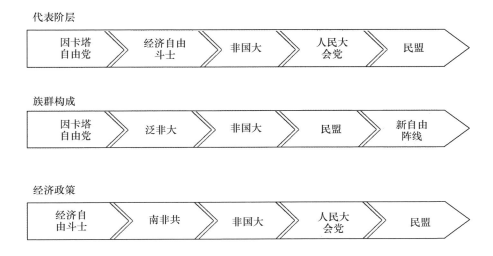

代表阶层

| 因卡塔自由党 | 经济自由斗士 | 非国大 | 人民大会党 | 民盟 |

族群构成

| 因卡塔自由党 | 泛非大 | 非国大 | 民盟 | 新自由阵线 |

经济政策

| 经济自由斗士 | 南非共 | 非国大 | 人民大会党 | 民盟 |

图4—2　南非主要政党政策倾向

资料来源：笔者自制。

从图4—2可以发现，从支持者的社会阶层看，因卡塔自由党代表传统贵族阶层，经济自由斗士党代表黑人贫民阶层，人民大会党代表黑人中产阶级，民主同盟代表中产阶级和富裕阶层，非国大的支持者来自传统黑人领袖、白人资本家、中产阶级和黑人贫民阶层；从支持者的族群构成上看，因卡塔自由党党员主要是祖鲁族，泛非大只允许黑人参加，民主同盟以白人和有色人为主，新自由阵线完全由白人右翼组成，非国大的支持者跨越黑人、白人、有色人、印度人等所有族群；从经济政策来看，经济自由斗士党要求立即实现国有化和土地改革，南非共主张民族主义革命与社会主义革命的"两步走"战略，人民大会党主张扶持黑人中产阶级的经济政策，民主同盟倾向于不分族群的自由经济政策，非国大则在经济国有化与自由化之间摇摆。

根据唐斯的"中位选民理论"，为了迎合选民，政党间的意识形态分歧正逐渐变得模糊，原本拥有相反价值取向的两个政党在某个议题上却可能采取非常相近且中庸的政策。为了加强与非国大竞争，尽管其他政党会选择与非国大类似的竞选策略，试图设计出不依赖阶级和意识形态的议题，但在南非主要政党中，只有非国大基本在所有分类中都处于中间位置，非国大仍是南非人民最广泛的代表，很自然会占据选民的大多数。

四 南非民主转型的反思

排外骚乱频发成为南非民主转型和社会治理的阴影。2015 年 4 月，南非排外骚乱达到最高潮，大量祖鲁族青年走到街头，企图用暴力手段赶走来自其他非洲国家的移民。不久，这股骚乱风潮被南非政府强力控制下去。5 月，笔者来到南非的经济中心、骚乱的事发地点之一约翰内斯堡进行调研。在约堡中心商业区，不少店铺至今空无一物，只剩下破碎的玻璃；中心区的街道上仍能看到持枪巡逻的军警，部分大型商场也配有荷枪实弹的保安。值得注意的是，此前排外的对象——来自津巴布韦、尼日利亚、马拉维等国家的移民依然活跃在约堡的大街小巷，只是他们普遍不愿与南非本地黑人交流；反过来，南非本地黑人也是如此。

一直以来，人们普遍认同民主政治是维护社会平稳的有效方式。南非领导人曼德拉在 1964 年接受利沃尼亚审判时，曾这样陈述自己的革命理想："我怀有一个民主和自由社会的美好理想，在这样的社会里,所有人和睦相处,有着平等的机会,我希望为这一理想而生存,并去实现它。"1994 年,南非进行了第一次不分种族的选举,也颁布了一部号称"世界上最先进的宪法",曼德拉建立"民主和自由社会的美好理想"似乎已经实现。然而二十年来,南非与"和睦相处的社会"相去甚远,不仅种族隔阂、暴力犯罪等负面消息充斥媒体,近期爆发的排外骚乱更是震惊世界,这使人不禁产生一个疑惑:南非既然已经实行不分种族的大选,为什么始终没有换来安定祥和的社会环境?

最显而易见的一个理由是南非的政党只有在选举时才有社会意义。格莱德文曾是约堡警察,退役后开始做生意。同时,他还是南非执政党非国大的资深党员,目前在基层党组织中扮演类似召集人的角色。据他介绍,南非的政党一般存在于议会中,基层党组织只有到地方和国家选举期间才会活动,这时他会带领选区民众参加集会,为非国大的候选人造势。笔者询问如果基层党组织只在选举时活跃,对选民来说是不是太少了?格莱德文的回答很有意思,他认为南非的经济金融权力仍掌握在白人手中,财力有限的政府有心无力,举行再多集会也没有用,因此需要给非国大时间去改变。

不过,南非本地民众至少在选举期间还有表达诉求的机会;相比之下,非洲其他国家的移民则几乎没有自己的话语权。阿玛赫莱来自津巴布韦,来南非已有二十多年,从事汽车运输工作,育有两个上小学的女儿。在他看来,本地人与外国人的工作竞争司空见惯,骚乱爆发只是矛盾累积的必然结果。像阿玛赫莱一样的非洲移民保守估计占南非人口的 5%,由于缺乏技术和资本,他们成为南非公民的可能性微乎其微。换言之,绝大多数非洲移民因为没有选举的权利,他们的声音于是被合法地掩盖了。

　　本地黑人与外国黑人的矛盾只是选举隔阂的一个方面。南非华人2016年拍摄一部名为《隔离与融合》的纪录片，讲述了华人在种族隔离统治前后融入南非社会的艰难历程。在笔者看来，虽然种族隔离在道德上被打败，但是族裔聚居的传统没有随之打破，黑人、白人、有色人各有自己的居住区域。在分区制选举的架构下，每个选区很容易根据族裔进行投票，这使得种族问题实质上仍在影响南非政治。事实证明，每到大选时，族裔总会成为政党之间相互攻击的话题，例如非国大被认为代表黑人、民主联盟被认为代表白人、因卡塔自由党则被认为代表祖鲁人等。因此，选举政治究竟弥补还是加深了族群鸿沟有待商榷。

　　最后，选举政治还遮蔽了南非社会的传统权力。在南非的乡村地区存在各式各样的传统权力，其中包括南非宪法保留的十余个"土王"，他们在一定区域内的影响力远远大于政府。本次骚乱正是由祖鲁王的讲话引起，后来他又召开反暴力大会，帮助南非军警平息事态。"祖鲁族不是一个排外的民族，Ubuntu（可译为大同、分享）思想才是我们的信仰"，祖鲁族学者坦博说道，"南非过去是殖民地，曼德拉所接管的制度是殖民者设计的制度，并不符合我们民族的传统"。不难看出，坦博反对南非传统权力阻碍民主的流行看法，相反他指出正是现行的政治制度抹杀了南非社会的传统价值和架构，进而造成社会失序和骚乱爆发。

　　与前文引用的伟人自述相比，曼德拉的另一句名言常常被人忽视，他说："若是美国或英国举行选举，他们不会要求来自非洲或亚洲的观察员在场；但若是我们举行选举，他们需要观察员在场。"对绝大多数非洲国家来说，选举政治更像是点燃危机的引信、充满诅咒的游戏。当非洲国家爆发选举危机时，往往就会引来西方国家监督乃至干涉。显然，南非等发展中国家必须根据自身情况，设计符合本国文化的民主制度，而不应照搬西方的理念，实行与本国社会脱节的政治模式，被"最平等制度""最先进宪法"等虚名所蒙蔽。

◇ 第三节 "新南非"理念的坚持与困境

非国大在准备1994年南非大选时，来自美国的竞选顾问格林伯格就指出非国大的定位应从"解放组织"变为"变革组织"，所以曼德拉的海报就不再是过去戴着拳击手套或者拿着冲锋枪的形象，而应该变得慈爱可亲、充满微笑。可以说，自种族隔离统治结束以后，南非是由非国大作为领导核心塑造的，同时新南非也在发展过程中促进非国大的转型。

一 非国大构建多民族国家的思想与措施

（一）曼德拉的宽容和解的"新南非"理念

"领袖思想"是民族主义政党进行国家建构的重要途径。1994年的曼德拉被许多南非人视为"救赎政治"（Redemptive Politics）。南非是一个宗教色彩浓厚的国家，白人多信仰荷兰归正教会，黑人多属于圣公会。在处于危机和混乱的时刻，南非人民期盼有一个救世主那样的政治人物走出来，带领大家走向和平和繁荣。曼德拉坚强、冷静而又宽容、慈祥的形象迎合了民众的救世主情结，造就了曼德拉近乎神化的复合角色形象。从表4—3来看，曼德拉有三重角色：一是军事精英，领导民族之矛和整合后的南非国防力量；二是政党领袖，决定国家大政方针；三是族群代表，曼德拉出身于传统贵族，又是新兴城市阶层的代表，在黑人、白人、有色人、印度人等人群中都具有广泛亲和力。

表4—3   曼德拉的复合角色

军事精英	政治稳定	权力分配	工具性
政党领袖	经济政策	动员整合	现代性
族群代表	族群和解	社会参与	传统性

资料来源：笔者自制。

非洲政治家普遍认为部落主义是阻碍非洲国家建构的重要因素，但事实上非洲政治家本身就是新精英与旧精英的结合体，时常面临着选择现代性还是传统性的激烈冲突，或者试图寻找将二者结合的方式。一些人认为南非滑向津巴布韦的看法更像是西方国家固有偏见的命题，而非国大试图证明非洲国家自身实践，逐步构建符合自身发展实际的政治体制、社会文化与生活方式。

曼德拉思想深受非洲传统文化影响。在前殖民时代，撒哈拉以南非洲被描述为一种协商一致的社会，坦桑尼亚总统尼雷尔形象地称之为"大树下的民主"：先人围坐在一棵大树下，就共同体的事务展开讨论，这种讨论没有时间限制，需要持续多久就持续多久，直至各方达成一致意见为止。[①] 非洲的"大同""协商"思想包含以下几点内涵：第一，否定少数服从多数原则，决策必须在所有成员达成一致意见后才有效；第二，强调包容，每个共同体成员都有参与决策的权利

---

① J. K. 尼雷尔：《社会主义、民主与非洲统一》，转引自徐济明、谈世中主编《当代非洲政治变革》，经济科学出版社 1998 年版，第 246 页。

和义务；第三，共同体是一个统一的集体，不存在反对派，任何意见经过协商最终都会达成集体的一致意见。

《自由宪章》签订以后，非国大向南非和世界民众描述了一个包容团结、民主自由、共享繁荣的新南非的图景。在种族隔离时期，"新南非"的图景有利于鼓舞黑人反对种族隔离统治的勇气，化解白人普通民众对非国大的不安与担忧；种族隔离结束以后，按照《自由宪章》设计的法律法规有利于促进全体国民团结一心，提升新南非在国际上的软实力。总之，"新南非"本身不仅仅是一个理念、政策或者战略，而已成为凝聚南非民众、推进国家建设的指引和符号。

（二）非国大促进民族和解的主要措施

非国大赢得 1994 年大选后，曼德拉在总统就职演讲中这样描绘道："作为南非的一介平民，我们日常的一举一动，都要为南非创造现实条件，去巩固人类对正义的信念，增强人类对心灵深处高尚品德的信心，以及让所有人保持对美好生活的期望。"新南非政府的工作主要分成三个部分：首先是清算种族隔离时期的历史问题，维护公平与正义，促进国内民族和解；其次是发展经济问题，尤其是改变长期以来黑人受到经济歧视和剥夺的状况，扶持黑人经济发展，加快构建全民福利体系。最后是保护民族文化，特别是少数民族权利。

第一，宽容对待历史问题。由于长达数百年的殖民主义、种族主义统治，新南非成立后，严重的隔阂继续以生活方式、民族文化、社会心理等形态存在。因此，消弭社会割裂就成了实践"南非梦"的必然起点。1995 年，新南非政府组织"真相与和解委员会"，任命大主教图图担任主席，负责调查种族隔离时期发生的侵犯人权行为。与报复性的历史清算不同，"真相与和解委员会"不仅要还原历史真相，还力图对过去的罪行给予最大可能的宽恕。特别是在对待前政府官员问题上，曼德拉采取的是怀柔政策，他出面邀请种族隔离政权最后一任总统德克勒克担任新南非政府的第二副总统。

第二，注重弱势群体的经济扶持。非国大在执政初期的经济政策重点在于纠正种族主义统治时期对黑人经济的歧视和掠夺，但是，这些激进的政策并没有使南非的贫富差距问题出现丝毫改善。国际舆论对此批评说：黑人经济扶持政策"创造出一个黑人精英阶层，却没有营造出有利于经济增长的商业环境"。需要指出的是，新南非成立以后的十余年时间里，南非白人贫困率不断上升，已经占到白人总人口的十分之一。白人贫困群体自认为是反对种族隔离政策的牺牲品，在现实中也处于比黑人贫民更为不利的境地，因而成为南非社会新的不稳定的根源。在政策失误面前，非国大反思过去激进的"纠偏方式"，注意制定和实施面向包括有色人、白人等族裔在内的全体社会经济政策。在执行"黑人经济振兴计划"的基础上，南非2006年又推出了"加速和共享增长倡议"，扩大政府对经济的干预力度，加快基础设施建设，实行行业优先发展战略，加强教育和人力资源培训，力争大幅降低南非全体社会的贫困率和失业率。此外，南非也是社会保障系统较为发达的国家，国内有近四分之一人口接受政府长期或临时性救助，这对解决贫困、弱势群体的燃眉之需起到重要作用。

第三，注重民族权利保护，促进文化多元与包容。南非是一个文化多元、族群复杂的国家，故而被称作"彩虹之国"。南非主要有四大族群，黑人占总人口的79.5%、白人占9.2%、有色人占8.9%、亚裔占2.5%。种族隔离结束以后，南非新宪法特别把"平等权"作为公民的首要权利，即"国家不得基于以下一项或数项内容直接或间接地给予任何人不平等待遇：种族、性别、性、怀孕、婚姻状况、民族或社会出身、肤色、性倾向、年龄、行动障碍、宗教、伦理、信仰、文化、语言及出生地"。尤其引人注目的是，南非政府在颁布法律保护各民族的语言、传统习惯、宗教信仰不受侵犯的同时，通常采取低调方式对待民族问题。主要体现在：在政府设置上，南非政府不设主管民族事务的部门，有关事务由文化艺术部处理；在官方正式发言中，极少使用"多民族"这一提法，而代之以"文化多元性"或"多语言"。由于长期的种族隔离统治，南非人对部族、地区、阶级的认同普遍高于国家认同。在新南非成立前夕，激烈的民族矛盾和冲突曾一度使南非接近内战的边缘。后来，在曼德拉、图图大主教等人的带领下，采取上述包容、低调的方式逐步化解了分歧，在建设多元一体国家的道路上，"避免了众多生命遭受涂炭的种族冲突的灾难"（图图大主教语）。

与西方不同，非洲政党并非产生于议会，而是在反抗帝国主义和殖民主义的过程中建立起来的。在民族主义运动发展的过程中，政党号召民众团结一致，形成了群众性的全方位的民族主义政党模式。民族主义政党不代表某个特定阶级、阶层，而是反帝反殖的统战组织，因此党纲政治性目标非常明确，而经济性政策比较模糊。在非洲，除了普遍性的泛非主义大旗外，每个区域、次区域还存在各自的民族和宗教文化背景，为日后政党纷争埋下了隐患。

根据祖鲁人与英国政府达成的妥协，在夸祖鲁地区继续保留祖鲁王，祖鲁族的传统法律和习惯很多时候高于国家法律而存在。制宪会议期间，布特莱奇以维护祖鲁王的名义与非国大分庭抗礼。然而，祖鲁王祖韦利蒂尼不甘心做布特莱奇的傀儡和工具。他对内联合布特莱奇的政敌，改革王室会议制度，架空布特莱奇的摄政王地位；对外与非国大靠近，与曼德拉所属的腾布王朝家族联姻。后来，祖鲁王在非国大与因卡塔自由党的竞争中宣布"中立"，直接导致因卡塔自由党的势力日渐削弱。

1995—1996 年，南非举行了首次地方选举，非国大赢得了 9 省中的 7 省的执政权。地方选举的顺利举行标志着黑人保留地与白人统治区正式统一，种族隔离统治时期的权力分割状态正式终结。[①] 2004 年全国大选后，非国大赢得 69.69% 的选票，赢得国民议会 279 个议席，议席数继续上涨；在地方选举中，非国大取得所有 9 省的执政权，从侧面表明非国大在国家建构方面得到了民众的广泛认同。

二 非国大的土地改革与问题

（一） 土地的"发现"和争夺

到过南非葡萄园的游人，都会对那里肥沃的红褐色土地印象深刻。在白人看来，红土地对应着世代先辈在烈日下开拓所形成的深色皮肤；在黑人眼中，这片土地的颜色却诉说着祖先遭受杀戮和奴役后流淌的鲜血。

1487 年，达伽马穿越南非好望角，欧洲人开始了"发现"世界的历程。1652 年 4 月，范·里贝克率领荷兰东印度公司的船队在开普敦登陆，建立南非第一块殖民地——开普殖民地。此时，在非洲南端生活的原住民科伊桑人仍处于原始社会阶段，没有现代标准的社会组织，更没有土地产权的观念。欧洲人据此认为科伊桑人是"未开化的"（uncultivated）民族，科伊桑人所居之地是"未垦殖的"（uncul-

---

① 徐济明、谈世中主编：《当代非洲政治变革》，经济科学出版社 1998 年版，第 16 页。

tivated）土地。换言之，开普属于"无主之地"，欧洲人可以在这里"合法地"定居和垦殖。经过上百年的殖民，科伊桑人走向消亡，白人殖民者则逐渐形成一个新的民族，他们自称为"布尔人"（意思是"农夫"）或"阿非利卡人"（意思是"在非洲定居的人"）。阿非利卡人说阿非利卡语，主要经营奴隶制的农牧场。

进入 19 世纪，南部非洲的殖民活动大大提速。1814 年，维也纳会议确定开普殖民地归属英国。之后不久，英国当局宣布在开普殖民地废除奴隶制，引起阿非利卡人的强烈不满。大批阿非利卡人挎着步枪、坐着牛车向非洲内陆进发，开始浩浩荡荡的"大迁徙"（the Great Trek）。在迁徙途中，阿非利卡人与科萨人、祖鲁人等黑人族群相遇。与科伊桑人类似，科萨人和祖鲁人的土地也处于原始公有状态。除了宣称"此地无主"，阿非利卡人还通过欺诈、贿赂、侵略等手段，使黑人族群首领自愿或被迫割让土地。以 1838 年"血河战役"为标志，祖鲁人领袖丁干战败被杀，阿非利卡人获得大片新的土地。

跟随阿非利卡人的路线，英国人也开始向内陆进发，并与阿非利卡人、黑人发生了数十年的激烈争斗。最终在 1910 年，英国殖民者与阿非利卡人达成妥协，建立统一的南非联邦。1913 年 6 月 19 日，南非当局出台《土著人土地法》，将全国 7.3% 的土地划为"保留地"，将黑人限制在保留地内。后来，当局陆续又把一些贫瘠、零散的土地划为保留地，使黑人的土地约占全国的 12.9%。1943 年，"种族隔离"一词首次出现。此后，南非当局通过《人口登记法》《特定居住法》《促进班图自治法》等法律，意图用法律固化黑人保留地和种族隔离制度。

1959 年，《班图自治法》通过，南非当局加快推进黑人保留地的

"自治"。1960 年 3 月 21 日，黑人的抗议活动遭到镇压，引发"沙佩尔惨案"。4 月 1 日，联合国通过谴责南非白人政府暴行的决议。4 月 8 日，非国大被迫转入地下，并开始组织武装反抗。1962 年，非国大武装领导人曼德拉被捕，非国大的组织系统逐步撤往国外。不过，在国内反抗和国际压力下，白人政权于 1990 年承认非国大合法，并释放曼德拉等政治犯，种族隔离的历史开始瓦解，南非的土地迎来新的转折点。

（二）非国大土地政策的困境

在《自由宪章》中，非国大提出"耕者有其田"，主张重新分配土地给无地、少地的黑人。直到曼德拉出狱以前，非国大仍坚持非市场方式的土地革命路线。然而，为了安抚南非白人和外国投资者，实现政权和平转移，非国大决定放弃激进革命路线，实行"两步走"战略：第一步先完成结束种族隔离统治的民族革命，出台一系列加强经济平等的举措，有限调整产权归属；第二步完成产权国有化的社会革命，但社会革命没有提出具体的时间表。按照"两步走"战略，非国大的执政纲领"重建与发展计划"删去了土地革命的主张，并在其 1994 年赢得大选后予以实施和巩固。

非国大的土地政策主要涉及以下几个方面。第一，土地回归，即追回种族隔离时期（1913 年颁布《土著人土地法》以来）被白人政府强行剥夺的土地。非国大政府于 1994 年颁布《土地回归权利法》，成立 5 人组成的"土地回归权利委员会"，用以帮助索回 1913 年 6 月 13 日以来被强行剥夺的土地。第二，土地再分配，即通过分配国有土地或政府购买白人农田的方式进行再分配。政府购买应坚持"愿买愿卖"（the willing buyer-willing seller）原则，按照市场价格赎买。

1994 年制定的"重建与发展计划"曾计划 5 年内将 30%（约 2500 万公顷）的白人农田分配给 80 万无地、少地黑人。第三，土地所有权。包括经过土地回归和再分配后的产权确认。

非国大在执政前后的土地政策实际包含三种路径。一是政治路径，用非市场方式实现国有化，然后由国家分配土地。二是经济路径，国家按市场价格或协定价格赎买私人土地，然后予以分配。三是法律路径，国家、集体或个人依照法律，要求获得合法的土地权益。当前，非国大的土地政策是用法律、经济路径取代政治路径，但这种策略似乎并不成功。

从法律路径看，新南非涉及土地的法律并不有利于土地再分配。1996 年宪法第一章第 25 条规定：除非依据普遍适用的法律，为了公共利益的目的，并给予赔偿之外，任何人的财产不可侵犯。由于《土地回归权利法》规定土地权利的追溯只能到 1913 年，这意味着此前两百多年在"无主土地"上的殖民扩张得到法律保护。即便是 1913 年以后的土地，由于烦琐的法律程序、高昂的诉讼费用，再加上时间久远、举证困难，给黑人的权利声索带来极大困难。2009 年起，关于城市土地的回归诉讼已经解决，未解决的诉讼全部为农村土地。未解决的农村土地诉讼多因所在地有森林或矿产，目前的土地拥有者往往以私有产权不可侵犯为由拒绝归还。

从经济路径看，所有权转移仅是土地政策成本的一部分。在很长一段时间里，非国大的土地政策聚焦于所有权转移，忽略了农民获得土地以后的资本、技术等援助。2010 年曾一度有 90% 的再分配土地没有转化为农业用地，造成 30 多万农场工人失业，使改革起到适得其反的效果。南非政府 2010 年后加强了机械、灌溉、化肥等方面的后续支持，又使得本就吃紧的财政预算更加捉襟见肘。在预算紧张的情况下，"重建与发展计划"完成 30% 土地再分配的期限被一再拖延到 2025 年。

尽管南非没有践行政治路径，但邻国津巴布韦却做了一回"表率"。津巴布韦曾经是一个由白人农场经济占主导的国家。独立伊始，津政府也实行"愿买愿卖"的土改政策，招致一些革命老战士和底层民众的不满。2000 年，革命老战士掀起抢占白人农场运动。2002 年，津政府宣布无偿征收 980 万公顷的白人土地，用以安置黑人农民，导致该国白人大批出逃。津政府的激进措施不仅重创本国经济，还受到欧美国家的严厉制裁，曾经的"非洲粮仓"陷入饥馑的漩涡。

值得注意的是，津巴布韦模式在非国大领导层和南非黑人中仍颇有市场，他们反倒对非国大的"两步走"战略颇有微词。宪法第一章第 25 条规定政府可以为了"公共利益"征收私人财产，但必须给予赔偿。主张政治路径解决土地问题的人认为，"耕者有其田"、自然资源全民共享等理念属于公共利益，但障碍在于南非政府无力按照市场价格进行征收，这正是祖马总统呼吁进行修改宪法的原因。

（三）南非土改困境的根源

南非土地改革极为复杂，它是一个历史遗留问题，也是一个现实社会问题；是一个政治博弈问题，也是一个经济发展问题；是一个道德评判问题，也是一个法律制定问题；是一个国内族群问题，也是一个国际关系问题。近期南非土改逐渐走向激进，本书将试图从以下几个维度进行分析。

第一，温和土改无力继续南非未完成的革命。土地再分配是南非人民反抗种族隔离统治的主要经济诉求，曼德拉等革命者在《自由宪章》中明确提出"耕者有其田"的主张。但1994年新南非成立以后，为了安抚白人农场主和维护国家稳定，曼德拉放弃了激进主张，转而采取尊重私有产权的温和土改立场，具体包括两点：一是通过《土地回归权利法》和"土地回归权利委员会"，帮助黑人索回1913年6月13日以来被强行剥夺的土地；二是坚持"愿买愿卖"原则，政府按照与农场主达成的协议价格购买土地后，再分配给无地少地农民。

不过，温和的土地改革进展十分缓慢。由于程序烦琐、费用高昂、时间久远、举证困难，给土地的权利声索带来极大困难。在政府购买土地方面，由于农场主漫天要价，土地再分配进展步履维艰。非国大曾计划在2000年将30%的白人农田分配给无地少地农民，后来这一目标被延长到2015年，后来又再次延期到2025年。在这种情况下，愈来愈多的南非人相信温和的土改政策已经进入死胡同。

第二，激进土改是为了解决现存的社会矛盾。曼德拉执政时期，"和解"一直是南非土改的主导思想，贯穿于立法和政策制定过程中。但在实际中，土改进程缓慢，引发农场主与无地少地农民的尖锐矛盾。尤其在东开普省、夸祖鲁—纳塔尔省、姆普马兰加省等"土地饥渴"（land hunger）地区，针对农场主的谋杀案屡见不鲜。2017年，南非全国共爆出74起农场谋杀案。土改进展缓慢还导致大量农村剩余劳动力流向城市，加剧了城市本就严峻的就业形势。新南非成立二十年来，失业率一直处于30%左右，犯罪率也居高不下。尽管南非目前尚未推翻温和的土改政策，但在激进路线即将回归的刺激下，部分"土地饥渴"地区接连出现暴力抢夺农场主土地事件，显示出土改问题已经刻不容缓。

第三，政党政治加速南非土改走向激进化。一方面，非国大内部主张无偿征地的声音占据上风。由于祖马政府曝出一系列丑闻，非国大在 2016 年地方选举中遭到重挫，持续二十多年的执政地位出现动摇。鉴于非国大在南非中产阶级、部分工人行会和学生等城市群体中的支持率持续低迷，农村对非国大的影响力显著上升。在 2017 年非国大全国代表大会上，来自"土地饥渴"地区的势力占据优势，大会最终通过无偿征地的决议。为了得到党内激进派的支持，拉马福萨反复强调把激进土改作为任内的主要工作。

另一方面，激进土改有利于改变非国大在政党竞争中的不利地位。非国大之所以在 2016 年的地方选举中受挫，除了自身基本盘的流失，还有一个重要原因是第二大党民主联盟和第三大党经济自由斗士党组成了反非国大的政党联盟。不过，鉴于两大反对党在意识形态上存在根本分歧，这种联盟是短暂的、技术性的。2018 年 2 月 27 日，南非议会以 241 票赞成、83 票反对，通过了赋予总统无偿征用土地权力的修宪法案。该议案由经济自由斗士党提出，非国大强力支持，民主联盟则强烈反对。随着激进土改政策的推进，经济自由斗士党将在 2019 年大选前更多与非国大加强配合，与民主联盟再次组成反非国大联盟的概率不断缩小。

第四，激进土改将对南非经济产生"双刃剑"效应。根据拉马福萨的讲话，激进土改将以农业持续投资和生产为前提，不仅不会危害国家的食品安全，还将成为提振南非经济的重要手段。从短期来看，激进土改更快地把土地分配给无地少地农民，大幅降低失业率，使更多土地得到充分利用。从长期来看，土地再分配将改变生产关系，变农场工人为农场主人，有助于调动无地少地农民的劳动积极性，减少贫富分化，为经济发展注入持续动力。

拉马福萨的论述引起了很大争议。激进土改确实免去了政府购买土地的预算，但再分配后政府仍需在灌溉、机械、化肥等方面给予财政支持。据估算，每再分配 15 万公顷的土地，政府需要支付约 2500万兰特，用以资助新农民购买生产资料和学习生产技术；另有 1500万兰特用于完善公共用水和灌溉系统。由于流向城市的农村劳动力回乡务农的意愿不大，土地再分配后可能导致大片土地闲置。据《经济学人》报，1994 年以来重新分配的 800 万公顷土地中，约有 70% 正在休耕。留在农村的贫农、佃农、老人、妇女等弱势群体的生产力水平较为低下，不仅无力改变自身的贫困状况，还会影响整体的农业生产率。

第五，激进土改涉及深层次的道德问题。尽管可能会给经济发展带来这样那样的副作用，但对南非大多数民众来说，激进土改的首要目的是追求正义，这不是一个"好不好"的问题，而是一个"该不该"的问题。过去的殖民统治和种族隔离统治，造成了现有的大多数土地集中在少数人手中的格局。事实上，曼德拉在推行温和土改问题时，主要考虑的也并非是发展生产，而是基于和解包容的道德理念。但由于温和路线积聚的不满日趋增加，"正义"代替"和解"成为非国大优先考虑的道德诉求。

与此同时，公平和正义的标准却难以衡量。例如，在哪里征收哪些地、向谁分配多少地、被征收土地的农场主权利如何保障等问题都非常棘手。按照非国大全国书记曼塔谢的说法，超出 12000 公顷的土地将予以没收，没收的土地将优先分配给成功的黑人农场主。先不论12000 公顷的标准是否合理，仅就将土地从一个农场主转移到另一个农场主手中的做法也偏离了土改的初衷。

第六，激进土改当前的主要工作是制定和修改法律。拉马福萨坚持在民主法制的框架内推进土改，因此，制定和修改相关法律成为当前的主要工作。一是修改 1996 年宪法第 25 条。该条款规定"除非依据普遍适用的法律，为了公共利益的目的，并给予赔偿之外，任何人的财产不可侵犯"。2018 年 2 月议会通过的修正案将宪法第 25 条改为"无偿征收"，然后宪法改革委员对该议案进行审议。二是修改土地权利的时间限制。由于《土地回归权利法》规定土地权利的追溯只能到 1913 年 6 月 13 日，等于变相承认了此前 300 年殖民统治的土地掠夺，这是激进土改路线所不能接受的。三是土地确权和分配的细节并不像政治口号那么简单，关于农场土地、抛荒土地、教会土地、黑人传统领袖土地、黑人社区土地、自然保护区土地等再分配法律的制定将需要较长时间。

第七，激进改革将无法回避族群问题。南非土地拥有表现出显著的族群结构。1994 年新南非建立前，87% 的土地归属白人，黑人仅占有 13%。根据 2013 年南非政府发布的审计报告，占据该国人口 8% 的白人仍占据 72% 的南非土地，20 年间转移给黑人的土地仅占白人拥有土地总数的 7.5%。除了黑白种族矛盾，黑人族群间的土地问题同样敏感。夸祖鲁等前黑人家园的土地产权名义上归属南非发展信托，但祖鲁王等传统黑人领袖是土地的委托人和实际拥有者。2017 年非国大全国代表大会提出解散信托基金，将传统领袖的土地直接分配给当地农民。此举遭到祖鲁王的激烈反对，祖鲁王甚至扬言将从南非分裂出去。据报道，白人民兵和祖鲁族武装仍然活跃，不能排除因政府强行征收而造成族群冲突的极端情形。

第八，激进土改已经引发了广泛的国际关注。由于南非白人与欧美国家存在千丝万缕的联系，欧美国家对南非激进土改势必不会袖手旁观。2018 年 3 月，澳大利亚时任内政部长彼得·达顿宣称将对南非白人农民给予"特别关注"，并研究为这些人提供快速签证的办法。8月22日，美国总统特朗普指派国务卿蓬佩奥调查"南非没收白人土地"和"大量农民遭到杀戮"的问题。次日，南非本币兰特汇率一度下跌2.8%。英国首相特蕾莎·梅也在与拉马福萨的多次会面中，反复强调对南非土改进程的关切。津巴布韦在2000年土改后经济崩溃，一个重要原因是土改导致本国受到欧美国家的制裁。因此，一旦南非土改走向极端，南非很可能重蹈津巴布韦的覆辙。

早在25年前参加南非制宪谈判期间，当时担任非国大总书记的拉马福萨曾说："除非我们解决土地问题，否则我们就不会是一个国家。如果我们解决不好，我们会把南非撕成碎片。如果我们解决好了，我们就为一个真正统一的国家奠定了基础。"如今，身为总统的拉马福萨决心彻底解决这个问题，至于能否解决得好，还须时间的检验。

（四）南非土地政治的可能走向

自1994年种族隔离统治终结以来，非国大连续五次赢得全国大选，这有赖于黑人族群对非国大的关键支持。不过，祖马政府曝出挪用公款、政商勾结等一系列丑闻，导致非国大在2016年8月的地方选举遭遇前所未有的失败。祖马在此时提出土地征收问题，更像是一种增加支持率的策略。

城市黑人群体曾长期是非国大的盟友，但这种关系正在发生转折。2008年以后，黑人中产阶级与非国大渐行渐远，现已基本倒向反对党民主联盟一方。南非工会大会是非国大执政联盟的成员之一，2013年南非工会大会的最大分支金属制造工会退出执政联盟，直接导致非国大在曼德拉湾市选举失利。2015年5月，"曼德拉母校"黑尔堡（Fort Hare）大学举行学生会换届选举，民主联盟下属的青年组织击败由非国大领导的学生会，引起不小的社会震动。工人、学生和黑人中产阶级过去是非国大主要依靠的城市力量，这三个群体的离心倾向已经严重削弱了非国大的城市支持率。

与此同时，黑人农民已然成为非国大的票箱。在选举政治时代，由于农民占据全国人口的多数，赢得乡村支持基本上就可以赢得全国大选的胜利。在地方选举上，南非的城市选民有权选举地方执政党和本选区的议员；乡村选民除了有权投出前述两张选票外，还可以选举所属行政大区的议员。因此，在席位设置方面，南非地方选举的城乡分离模式更有利于乡村选民。在2016年选举中，非国大继续保持超过半数的全国支持率，很大一部分归功于乡村的支持。

将祖马的修宪讲话仅仅理解为姿态或虚张声势可能不尽准确。萨缪尔·亨廷顿指出，农村是发展中国家政治的"钟摆"，不是稳定的根源，就是革命的根源。随着在城市的地位持续下降，非国大只能选择拥抱乡村，以便维护基本盘和应对大选。从投票交易的角度来说，加快土地改革还有利于拉拢主张激进政策的第三大党经济自由斗士党（EFF），推动两党达成政治联盟，巩固非国大的执政地位。

如果说选票因素更多关注短期和局部的利益，那么从道德、经济、社会等角度，则可以发现影响南非政治长期走向的隐忧。

1. 公平程度。非国大的创始人杜比博士解释反抗斗争的理由时说道："你们（白人）一百万人占据3/4的土地，我们（黑人）六百万人却只有1/4的土地，这不公平。"不过，杜比博士并没有回答究竟多少比例才是公平的。假设2025年完成将30%的白人土地转移给黑人的目标，届时南非黑人人口将达到白人的 10 倍以上，那么在杜比的眼中，这是否达到公平了呢？

2. 成本压力。土地再分配曾是革命时期的响亮口号，但土地再分配需要进行大量的经费投入，并可能产生劳动生产率降低的结果。由于在城市打工的收入高于种地所得，因此许多黑人农民把再分配获得的土地闲置或用于住宅建设，导致农业产出大幅下降。在南非财政日趋紧张的背景下，这种政治正确、但自损内功的土地改革能够持续多久？

3. 白人态度。涉及土地再分配问题，人们往往会忽视白人的利益。根据南非农场主联盟的数据，自 1991 年至今，共有 1824 人在农场袭击中身亡，并且近年来袭击案件数量呈递增态势，激化了白人的不满情绪。假设上述两点情况成立，即黑人获得30%的再分配土地仍不满足，或者政府采取无偿征收白人土地的政策，南非白人会做何选择？

曼德拉曾说："革命是一个组织，以夺取政权为目标。"非国大的土地政策在夺取政权时发挥了显著的动员作用，但并没有触及黑白族群在土地上的深层次矛盾。从这个意义上说，曼德拉的个人魅力和政治智慧固然伟大，却仅是将矛盾小心地掩藏起来。随着曼德拉光环的远去，过去被掩盖的隐忧逐渐浮现，南非的土地问题正在接近变革的拐点。

三　非国大面临的执政困境及其原因

（一）低增长与高失业

经济长期低迷是长期困扰非国大的最主要问题。事实上，自 1994

年非国大执政以来，南非的经济增长率基本维持在 3%—5% 的区间内，形成类似于 20 世纪七八十年代所谓 "印度式经济增长" 的不冷不热状态。与此形成鲜明对比的是，撒哈拉以南非洲其他地区的经济增长却被广泛看好，IMF 预计该地区在 2013 年、2014 年分别能够达到 5% 和 6% 的增长率。20 世纪 90 年代，南非曾占据南部非洲 GDP 总额的 80%，被认为是非洲这片 "没有希望的大陆" 的唯一亮点；而如今，在尼日利亚、赞比亚、莫桑比克等新兴市场的强劲增长面前，南非经济显得黯然失色，所占南部非洲 GDP 总额的比重也下降到 30% 以下。

扶持黑人的经济政策还使用工成本大幅提高，促使资本加快外逃，造成失业率连年攀升。1994 年，南非的失业率不到 15%；2013 年，根据南非劳动局调查显示，这一数据已经变为 25.2%。2015 年第一季度的失业率为 26.4%，达到 2003 年以来的最高值。[①] 高失业率意味着国家必须通过巨额的转移支付，保障低收入群体的生活。这笔福利支出对顶着 "黑人解放" 光环的非国大政府来说，已经构成了巨大的财政压力。除了加重财政负担，高失业率还派生出社会治安恶化、艾滋病蔓延、辍学率上升等一系列社会问题。

（二）严峻的社会治安问题

在国内，可以看到不少关于华人在南非遇到抢劫的新闻。2014 年 10 月，举世关注的 "刀锋战士" 皮斯托瑞斯杀妻案终于尘埃落定；五天以后（2014 年 10 月 26 日），南非足球队队长森佐·梅伊瓦在家中中弹身亡，再次引起南非社会的震动。根据南非警察部门公布的犯

---

① 人民网：《南非失业率达到 12 年新高 就业率持稳定增长》，http：//world. peo-ple. com. cn/n/2015/0527/c1002 – 27060534. html。

罪统计报告，2013 年 4 月至 2014 年 3 月间，南非发生 17068 起谋杀案，每 10 万人中就有 32.3 人遭谋杀，是世界平均水平的 5 倍；谋杀未遂和武装抢劫案分别同比上升 4.6% 和 12.7%。

枪支泛滥是导致南非治安问题的直接原因。在南非足球队队长梅伊瓦中枪的数天以后，南非国会提出修改持枪法案，以整肃混乱的枪支注册管理。但枪支泛滥绝非南非独有，种族矛盾、贫富悬殊、外国移民更多被看作南非犯罪率居高不下的主要因素，毕竟，南非的贫穷黑人以及来自其他非洲国家的移民往往在犯罪集团中充当关键角色。不可忽视的是，南非警方的犯罪统计报告却显示，犯罪发生的"热区"通常不在旅游胜地，而集中于城里的黑人聚居区或者边缘乡村。换言之，遭受暴力侵害的主体既不是白人，也不是亚裔，而正是底层的黑人，而他们与犯罪分子之间不存在种族或者经济上的矛盾。

"犯罪热区"理论可以解释窗外世界与现实世界形成强烈反差的原因，但倘若要找出暴力猖獗的根源，则应从历史中寻找答案。在殖民统治和种族隔离时期，南非黑人备受欺凌。特别在法律上，黑人犯罪比白人犯罪遭受的惩罚更重；当黑人被犯罪侵害时，审查却经常不了了之。于是黑人只得选择暴力手段反抗不公正的待遇，由此产生了蔑视法律和权威的传统。1994 年以后，新南非固然建立了平等、宽容的法律体系，但民众如果不幸遭遇歹徒，低效的警察总是难以依靠；即便有幸抓到罪犯，法庭一般只给与其轻微的惩罚，有些犯罪分子甚至利用保释期溜之大吉；再加上平常百姓普遍无力负担昂贵的司法程序，民众自然不愿意信任法治，更倾向于使用暴力手段解决问题。因此，与其说南非人生性崇尚暴力，倒不如说是现实条件下的无奈选择。

（三）限制非国大治理能力的主要因素

不可否认，南非依然是非洲经济最发达的国家，具有相对完善的基础设施条件，并且是世界五大矿产出口国之一。问题在于，在拥有如此多优势条件的情况下，南非的经济增长为何会落后于其他新兴市场？南非的社会经济问题为何迟迟得不到改善？有评论指出储蓄率过低、教育不足、汇率波动、基础设施陈旧等问题是制约南非经济增长的主要因素。但与其他非洲国家相比，南非在这些方面的问题并不突出，有的还具备某些优势。因此，"南非谜题"应从更深的层次去寻找答案。

第一，有限的政策空间。广大贫困黑人是非国大的主要支持者，也是非国大得以长期执政的基石。非国大上台以后，做出改善黑人经济状况的许诺则增加了公众对于工资和社会福利增长的预期。如前所述，过激的工资提高和福利改革却阻碍了经济增长，反过来使民众的预期得不到满足，加剧社会心理的不满和仇视，导致出现更严重的民粹主义倾向的恶性循环。例如祖马来自本国最大的族群祖鲁族，被视为"民粹主义"的代表。在当前严峻的经济形势面前，祖马总统虽然多次表达出经济改革的意愿，但在福利刚性和强工会的压力下，社保改革计划举步维艰，产业保护倾向不断抬头。

第二，畸形的经济结构。在20世纪80年代，南非曾利用黑人劳工的廉价优势成为世界制造业大国，制造业一度占南非GDP总额的40%。但随着工资水平大幅提高，南非的产业结构发生巨大变化，服务业占据GDP的近70%，工业产值则不到30%，其中，矿业产值与制造业产值的比重基本相当。2013年第一季度的统计显示，南非制造业占GDP总额的比重进一步下降到12.6%，南非官方称之为"令人失望的数字"。在贸易领域,南非产业的"去工业化"现象更为突出。目前,南非严重依赖资源和金属出口,这些占到出口总额的30%以上。在缺乏其他具有国际竞争力的出口部门的情况下,南非的贸易逆差现象日益严重,甚至出现贸易逆差与经济增长呈正比关系的不利局面。必须指出的是,占据南非GDP大部分比重的服务业不仅水平较低,而且其中20%以上属于公共服务,因此不具备可贸易条件,这也是导致贸易赤字的主要原因。

第三,不利的国际环境。虽然IMF的报告认为南非经济疲软的主要原因在于国内,但同时也承认对欧洲出口的萎缩将严重影响南非的未来增长。事实上,与中国、印度、巴西等其他金砖国家相比,南非国内市场相对狭小,必然在一定程度上要依赖外部市场。从基础设施、金融服务、产业水平方面考虑,南非可以称得上是非洲8亿人口、2.5万亿美元市场的门户。不过,鉴于非洲一体化进程,甚至是南部非洲一体化进程仍处于起步阶段,因此南非背靠非洲市场的优势尚未体现出来。如今,国际金融危机的阴霾尚未完全消散,加之危机的迟滞效应恶化了金砖国家的国内形势,故对于南非来说,应对国际金融危机的挑战依然任重道远。

◇◇ 小　结

在非国大从干部党向群众党演变的过程中,非国大的关注点从上层人士关心的选举权等政治权利,逐渐扩展到普通民众更为关心的经济权利。非国大产生于议会以外,因而不是资产阶级、地主阶级或者无产阶级等某个阶级的代表,而是殖民地各阶级、各民族共同参加的具有统一战线性质的民族主义政党。新南非成立以后，原本疏离的南非社会通过族群、城乡、阶层等路径实现整合。

革命胜利以后，国家建构成为民族主义政党的首要任务。基于历史文化、民众认同和现实需要等多方因素，民族主义政党往往在新生国家中拥有一家独大的优势。因此，强化执政党制度建设及执政三方联盟之间的关系，避免非国大党内以及执政联盟之间发生大的分裂是巩固非国大执政地位的保障。

"南非模式"的独特性在于在一党独大的情形下，提出权力分享原则。这一选择是着眼于化解种族矛盾，促进民族团结，调动各方积极性，集中力量振兴经济、解决就业、改善民生等迫切挑战，取得了许多方面的成功，不仅有助于促进新南非国内的民族和解，同时也提升了非国大的国际声望和外交能力。

第 五 章

非国大的中等强国战略

中等强国是一个内涵处于变化之中的政治概念。从中世纪的托马斯·阿奎那、乔万尼·波特罗，到近代的阿贝·马布利、卡尔·冯·克劳塞维茨等思想家都对中等强国概念进行过探讨。早期论述普遍把硬实力作为判断国家强弱的单一指标，当一国的国土面积、人口数量、经济和军事实力达到中等规模，就可以被归入中等强国范畴。[①]

◇◇ 第一节　中等强国概念的变迁

现代意义上的中等强国概念源自加拿大。不同于单纯以硬实力归类的传统中等强国概念，新的中等强国理念与加拿大总理兼外长麦肯齐·金提出的"功能原则"（functional principle）密切相关。所谓功能原则，是指国际事务不应完全由大国操纵，而应基于利益攸关、贡献意愿、参与能力分配发言权和决策权。[②] 根据功能原则，国际组织

---

① Carsten Holbraad, *Middle Powers in International Politics*, London：Macmillan, 1984, p. 12.

② 潘迎春：《"中等国家"理论的缘起》，《世界经济与政治论坛》2009 年第 5 期。

的代表权既不能仅限于大国，也没必要扩大到所有国家，而应由一个功能的基准决定。无关国家大小，只要能对解决特定问题做出最大贡献，就承认该国的中等强国资格。

在 1944 年关于联合国安理会的讨论中，麦肯齐·金为中等强国地位奔走呼号，提出"必须采用功能的主张，那些对维护世界和平作出了巨大贡献的国家应当最频繁地入选（联合国安理会）"。① 尽管后来加拿大未能当选第一届安理会非常任理事国，但同为中等强国的澳大利亚成功当选也让加拿大的努力没有白费，并且功能主义范式成功被瑞典、澳大利亚、挪威等中小发达国家所接受，成为第二次世界大战以后指导中等强国外交的基本原则，这足以使加拿大引以为豪。②

除了功能原则，加拿大政府还为中等强国预设了两个基本前提：一是意识形态，加政府认为国际共产主义是对世界和平和人类福祉的最大威胁，中等强国外交有利于加强美国力量，共同抵制共产主义的蔓延；二是发展水平，中等强国通过参与国际组织，帮助后发国家实现发展，消除成员国之间的不公正和不平等。③ 后来，加拿大学者库珀进一步总结指出，中等强国的中心舞台是联合国，工作重点着眼于发展援助、冲突斡旋、环境保护等道义层面。因此，中等强国必须是可以信赖的"国际好公民"，才能维护"人类的全体利益"。④

---

① Mackenzie King, "Functional Representation and the Proposed Security Council", *Canadian Foreign Policy*, August 1944, p. 5.

② 钱皓：《中等强国参与国际事务的路径研究——以加拿大为例》，《世界经济与政治》2007 年第 6 期。

③ Mark Neueld, "Hegemony and Foreign Policy Analysis: The Case of Canada as Middle Power", p. 99.

④ Andrew F. Cooper, *Niche Diplomacy: Middle Power After the Cold War*, London: Macmillan, 1997, p. 7.

　　功能主义的中等强国外交的出现有其深刻的历史根源。第二次世界大战结束后，英法德等传统强国逐渐式微，以欧洲为中心的国际秩序被美苏争霸的冷战格局取代。战前长期受宗主国影响的加拿大、澳大利亚等国从本国利益出发，加入美国主导的西方联盟体系，外交上以美国画线。在冷战的"长和平"状态下，军事实力等硬指标不再具有唯一性，安全议程以外的第二、三议程的作用显著上升。[①] 为弥补战略资源不足的先天缺陷，中等强国乐于从杂乱无章的国际事务中推出切实可行的妥协方案，并最大化地合理利用国际社会的规则、章程、机制和组织程序。[②] 联合国、国际货币基金组织、世界银行、关贸总协定等国际机构成立以后，西方中小国家获得了参与功能议题的平台。

　　不难发现，功能主义设置的两个前提等于把东欧社会主义国家和刚刚赢得民族独立的发展中国家排除在外，具有极大的局限性。墨西哥学者冈萨雷斯主张打破西方中心主义，他从与霸权国的关系出发，把中等强国分成3类：第一类，与霸权国的利益和观点比较一致的中等强国，扮演霸权国代理人或者帮凶的角色；第二类，要求限制霸权的中等强国，是地区革命的代表；第三类，与霸权国既有合作又有冲突的中等强国，力争实现地区自主。[③] 显然，在冈萨雷斯的定义中，

---

　　① 功能主义将国际事务分为三类：第一议程为安全问题，第二议程为经济发展和对外援助，第三议程则包括人权、人类安全、环境保护及健康等领域。Richard A. Higgott and Andrew Fenton Cooper, "Middle Power Leadership and Coalition Building: Australia, the Cairns Group, and the Uruguay Round of Trade Negotiations", *International Organization*, Vol. 44, No. 4, 1990, pp. 589 – 632.
　　② 钱皓：《中等强国参与国际事务的路径研究——以加拿大为例》，《世界经济与政治》2007 年第 6 期。
　　③ G. 冈萨雷斯：《何谓"中等强国"?》，汤小棣译，《国外社会科学》1984 年第 6 期。

加拿大、澳大利亚等国属于第一种类型；民主德国、捷克斯洛伐克等社会主义国家属于第二种类型；埃及、墨西哥、巴基斯坦等国则属于第三种类型。换言之，在冷战环境下，中等强国概念实际存在资本主义与社会主义、发达国家与发展中国家的区别。

随着东欧剧变、苏联解体、冷战终结，苏美两极对峙被打破，全球化进程大大加快，中等强国的东西分野不复存在。与此同时，南北分野却进一步凸显，亚非拉地区涌现出诸如南非、尼日利亚、土耳其等一大批新兴市场国家。尤其是近年来发达国家经济持续不振，新兴市场国家已成为世界经济增长的主力军。西方曾试图通过海利根达姆进程等方式，在维持既有结构和决策方式的基础上纳入新兴国家。①不过，随着国际秩序以及国家间力量对比发生根本性变革，二十国集团（G20）、金砖国家等由新兴市场国家参与的国际机制进入国际社会的中心舞台，新兴市场国家参与地区和国际事务的方式不断增加，影响议题进程的能力显著提升。

在这种情况下，中等强国已然不再是西方富国的专利，功能主义的中等强国定义显得不合时宜：一方面，过于强调功能领域或特殊议题方面的参与和决策，使一些在技术、社会管理方面水平领先的小型发达国家也被归到中等强国的行列，夸大了这些国家在宏观政策上的影响力；另一方面，功能主义的研究视角集中关注联合国框架，忽略在 G20 等其他国际机制中发挥重要影响的新兴市场国家，滞后于国际政治发展的实际。

如果按照冈萨雷斯的定义，新兴中等强国属于中等强国的第三种

---

① 安德鲁·库珀：《海利根达姆进程：结构性重塑与外交性代理》，载安德鲁·库珀、阿加塔·安特科维茨主编《全球治理中的新兴国家：来自海利根达姆进程的经验》，史明涛、马骏等译，上海人民出版社 2009 年版，第 1 页。

类型，即与西方国家既有合作又有矛盾。国内有研究认为，新时期的中等强国至少包含两点要素：一是必须具备较强的实力基础，对资源拥有一定的控制能力，可以凭借自身力量达到对外政策的某些目标；二是能够在国际秩序框架内采取相对独立自主的政策，并对地区和国际事件的发展进程施加相应的影响。① 在突破功能主义的束缚以后，中等强国的内涵与外延进一步扩大，土耳其、印度尼西亚、南非、墨西哥等发展中国家均可被纳入其中。

功能主义中等强国和新兴中等强国之间，既有相似之处又有明显区别。首先，中等强国的工作领域集中在第二和第三议程的全球治理，某些场合也在地缘和利益攸关的安全议题中发挥一定作用。② 由于新兴中等强国主要来自亚非拉国家，在人权、民主、经济自由化等问题上的看法与西方国家存在分歧，因此处理相关问题的立场与功能主义的中等强国具有本质不同。

其次，实力局限决定中等强国主要凭借说服、协商等途径施展影响力，重视多边主义和国际机制是必然的"中等强国特性"（Middle-powermanship）③。随着各种形式的国际组织不断涌现，特别是金砖国家、印巴南论坛（IBSA）等新兴市场国家自己的国际机制的建立，新兴中等强国活动的舞台大大扩展。

最后，在外交目标上，新兴中等强国显然不会像中小发达国家那样做美国霸权秩序的卫道士。战后以来，发展中国家改变不合理国际

---

① 丁工：《中等强国崛起及其对中国外交布局的影响》，《现代国际关系》2011 年第 10 期。

② John Kirton, *Canadian Foreign Policy in a Changing World*, Nelson College Indigenous, 2006, p. 39.

③ Robert Cox, "Middlepowermanship Japan and the Future World Order", *International Journal xliv*, Autumn, 1989, pp. 826 – 827.

秩序的愿望从未改变。过去由于宣示远远多于行动，不结盟运动、77国集团革命被讥讽为"无用的清谈馆"（useless talk shop）。但金砖国家成立新发展银行等一系列务实举措的实施，正在从根本上改变发展中国家对发达国家的经济依赖和政治不平等，国际秩序的改革进程已经开启。

◇ 第二节　南非推行中等强国外交的历史回顾

1910 年，英国将开普省、德瓦士兰省、奥兰治自由邦和纳塔尔省合并为南非联邦，成为英国的自治领。1961 年，南非对内加强种族隔离措施，对外退出英联邦，成立共和国。1994 年，南非举行首次不分种族的大选，曼德拉领导的非国大获胜，组建民族团结政府，白人种族主义统治结束。

一　种族隔离时期（1910—1994 年）

与加拿大、澳大利亚等自治领相似，南非追随英国参加了两次世界大战。进入冷战，南非自认为担负着在非洲土地上保留欧洲文明的责任，与英美国家保持紧密关系，站在资本主义阵营一边。[1] 20 世纪50 年代中期以后，南非加强白人种族主义统治，厉行种族隔离政策，残酷镇压黑人防抗，遭到联合国、英联邦等国际组织的谴责。1961年 4 月，一意孤行的南非政府成立共和国，退出英联邦。

---

[1] 沐涛：《南非对外关系研究》，华东师范大学出版社 2003 年版，第 171 页。

虽然处境空前孤立，但南非依然谋求开展中等强国外交。南非国际事务研究所 1968 年发表题为《南非作为中等强国角色》的报告，提出四大目标：（1）争取国际社会的支持，特别是在南部非洲地区扮演更重要的角色；（2）坚定支持西方阵营；（3）向其他非洲国家提供技术援助；（4）在国际贸易中发挥更大作用。为实现以上四个目标，报告认为南非政府应采取经济、外交、军事、解释本国政策等手段，影响外界对南非种族隔离政策的看法。报告还特别指出基于共同的历史背景、经贸关系和科技合作，"南非人普遍认为与美国人之间有很强的利益纽带"。[①]

在整个冷战时期，南非作为非洲种族主义统治的堡垒，与发达国家保持着或明或暗的联系，共同应对非洲大陆风起云涌的民族解放运动和来自苏联阵营的渗透。即使在制裁时期，美国仍是南非第一大投资来源国和第二大贸易伙伴。[②] 南非没有获得完全的联合国成员资格，并游离于非洲统一组织、英联邦等国际组织之外，但作为非洲最发达的国家，南非凭借实力和战略价值扮演着最传统的中等强国角色，与同时期加拿大、澳大利亚等国的功能主义范式存在根本区别。直到 20 世纪 80 年代末，随着国际局势走向缓和，南非的军事意义大大降低，从而失去了实施传统中等强国外交的余地。

西方国家显然是对南非影响最大的外部力量。在殖民统治时期，非洲被完全纳入资本主义世界体系，受到来自西方政治、经济、文化等方面的全覆盖影响。殖民地社会运动逐渐演化为民族主义政党，但早期的民族主义政党通常是温和的。第一次世界大战以后，受到民族

---

① Jan Smuts House, *South Africa's Role as a "Middle Power"*, A Report Compiled by Members of the Pretoria Branch of the South African Institute of International Affairs, June 1968.
② 杨立华：《列国志·南非》，社会科学文献出版社 2010 年版，第 560 页。

自决原则和社会主义革命的鼓舞。白人统治面临严峻的合法性问题，即殖民统治无法代表被统治的非洲人，成为民族主义政党与种族主义政府无法调和的矛盾。

西方关于非洲国家认识的基本特征在于：第一，相信自己在非洲发展问题上有不可推卸的责任，西方必须对非洲道路的选择施加影响；第二，认为非洲治理体系落后是制约发展的症结所在，因此将把良治作为外交承认、经济援助等支持的前提；第三，按照西方标准，把良治等同于多党制、议会制以及经济私有化，无视非洲本身的传统秩序和制度；第四，维护西方跨国公司、白人侨民和后裔的既得利益，想方设法阻止新兴民族国家制定有损跨国公司、白人侨民和后裔等殖民时期既得利益群体的利益；第五，二元化思维，对于与西方合作的非洲国家给予优厚对待，对于不被西方喜欢的非洲国家则采取妖魔化、制裁乃至颠覆的手段。

由于欧美国家对南非白人政府采取纵容和默许态度，非国大于第二次世界大战以后开始接受苏联援助。不过，苏联同时还与泛非大、因卡塔等其他黑人政党有交往，与非国大之间的关系不应被高估。并且由于无论是苏联援助民族之矛的装备水平，还是介入安哥拉内战的程度，都远没有达到威胁南非白人政权的水平，所以不应高估苏联对南非政治转型的影响。

苏联对非国大的支持是基于其全球战略的考虑，正如苏共总书记勃列日涅夫所说的："我们的目标是控制西方所依赖的两大宝藏——波斯湾的能源宝藏和中南非的矿产宝藏。"据俄方公布的数据，民族之矛成立后，苏联为非国大和共产党培训的军事人员共计1501人，占据民族之矛总数的20%以上。苏联向非国大提供的武器援助基本都是适宜游击战的轻武器，包括自动步枪、导弹发射器、反坦克火箭发射器、迫击炮等。按援助款计算，苏联给予的军事装备和技术援助总额约为 6100 万卢布。美国估计非国大 60% 的财政援助、90% 的武器援助以及军事培训来自苏联、东德等社会主义阵营国家。曼德拉执政后仍宣称不会忘记老朋友。南非总统姆贝基也曾公开表示苏联援助是不可或缺的。

苏东剧变以后，多数非洲一党制国家失去了继续进行社会主义建设的精神力量和物质支持，在西方国家压力下，出现了所谓多党制和民主化的第三波。但从地区范围来看，民族主义政党并没有因此灰飞烟灭，其中的大多数在短暂失去权力后重新占据执政地位，一党主导的民主政治模式构成非洲地区政治的主流。非国大的外部支持因苏东剧变而大幅减少，在谈判中并没有多少回旋的筹码。由于种族隔离政权与西方有千丝万缕的关系，同时西方又把种族隔离政权作为制裁对象，这种微妙的关系决定了非国大掌权以后必须同西方发达国家保持相当的合作和忍让的态度，但即使这样，也不能得到西方的全力支援。

二 曼德拉时期（1994—1999 年）

1994 年，曼德拉当选总统，针对种族隔离政策的国际制裁彻底解除，南非重新回到国际社会的怀抱。此时的南非似乎具备成为中等强国的天然条件：一是拥有在非洲一枝独秀的发展水平，国土面积居非洲第九，人口居非洲第五，经济总量、资源禀赋等均处于地区和世界前列；二是有参与国际事务的较强意愿，活跃于联合国、世贸组织、非盟、南部非洲发展共同体等多层次国际机制；三是具有完善的交通、通信、金融、法律等软硬件基础设施条件，发展态势良好。基于以上因素，有学者甚至认为南非应归为新兴大国的行列。①

然而事实并非想象那般顺利。白人种族主义统治虽然瓦解，但族群紧张关系不可能短时间内解除。纵观整个曼德拉政府时期，纠正历史不公、促进族群和解是其主要任务。外交是内政的反映，重回国际社会的南非相对于其他发展中国家更加注重功能原则，以推进国际社会的人权、民主事业为己任。

1995 年 11 月，尼日利亚处决反政府人士肯萨洛维瓦（Ken Saro Wiwa），南非予以强烈谴责，并号召国际社会制裁尼日利亚。然而，南非的呼吁却因过于接近西方立场而遭到非洲国家冷遇。1998 年，刚果（金）内战重启，津巴布韦、安哥拉、卢旺达、乌干达等邻国均卷入战争。时任南部非洲发展共同体主席国的南非，虽然多次主持召开成员国首脑会议，但在派兵问题上与津巴布韦、安哥拉等国发生分歧，致使曼德拉的斡旋工作收效有限。

当然，新南非不可能完全倒向欧美国家。在曼德拉提出的"外交六原则"中，除了人权、民主、非暴力等价值诉求外，还提及把非洲作为政策优先。曼德拉领导的非国大执政以后，继续发展与古巴、利比亚、伊朗等所谓"流氓国家"的友好联系，引起美国等西方国家的不满。在曼德拉政府晚期，南非正式与中华人民共和国建交，彻底转变了白人统治时期顽固敌视中国大陆的外交政策。因此，尽管曼德拉将人权、民主放到外交议程的首位，但价值观推广并非南非外交的全部，更不能视之为"西方的傀儡"。

---

① 张忠祥：《新兴大国南非外交战略评析》，《西亚非洲》2009 年第 6 期。

三　姆贝基、祖马时期（2000—2019 年）

姆贝基、祖马担任总统期间，南非力图成为"领导性的新兴中等强国"（Leading Emerging Middle Power），首先表现在主导非洲地区经济合作议程上。2001 年，南非与尼日利亚、阿尔及利亚共同提出"非洲发展新伙伴计划"（NEPAD），旨在解决非洲面临的贫困、边缘化等问题，这是第一个由非洲国家自主制定的规划本地区政治、经济和社会发展目标的蓝图。2015 年 6 月 11 日，南非努力数年的非洲区域经济合作获得重大突破，南部非洲发展共同体（SADC）、东非共同体（EAC）、东南非共同市场（COMESA）三方整合，成立一个涵盖26 个国家、超过 5 亿人口、产值达到 1 万亿美元的单一自贸区。

处理地区政治、安全事务时，南非一改曼德拉政府时期单边推行价值观的做法，转而采取务实低调的外交路线，努力维护非洲国家团结。2000 年，津巴布韦出现退伍军人强占白人农场事件，引发长时间的暴力冲突。南非是津巴布韦邻国和南部非洲大国，西方国家曾寄望姆贝基政府采取强硬手段向津施压。姆贝基从道义出发，一方面公开支持津巴布韦继续土地改革进程，声援当地黑人获得土地的愿望；另一方面推行"静悄悄的外交"，用温和手段引导有关各方开展对话，促进和解。

2015 年 6 月 14 日，非洲峰会在南非约翰内斯堡召开。会上通过的《2063 议程》提出建设非洲的七大愿景：（1）一个基于包容增长和可持续发展的繁荣非洲；（2）一个基于泛非主义的政治团结的整体大陆；（3）一个良治、民主、尊重人权、正义和法治的非洲；（4）一个和平与安全的非洲；（5）一个具有牢固文化认同、价值和族群的非洲；

（6）一个人民主导发展，特别是依赖女性和青年潜力的非洲；（7）作为强大而有影响力的全球参与者和伙伴。《2063 议程》既勾勒出非洲大陆的发展框架，也预示南非外交未来的努力方向。

在全球治理方面，南非注重与新兴市场国家之间的协调与合作，维护发展中国家特别是非洲国家的权益。2003 年 6 月，印度、巴西和南非三国成立印巴南（IBSA）对话论坛，这是新兴市场国家建立定期会晤机制的较早尝试。2008 年金融危机以后，发达国家主导国际事务的能力和意愿都大大下降，在多哈回合谈判、全球气候大会等场合企图向发展中国家推卸责任，促使中国、印度、巴西、南非等结成"基础四国"（BASIC），共同抵制发达国家不负责任的行为。2009 年，中国、俄罗斯、印度、巴西建立金砖国家峰会机制。2010 年，南非获准加入金砖国家。作为各自区域的新兴国家代表，金砖国家在 IMF 改革、多哈回合谈判、气候问题等国际议题上相互配合，有利于提升非西方世界的话语权，维护发展中国家利益。

值得一提的是，在 2007—2008 年、2011—2012 年南非两次当选联合国安理会非常任理事国，是南非中等强国外交的重要里程碑。两次担任非常任理事国期间，南非从维护国家主权的角度出发，多次投票反对西方国家制裁津巴布韦、叙利亚等国的提案，这与曼德拉时期的立场迥然相异。在联合国安理会改革议题上，提高非洲地区代表性的建议得到了世界范围内的广泛认同，南非则被认为是未来安理会常任理事国的热门候选国之一。

回顾历史，不难发现南非的地区领袖之路其实并不平坦。无论在种族隔离时期还是新南非初期，南非的外交立场总是与西方国家相近。不过，地理位置决定南非只能是一个非洲国家，而不是欧美国家，一个"白人国家的领导人"充当非洲领袖的意图自然遭到邻国的猜疑和防范。曼德拉的挫折使其后继者认识到，"追随"（followship）是"领导"（leadership）的基础，只有接非洲地气，依靠非洲国家，南非才能真正成为有地区影响力的中等强国。

四　拉马福萨政府时期（2019 年至今）

鉴于拉马福萨现阶段在党内和国内政治中采取混合政策，其外交政策也将趋于谨慎，主要调整祖马时期的某些争议做法，以实用主义取代选边站队。具体来说，拉马福萨政府将努力改善与发达国家的关系，更注重非洲区域合作、金砖国家合作、南南合作的经济价值。

第一，拉马福萨政府与西方国家的关系出现明显改善。白人统治的南非长期是西方阵营的一员，非国大执政以后，以非洲地区合作与南南合作为支柱的南非自主外交引起西方国家的不满。例如南非在担任非常任理事国期间，多次对西方国家提出的人权提案投弃权票甚至反对，使西方国家担忧南非发生"立场上的倒退"。[①] 2014 年 9 月，南非政府第三次拒绝达赖的签证申请，导致英国首相卡梅伦拒绝会见访英的南非总统祖马，此举是西方国家对南非施压的最直接体现。[②]由于拉马福萨政治立场上的务实态度，以及本人在担任公职以前与国际资本的密切联系，西方舆论普遍期待南非将在后祖马时代实现与西

---

　　① 笔者访问南非期间，参加奥地利驻南非大使组织的研讨会，奥地利大使在会上对南非外交的"偏向中国"（Drift to China）表示忧虑。

　　② "祖马突然取消对英国正式访问 不满遭卡梅伦冷落"，《环球时报》2014 年 10 月 27 日，http://world.people.com.cn/n/2014/1027/c1002 - 25912467.html。

方关系的反弹。① 正因如此，拉马福萨在 2018 年 4 月出席英联邦首脑会议期间，获得英国的高规格接待，与祖马时期的冷淡大相径庭。此外，拉马福萨还在 G7 拓展峰会期间与加拿大、德国等西方国家首脑进行会面，推介南非"吸引 1000 亿外资"计划，欢迎西方资本对南非进行投资。

值得注意的是，南非与美国的关系改善受阻。首先，南非是多边贸易体系的坚定支持者，反对美国公然藐视 WTO 规则。2017 年 12 月，WTO 召开第 11 届部长级会议（M11）。美国以 1 敌 163 的架势阻挠农业谈判达成任何形式的协议或计划，使其在国际经贸领域陷入空前对立。在维护多边贸易体系和 WTO 规则的问题上，南非对美立场予以坚决反对。其次，南非也是美国贸易保护主义的受害者。2018 年 3 月 9 日，特朗普正式签署命令，对所有进口的钢铁和铝加征 25% 和 10% 的关税，虽然中国被视为该措施的主要受害者，但印度、俄罗斯、南非也被列入加征关税的行列。换言之，除了与美国有特殊关系的巴西，金砖国家和绝大多数发展中国家都成为美国贸易制裁的对象。南非曾试图成为钢铝关税的豁免国，但遭到美国拒绝。最后，特朗普拒绝履行协定的行为甚至蔓延到了非洲地区，南非对此深感不安和失望。2018 年 4 月 25 日，美国政府借口卢旺达二手服装的关税壁垒过高，宣布终止卢旺达在《非洲增长与机遇法案》（AGOA）下所享受的零关税待遇 60 天。南非担心美国单纯从利益角度考虑美非经贸关系，成为美国转变对非贸易援助政策的开始。

第二，南非在推动非洲一体化问题上趋于保守。2008 年，南非

---

① John Campbell, "Renewing U. S. - South Africa Relations Under President Ramaphosa", https: //www. cfr. org/blog/renewing - us - south - africa - relations - under - president - ramaphosa.

力推的南部非洲发展共同体（SADC）、东非共同体（EAC）、东南非共同市场（COMESA）三方整合成为单一自贸区。2015 年，在南非举行的非盟峰会进一步提出建立覆盖整个非洲的大陆自由贸易区（CFTA）。2018 年 3 月，祖马积极推动的 CFTA 成立。拉马福萨虽然赞扬 CFTA 成立的重要意义，但是以需要国内批准程序为由，暂缓进行签字。南非参与 CFTA 的阻力其实来源于国内工会组织，南非工会大会认为 CFTA 的劳工标准太低，有损南非工人的利益。

第三，南非对金砖合作的态度更加务实。在实力不断衰退的背景下，南非更多将经济利益作为外交的首要诉求，与新兴经济体发生贸易摩擦的概率增大。从贸易结构看，南非出口主要依赖矿产品、贱金属、珠宝贵金属等资源类产品，从中国等国进口的则是机械设备、纺织品等制成品，这是由资源禀赋决定的互补性贸易。但南非方面不希望只处于原料提供者的地位，特别是来自中国、印度等新兴国家的廉价制成品对本土工业构成巨大挑战，自然会引起南非国内关于就业和去工业化形势的担忧。由于国际资源能源价格持续不振，南非的贸易形势趋于恶化，对中国等新兴经济体的赤字可能进一步扩大，双方出现贸易摩擦的风险大增。

2018 年第 10 届金砖峰会在南非举行，本次会议的主题是"工业化 2.0 时代如何促进金砖国家合作"，其他议题还有成立疫苗研究平台、金砖维和小组以及金砖性别论坛。可以发现，此次峰会反映出南非对金砖合作的态度更加具体和务实。在约翰内斯堡峰会上，南非的既定目标取得一定进展：在创新发展上，金砖国家确立将在互联网、数字经济、生物医药、现代农业等方面加强机制化合作；在贸易与投资上，中国承诺扩大对南非的投资和进口，南非关注的两大问题——吸引外资和贸易赤字都得到积极回应；在地区引领上，南非作为金砖国家与非洲大陆的桥梁，邀请部分非洲国家参加本次峰会的扩大会议；在全球治理体系改革上，金砖国家承诺将协调五国在多边贸易体系中的谈判立场。

从中国角度来看，应客观理性地看待在南非经贸政策的调整，加强两国在金砖国家框架下的合作。早在金砖国家机制成立以前，中国、南非和其他新兴国家在多哈回合就已经实现紧密的合作。在美欧贸易保护主义政策愈演愈烈的背景下，金砖国家应该及早与包括欧盟、日本在内希望维护多边贸易体系的国家进行协调，做好 WTO 出现瘫痪的应急预案，以及从长远对 WTO 组织进行改革的设计。在双边贸易问题上，认真解决双边关注贸易问题。拉马福萨政府将经济利益作为外交的首要诉求，南非希望扩大对华出口的商品种类，扭转本国赤字不断扩大的趋势。中国需注意南非的利益诉求，坚持"多与少取、先予后取"。具体可考虑启动双边或金砖合作框架下的贸易援助进程，减少贸易赤字，促进非洲的经济发展。

在南非可能出现的激进改革问题上，中国既要尊重又要重视。纳入宪法修正案的土地征收已是箭在弦上，由于南非白人地主与欧美国家有着千丝万缕的联系，新政府很难在推动土地征收的同时，继续维持与西方的蜜月关系。土地改革对中国的直接影响并不大，但南非的土地制度变化和可能产生的经济波动可能对中国投资造成巨大影响。中国可根据土地改革的进展情况，为非国大政府提供相应的金融支持，减少改革波动带来的负面影响，维护中国在南非的投资利益。

◇ 第三节　南非中等强国外交的表现

一　2020 年南非关于安理会改革的目标与策略

2020 年是签署《联合国宪章》暨联合国成立 75 周年。南非在 2019—2020 年第三次担任安理会非常任理事国，并且在 2020 年担任非盟轮值主席国。在这一背景下，南非常驻联合国代表杰里·马吉拉大使于 2020 年 1 月 9 日，在安理会做了以 "维护《联合国宪章》" 为主题的发言，明确要求安理会改革应重视非洲国家的代表性，反映出南非意图引领非洲国家参与 2020 年安理会改革问题的政府间谈判。

南非关于安理会改革的基本目标。南非主张改革安理会是维护《联合国宪章》精神的最佳途径。《联合国宪章》的价值观仍然具有现实意义，但今天的世界与 75 年前签署宪章时大不相同，与 47 年前宪章修改时也有很多差异，当前的安理会结构不能全面反映全球变化和有效发挥作用。因此，各国应在维护宪章价值观的基础上对联合国进行必要改革，增加非洲国家等发展中国家参与决策的数量，以确保包括安理会在内的所有联合国机构更具代表性。南非总统拉马福萨在 2019 年 9 月的一次外交工作会议上，明确提出要 "坚持恩祖韦尼共识，积极推进 2020 年联合国改革议程"。"恩祖韦尼共识" 于 2005 年提出，旨在要求非洲国家采取共同立场，共同提升非洲地区在联合国中的发言权和代表性。

值得注意的是，恩祖韦尼共识仅对非洲国家的立场做了总体要求，而缺乏具体的实施细节，特别缺少一旦联合国安理会改革成为现

实，非洲国家中应该如何对安理会席位进行分配的方案。因此，根据
"恩祖韦尼共识"的精神，南非将安理会改革的非洲共同立场细分为
四个方面的基本目标。

第一，大幅扩大安理会的规模。安理会的常任理事国和非常任理
事国的席位应从 15 个增加到 26 个，以保证各地区获得充分代表性。

第二，保留并扩展否决权。如果安理会现有五个常任理事国继续
保留否决权，那么否决权应扩大到新加入的常任理事国。

第三，增加两个非洲国家作为常任理事国。非洲的充分代表性意
味着非洲大陆应获得不少于两个安理会常任理事国席位，初步设想由
南非和尼日利亚分别担任。

第四，增加两个非洲国家作为非常任理事国。非洲地区的非常任
理事国席位应从三个增加到五个，五个非常任理事国分别由中非国家
经济共同体（ECCAS）、西非国家经济共同体（ECOWAS）、南部非
洲发展共同体（SADC）、东非共同体（EAC）以及北非的阿拉伯国家
选出各自代表担任。

当然，以上四个目标是南非参与政府间谈判的最理想结果。如果
非洲地区最终只获得一个常任理事国席位，那么南非将面临来自尼日
利亚（可能还有埃及）的竞争，南非对此有着清醒的认识，不过，在
安理会改革进程尚不明朗的情况下，南非在政府间谈判的优先目标仍
是维护非洲团结，把非洲内部的权力之争放在相对次要的位置。

南非维护非洲共同立场的策略。围绕安理会改革问题，非洲地区
分化成了不同国家、区域进行相互竞争，例如南非与尼日利亚、英语
非洲与法语非洲、北非与撒哈拉以南非洲等等。南非是南部非洲发展
共同体的主导国家，南部非洲发展共同体在非盟、安理会等国际场合
的非常任理事国选举中积极支持南非，因此也是南非谋取常任理事国

席位的主要依靠对象。此外，东非、中非的英语国家和斯瓦希里语国家与南非关系较为密切，也是南非重点拉拢的对象。因此，南非协调非洲国家政策立场的次序依次从南部非洲到东非、中非，再到西非、北非。

坚持恩祖韦尼共识、协调非洲共同立场的主要目的在于集中非洲国家的投票。由于安理会改革需获得联合国 2/3 会员国，也就是 129 个国家的支持，非洲有 54 个联合国会员国，占通过改革安理会决议所需票数的 42%。换言之，非洲国家有能力成为决定安理会改革走向的"造王者"，并在改革框架和实施细则上施加一定的影响力。不过，从 2005 年安理会改革失败的经验来看，恩祖韦尼共识追求在国家数量、否决权使用等方面采取"最大化原则"，过高的目标设置某种程度上阻碍了改革进程。这使得南非一些官员甚至怀疑，恩祖韦尼共识或许是肯尼亚、埃塞俄比亚、乌干达、加纳、科特迪瓦等"咖啡俱乐部"国家拖延安理会改革的手段，因为这些国家没有机会得到常任理事国席位，但又不希望南非、尼日利亚顺利入常，于是通过共同立场的方式缩小南非等国参与政府间谈判的回旋余地。

为了避免非洲国家在安理会改革进程中出现分裂，同时减小非洲共同立场的消极和束缚作用，南非试图使其他非洲国家接受修改后的恩祖韦尼共识。南非主张非洲国家不能像过去那样简单重复固定立场，而应通过非洲外交部部长会议来审查恩祖韦尼共识的适用性和可行性。如有必要，非洲国家可以在安理会席位以及新常任理事国否决权等问题上做出妥协。修改恩祖韦尼共识的设想仍处于初级阶段，获得 54 个国家的支持、避免非洲共同立场出现分裂，将成为南非未来协调非洲内部关系的主要挑战。

南非寻求外部支持的策略。南非在政府间谈判中将着重寻求两个方面的支持，一方面是中国、俄罗斯。一般认为，在安理会五个常任理事国中，美国、法国、英国对安理会改革的态度较为积极，中国、俄罗斯的态度较为消极。但考虑到俄罗斯、中国和南非都是金砖国家的成员，金砖国家已多次表达支持南非在联合国发挥更大作用的愿望，因此在政府间谈判中，南非将着重与中俄进行政策协调，以期从中俄获得更多改革联合国安理会的实际支持。另一方面，四国集团是争取安理会改革最积极的国家，也是与非洲国家政策协调力度最大的国家。在 2019 年第七届东京非洲发展国际会议上，日本明确宣布完全支持恩祖韦尼共识，致力于推动至少包含两个非洲国家作为联合国安理会常任理事国的改革方案。印度也明确提出将非洲作为安理会改革的"最优先伙伴"，在四国集团改革方案难以推进的情况下，优先推动联合国就非洲共同立场进行表决。

与此同时，德国方面对实现恩祖韦尼共识的前景很不乐观，与南非探讨调整乃至放弃非洲共同立场的可能。德国认为恩祖韦尼共识中的两个非洲国家席位和扩大否决权的要求在短期内不可能实现，劝说南非接受"新常任理事国不立即获得否决权"的策略，或者放弃非洲共同立场并与四国集团建立更强有力的联盟。南非担心转变立场不利于维护其非洲领导者的形象，并面临失去 54 张非洲选票的风险，因此明确宣称将抵制其他国家和利益集团的诱惑。不过，在捍卫非洲共同立场的前提下，南非愿意与德国等相关国家探索改革恩祖韦尼共识的具体方式，例如有条件放弃否决权等。

南非推动政府间谈判的主要担心。第一，南非对特朗普政府的态度感到担忧。特朗普政府上台以后，对非援助和其他对非政策的态度非常消极，美非关系与奥巴马政府时期相比明显倒退。加上特朗普政府一贯奉行单边主义，多次威胁退出联合国，南非担心在推动联合国改革的政府间谈判中，美国将成为非洲共同立场的最大障碍。

第二，南非对金砖国家可能的内部分歧感到担忧。毫无疑问，南非将获得其他四个金砖国家的支持，但其他四国之间却存在一定程度的分歧。中国至今没有明确表达对印度入常的支持，巴西与俄罗斯在委内瑞拉等问题上存在严重分歧，这些分歧可能最终影响到金砖国家之间建立政府间谈判联盟，进而成为南非推进安理会改革的潜在阻碍因素。

第三，南非担心如果 2020 年安理会改革没有出现实质性推进，非洲内部的激进主张将威胁南非的地区引领地位。2016 年 10 月，在埃及沙姆沙伊赫举行的泛非议会全体会议上，首次出现了"非洲退出"（Afrexit）的呼声。按照"非洲退出"运动的要求，安理会等联合国机构必须在 2023 年前实现改革，否则非洲国家将集体退出联合国。非洲退出尽管短期内不会出现，但随着时间的推移，这一运动将对南非的地区领导地位构成政治和舆论的威胁。

二　金砖银行非洲区域中心的经验

金砖国家新开发银行（以下简称"金砖银行"）由中国、印度、俄罗斯、巴西和南非五个金砖国家共同发起成立。与其他多边银行不同，金砖银行致力于探索一种地区平衡的发展模式。在出资比例上，金砖国家平均分摊 500 亿美元的初始资本，五国享有平等的投票权。在人员分配上，金砖银行的行长、理事会主席、董事会主席分别来自印度、俄罗斯、巴西，这些职位的副手也在五国之间均衡分配。在机构设置上，金砖银行总部设在中国上海，非洲区域中心设在南非比勒陀利亚。2019 年 11 月 14 日发布的《巴西利亚宣言》进一步提出，金砖银行还将"在巴西圣保罗设立美洲区域办公室、在巴西利亚成立分办公室，并期待 2020 年俄罗斯、印度两个区域办公室开业"。非洲区域中心于 2017 年 8 月正式开业，这是金砖银行区域化战略的首次尝试。探索非洲区域中心的发展经验，无疑会给该行在其他地区的建设带来重要启示。

金砖银行在非洲的起步并不轻松，非洲区域中心的筹建一度因南非国内政治变动而陷入停滞。众所周知，金砖五国财政部是金砖银行的共同设计者，南非财政部更是非洲区域中心建设的主导机构。2015 年 12 月 9 日，时任南非总统祖马突然宣布撤销财长内内的职务，理由是"内内将成为金砖银行非洲区域中心主任的候选"。由于继任财长的范鲁延缺少财政经验，导致剧烈的金融动荡，迫使祖马于四天后撤换范鲁延，由戈尔丹接替。然而好景不长，祖马在 2017 年 3 月又将戈尔丹撤职，南非经济随后再次出现技术性衰退。南非财长频繁易人不仅延缓非洲区域中心的建设进度，还给该国带来经济波动、主权信用降级等问题，进而影响到金砖银行的出资和评级。

在经历一系列波折之后，在 2017 年 8 月 17 日举办的第 37 届南部非洲发展共同体首脑会议上，南非政府正式启动金砖银行非洲区域中心，中心选址在南非行政首都比勒陀利亚。该中心扮演金砖银行在非洲业务的支持角色，有助于提高项目识别、项目协调、项目贷款、项目监督的效率。非洲区域中心在启动仪式上承诺加快在南非项目的确定、筹备和实施，计划 18 个月内为南非批准 15 亿美元贷款，用于基础设施建设、能源、供水和区域合作等领域。

2016 年至 2017 年，在非洲区域中心成立前的一年多时间里，南非仅获得一项价值 1.8 亿美元的可再生能源发电项目贷款。2018 年，南非获得两项价值 5 亿美元的贷款，分别用于基础设施和能源领域。

2019 年 3 月，南非获得三项价值 7.8 亿美元的贷款，分别用于电力、水利和可再生能源等方面。2019 年 9 月，金砖银行向南非发放第 7 笔贷款，价值 70 亿兰特（约合 4.8 亿美元），用于基础设施建设，这也是金砖银行首次以南非本国货币发放贷款（见表 5—1）。

表 5—1　　　　　　　　　南非获得金砖银行贷款情况

	项目名称	贷款金额	借款人	项目细节	批准时间
1	输电网络的建设项目	1.8 亿美元	南非国家电力公司（ESKOM）	将 670 兆瓦可再生能源发电接入电网	2016.4
2	德班港口扩建项目	2 亿美元	南非国有运输公司（Transnet）	集装箱码头泊位改造	2018.5
3	可再生能源发展项目	3 亿美元	南非开发银行（DB-SA）	转贷给可再生能源子项目	2018.7
4	Medupi 热电厂环保项目	4.8 亿美元	南非国家电力公司（ESKOM）	4800 兆瓦烟气脱硫设备的改造	2019.3
5	莱索托高原水利工程二期项目	2.2 亿美元	南非跨卡尔顿水利隧道管理局（TCTA）	增加瓦尔河流域的供水	2019.3
6	可再生能源发展项目	0.8 亿美元	南非工业发展公司（IDC）	转贷给可再生能源子项目	2019.3
7	收费国道改善项目	70 亿兰特	南非国家公路局	修复和扩展国家现有收费公路路段	2019.9

从实际运行情况来看，非洲区域中心基本完成了启动时设定的目标。一是在金额上，南非获取金砖银行贷款从非洲区域中心成立前的 1.8 亿美元，增加到成立后的 17.6 亿美元；二是在时效上，非洲区域中心改善以往存在的前置时间长、审批手续多等问题，所有贷款都在 6 个月期限内获得批准；三是在领域上，项目涉及可再生能源、交通、水利等多个领域，基本体现了金砖银行致力于绿色可持续发展的

宗旨；四是在货币上，南非兰特成为继人民币以后第二个进行募资和放贷的金砖国家本币，降低了南非借款人的汇率风险，达到了减少对美元依赖的战略目标。

对金砖银行来说，总部上海与南非相距甚远，设立非洲区域中心有助于推进和扩展在非洲的业务，更重要的是，有利于加强与非洲地区各行为体的沟通，构建更广泛的伙伴关系。

第一，与已有项目实现相互配合。实现《2030 年可持续发展议程》《非盟 2063 年议程》《亚的斯亚贝巴发展筹资行动议程》《巴黎气候变化协定》等发展议程，是金砖银行和世界银行、非洲开发银行等机构的共同目标。金砖银行可通过非洲区域中心，加强与世界银行、非洲开发银行的协调和共同融资，促进非洲区域经济融合，提升非洲工业化发展水平，帮助非洲实现可持续发展。

第二，与南非政策法规实现有效对接。由于金砖五国政治、经济、文化等背景差异很大，各国的政策法规也有很大的不同，设立区域中心有助于尽快掌握本地知识，按照本地的政策和法规推进项目建设。从 2015 年开始，南非财政部开始面向全国招聘非洲区域中心主任，以及项目融资、风险管理、法律咨询、行政、人力资源等方面的人才。无论是高级技术专家还是年轻初级工作者，南非都采取尽量使用本地人才的原则，促进项目的落地实施。

第三，与南非社会团体实现及时沟通。金砖银行在非项目推进需要对南非民间进行有效的政策解释，非洲区域中心是承担这一工作的最佳选择。非洲区域中心定期与企业高管、智库、民间组织等社会团体开展对话，及时加强双方的沟通和协商，同时向金砖银行总部传递信息，共同克服项目推进过程中面临的种种问题，构建更加公平和高效的合作关系。不过，根据世界银行《非洲脉搏》的估计，撒哈拉以南非洲地区每年的基础设施需求超过 930 亿美元，这些需求的大部分将由公共部门、发展金融机构和多边银行提供资金，私人资本仍有很大的挖掘空间。

第四，与其他非洲国家实现经常性接触。由于金砖国家峰会采取轮流举办的形式，金砖国家与非洲国家的对话会每五年才能举行一次，五年间隔对金砖银行这样的开发性金融机构来说显然有些太长。非洲区域中心可以借助地理优势，实现与非洲国家的经常性接触，同时按照贷款项目的要求，灵活吸收其他非洲国家的加入，既不影响金砖银行整体的治理结构，又扩大与非洲国家之间的互动。

对南非来说，设立非洲区域中心是对南非新兴大国身份的再确认，有利于进一步巩固南非在非洲一体化合作中的引领地位，同时为本国的经济发展带来更多机会。

一是提升能力和地位。非洲区域中心面向非洲发展中国家提供基础设施和可持续发展方面的融资项目，提供相对于 IMF、世界银行等传统国际金融机构更为便捷的贷款，有利于发展中国家摆脱完全依赖发达国家贷款的被动局面。尽管金砖银行无意挑战和替代现有国际体系，但仍希望通过设置新的开发性金融机构及其区域分支的方式，倒逼传统国际金融机构加快改革，提升新兴经济体和发展中国家的权利和地位。

二是降低融资成本。2019 年，中国的信用评级为 A＋；俄罗斯和印度为 BBB－，刚刚达到投资级；巴西和南非为 BB＋，为垃圾级；金砖五国的加权平均值是 BBB－。金砖银行 2018 年获得标准普尔和惠誉的 AA＋评级，2019 年 8 月又获得日本信用评级机构的 AAA 国际信用评级，明显高于金砖国家评级的平均水平。较高的信用评级能够以相对低廉的成本从债券市场筹集资金，并以低于主权借款人自身所能获得的利率继续放贷。因此，非洲区域中心可以为南非使用本币发放债券、贷款提供担保，以更低廉的成本进行本地融资和吸引外资，并减少汇率风险。

三是促进区域经济一体化。2018 年非洲区域内贸易额仅占非洲地区贸易总额的 17%，远低于欧洲的 69%、亚洲的 59%。设立非洲区域中心有助于增加给予非洲国家的贷款，促进非洲地区工业化和经济一体化。虽然在经济不景气的背景下，南非部分人怀疑向其他非洲发展中国家提供贷款是否明智，但主流观点仍然认为只有改善交通、电力等基础设施，才能为非洲产业集群和区域大市场的产生创造条件，最终使南非自身获益。

总之，非洲区域中心是连接金砖银行总部、南非国内以及非洲地区相关主体的桥梁。一方面，非洲区域中心由南非财政部筹建，受到南非政府和社会的监督；另一方面，作为金砖银行的分支机构，非洲区域中心承担总部分配的任务，做好非洲区域项目的协调和实施工作。

尽管非洲区域中心的筹建一波三折，建设过程中也暴露出一些问题，但经过短短两年的探索和发展，非洲区域中心的功能作用不断扩展，取得的成就有目共睹。这些为金砖银行区域化战略的推进提供了宝贵经验和改进方向。

第一，降低不必要的东道国干预。南非是金砖银行区域化的主要支持者，在筹建时期便提出给予非洲区域中心更大的自主权。然而，南非财长更迭风波却反映出，东道国过多参与区域中心建设可能带来不可预料的政治风险，进而拖延区域中心的建设。为避免再次发生上述风险，金砖银行应细化区域中心相关制度，明确区域中心的职能范围和东道国的参与权限，坚持金砖银行总部的统一决策和管理。

第二，区域中心扩员主要是借款人的增加。金砖银行采取五国平权的治理体系，五国既是出资人又是借款人。按照金砖银行总部与非洲区域中心的关系结构，金砖银行新增的出资人将资本提交给银行总部，再由银行总部向区域中心发放贷款。金砖银行扩员包括出资人和借款人增加两个方面。对银行总部，扩员主要针对出资人，例如 G20 成员国、地区大国、发达经济体等。对区域中心来说，扩员主要是借款人的增加，不会对东道国的地区代表性及其在银行总部中的权力分配产生影响。

第三，区域中心在公私伙伴关系等社会功能方面应发挥更大作用。金砖银行通过基础设施投资，促进经济增长、减少贫困和不平等，但也可能使民众产生对环保、劳工、透明度等问题的担忧。对此，区域中心可借助对话会、听证会等方式，提高政府官员、议会成员、公民社会和私营部门对项目的认识和支持，共同参与环境和劳工标准、透明度和问责制度、公私伙伴关系框架等的制定。金砖银行的贷款活动最初主要面向政府和国有企业，2018 年以后，金砖银行将范围扩大至私人企业领域。由于缺少主权担保，金砖银行对私人企业的贷款项目仍很谨慎，这就要求区域中心在构建公私伙伴关系框架和项目准备方面发挥更大作用。

第四，区域中心应扩大领域范围，提出更具前瞻性的项目规划。金砖银行的主要关注点在绿色发展和基础设施两个方面，但未能对最近两届金砖峰会提出的技术变革议题做出有效回应。2018 年南非约翰内斯堡峰会提出构建"第四代新工业革命伙伴关系"，2019 年巴西利亚峰会也将重点放在数字经济、科技创新等领域。区域中心可根据本地区的发展现状，为人工智能、大数据、量子信息、生物技术等重点产业领域的项目搭建平台，加强五国在高新技术领域的合作，助力金砖国家在新一轮科技革命和产业变革中实现互利共赢。

第五，区域中心应从"知识聚集"向"方案解决"转型。区域中心通过招聘本地职员、智库合作等方式，成为本地知识的聚集地。在此基础上，区域中心可在学习、互动的过程中发现解决问题的方案，逐步将本地知识转化为本地方案，促进金砖银行项目的顺利推进。具体来说，区域中心应通过制定实施和监督标准、发布指导性报告、培训从业人员等方式，在面对科技进步的机遇和挑战中发挥更大引领作用，推动系统、深入和有针对性地解决本地社会经济发展存在的问题。

三　南非核电项目：在争议与博弈中探索

2011 年，南非政府正式提出兴建核电站计划。尽管已经与俄罗斯、中国等六个国家签署核合作意向协议，但受各种因素制约，南非核电项目的招标时间却一再延后，工程建设迟迟无法展开。随着 2017 年招标启动，南非核电项目的前景值得关注。

南非是非洲大陆唯一拥有商业核电的国家。兴建于 20 世纪 70 年代的库贝赫（Koeberg）核电站，至今已运行三十余年，当前发电量约占南非总发电量的 4%。2010 年以后，南非的电力短缺问题日渐严重，建设新发电厂开始摆上议事日程。

2007 年，南非国家电力公司的一份研究报告建议，新建的核电站应选址在 Duynefontein、Bantamsklip、Thyspunt 等五个沿海地区。2011 年 3 月，南非政府公布《综合资源规划 2010—2030》(*The Inter-grated Resource Plan 2010—2030*)，提出南非的电力工业必须构建更为均衡的能源格局，摆脱对煤炭的严重依赖。规划提出到 2030 年，使用煤炭发电的比例应降至 46%，风能占 10.3%，太阳能占 10.7%，核电占 12.7%。规划预计投资 1 万亿兰特（当时约合 1500 亿美元，目前约合 740 亿美元），在 2030 年前兴建 6—8 个核电站，总功率达到 960 万千瓦。

核电项目一开始由南非国家电力公司（ESKOM）负责，后移交南非能源部。2015 年 7 月，南非能源部开始招标流程，然而，始终没有公布时间框架等细节问题。在一年半时间里，核电项目几乎处于原地踏步的状态。2016 年 12 月，能源部又将项目交还给南非国家电力公司负责。尽管比预计进展得缓慢，但南非国家电力公司仍坚持原定规划，把第一座新建核电站的地址放在印度洋沿岸的 Thyspunt，功率为 400 万千瓦，计划在 2025 年建成。南非国家电力公司已向海外征求意见，要求有意竞标的公司必须在 2017 年 4 月 28 日前作出回应。

南非兴建核电站的理由是多方面的。第一，新建项目采用的是与库贝赫核电站相同的压水式核反应堆，库贝赫核电站已经安全运行数十年，为南非带来经验和信心。第二，核电建设和运营可以创造上万个就业岗位。第三，核电能够有效降低发碳排放量。第四，核电消耗的淡水远少于煤炭发电，对于缺乏水资源的南非来说尤其重要。第五，南非是世界五大矿产国之一，建设核电站所需的铀矿等资源可直接从本地获得。

尽管发展核电具有诸多优势，然而，南非国内反对核电的声音似乎更为强烈。

首先，动机质疑。由于核电站建造周期较长，通常为 5—10 年，并不能短期内解决电力短缺的燃眉之急。加之招标过程缺乏足够的透明度，有舆论质疑核电项目可能是政府中一小部分人牟利的工具。

其次，安全隐患。环保主义者认为放射性废料会带来长期的环境破坏和健康威胁；反战主义者担心核电项目可能导致核扩散，或为核武器制造提供便利。再加上 2011 年福岛核泄漏事故，引起世界范围内对核电安全的担忧。南非国内的核电反对者据此相信，至少在可见的未来，核电站的安全隐患仍无法彻底根除。

最后，经济压力。与 2011 年相比，2016 年南非本币兰特兑美元汇率累计下跌 50%，这意味南非要多支出一倍的价钱，才能达到当年规划的建设规模。南非财政部长戈尔丹认为南非财政无力承担庞大的核电项目，并警告过度的财政支出可能使南非主权信用降低至垃圾级。近期，连核电的主要支持者、能源部长蒂娜·约马特·皮特森也声称由于成本原因，需适当缩减原有的建设规模。

南非核电项目一经提出，立即引来各路豪强的激烈角逐。2014年 9 月，俄罗斯国家原子能公司（Rosatom）率先与南非政府达成战略伙伴协议。舆论普遍认为俄罗斯公司已经被"内定"为中标对象，但该说法随即遭到协议双方的否认。不久，南非又分别与中国、美国、法国、韩国等国签署类似合作协议。后来日本、加拿大也陆续加入竞标的行列，但相对来说缺乏竞争力。

俄罗斯是核工业出口项目最多的国家。借助金砖国家领导人峰会等场合，俄罗斯总统普京多次与南非总统祖马就核电项目合作进行面对面磋商，提出为南非的核电站提供资金、技术和其他支持。俄罗斯将采用 BOT 投资方式（建设—经营—转让），即承建方提供核电站的投资、融资、建设、经营与维护，在协议期限内（一般为 20 年）向用电者收取适当费用，用以回收成本和获得收益。

美国和法国是传统的核电大国，也是库贝赫核电站的承建方。从技术能力、海外经验和市场影响力来说，美国的西屋（Westinghouse）、法国阿海珐集团（AREVA）等国际核电巨头仍拥有无可比拟的优势。不过，在中国、韩国等新兴核电国家的低价压力下，资金紧张的欧美公司在竞争中显得力不从心。

中国国家核电技术公司（国家核电）于2014年与南非核能集团签署《南非核能项目培训协议》，同时与南非标准银行、中国工商银行签署《南非核电项目融资框架》。国家核电计划使用最先进的CAP1400型压水堆电机组，并提出构建核能与其他可再生资源相结合的工业链合作战略。从2015年4月起，南非陆续派遣政府、企业的相关技术人员来华培训。

不仅是南非，马拉维、纳米比亚、乌干达等国正在成为铀矿出口的新兴力量，埃及、尼日利亚等非洲大国则是核电的潜在买家，非洲正在成为一个潜力巨大的核电市场。因此对于各核电出口国来说，投资南非项目可成为进入非洲市场的跳板，具有重要的战略意义。

如前所述，南非国内对核电项目存在较大争议。在政治上，这种分歧通过党派斗争的方式放大，给项目投资带来潜在政治风险。

2014年，祖马成功连任南非总统后，宣布核电站建设是其第二个任期的优先事务之一。为了扫清核电项目的障碍，祖马于2015年12月解除内内的财政职务。不过，后来的财长戈尔丹仍是一个对核电项目唱反调的内阁成员。随着执政党非国大在2016年的地方选举中惨败，祖马的威信和力量在党内急剧下降。2017年，非国大举行第54届全国代表大会，选举新一届党的领导班子。随着祖马一派在此次选举中失利，祖马力推的核电计划很可能中途夭折。

核电项目也是反对党攻击非国大的"靶子"。2015年以来，南非主要的反对党民主联盟、经济自由斗士党频频利用议会和媒体，质疑与俄罗斯签署的核电合作协议存在贪腐问题。南非政府在教育补贴等方面的投入严重不足，导致社会矛盾加剧。在这种情况下，南非政府继续花费巨资兴建核电站，可能进一步恶化已有矛盾，使核电站演变为社会不满群体的发泄对象。

从某种意义上说，中国与其他国家联合竞标或许是一个更安全的选择。尽管俄罗斯在竞标中仍处于领先地位，但蛋糕最终不一定出现"胜者通吃"的情形。由于中国核电公司的技术、经验与传统核电强国的确存在差距，但在融资能力、价格水平等方面具有较大优势，联合竞标、取长补短有利于增加中标的概率。另外，鉴于南非存在较大的政治风险，与他国联合竞标可以共担风险，降低因项目变更而产生的机会成本和沉没成本。

南非是一个新兴的核电进口国，中国是一个新兴的核电出口国，双方都处于探索和学习阶段，所以出现波折也是正常的。在南非核电项目上，中国既要争取最大的成功，也应密切关注可能存在的风险，保持"胜不足喜、败不足馁"的审慎态度。核电站不是一天建成的，核电站"走出去"更是如此。

四　南非非国大的对以政策

2019 年 4 月 6 日，南非国际关系与合作部长林迪维·西苏鲁（Lindiwe Sisulu）宣布将本国派驻以色列的外交机构由大使馆降级为联络处，以抗议以军队在加沙地区的暴行。南非与以色列相隔万里之遥，南非为何会成为批评以色列最严厉的非伊斯兰国家？

南非对以色列的抗议行动其实由来已久。2017 年 12 月，南非执政党非国大全国大会通过一项决议，提出"立即无条件地将南非驻以色列大使馆降级为联络处"，此举是"向巴勒斯坦被压迫人民的切实支持"。2018 年 5 月，以色列军队与加沙抗议者发生冲突，造成至少

52 名巴勒斯坦人死亡，南非驻以色列大使恩贡班尼随即奉命从特拉维夫撤回。在召回恩贡班尼的同时，西苏鲁还照会以色列驻南非大使，重申对巴以边界问题和耶路撒冷地位问题的严重关切。

此后，除了 2018 年 9 月恩贡班尼因"处理私人事务"短暂停留特拉维夫以外，南非驻以色列大使之职处于名存实亡状态。2019 年 4 月，在恩贡班尼任期结束以后，南非政府正式宣布不再向以色列派遣新大使，并将驻以大使馆降级为联络处。按照西苏鲁的说法，南非在特拉维夫的联络处将没有政治授权，没有贸易授权，也没有发展合作授权，只负责领事服务和提供人员往来的便利。从 2017 年 12 月非国大通过降级决议，到 2019 年 4 月南非政府正式宣布降级，历时一年零五个月的"第一阶段"抗议行动画上句号。

作为"全球抵制、撤资和制裁以色列运动"（BDS）的一部分，南非的外交降级行动被认为是"朝着正确方向迈出的一大步"，"也是南非 BDS 运动的巨大成就"。南非 BDS 运动不仅局限于官方，在民间社会也有很多支持。2018 年 8 月，一个南非音乐二人歌唱团退出以色列的流星音乐节。同年 11 月，南非斯坦陵布什大学（University of Stellenbosch）根据南非 BDS 运动的建议，撤回了邀请以色列学者参加一个国际会议的计划。此外，部分南非教堂也明确宣布暂停与以色列的文化和人员交流。

在巴以问题上，南非意图塑造一个不同于美国的外交模式。2019 年 3 月，南非总统拉马福萨在关于降低驻以色列大使馆级别的讲话中，提出认真研究这一举措的"模式"。对于巴以问题再次出现对抗和冲突，拉马福萨认为外交降级有利于向以色列施压，保障巴勒斯坦人民的自决权利不受侵犯；但与此同时，南非仍有责任继续与冲突各方保持接触，寻求公正与和平解决巴以冲突的办法。近期美国将驻以色列大使馆从特拉维夫迁至耶路撒冷，并承认有争议的戈兰高地为以色列的一部分。南非在此时采取外交降级政策，事实上构建了一个几乎与美国针锋相对的外交模式。

在非国大党内，长期存在着对巴勒斯坦解放运动的"历史同情"。冷战时期，南非是一个由少数白人统治的种族隔离政权。"种族隔离"一词来自南非白人土语，过去特指在南非实行的白人与黑人"分别建国"、相互区隔的治理方式。直到曼德拉领导的非国大赢得1994年大选，南非种族隔离统治才宣告终结。由于以色列在非法占领地区实行隔离和镇压巴勒斯坦人的政策，南非政府越来越多地将"种族隔离"一词用来形容以色列对巴勒斯坦占领区的统治，甚至在联合国等国际场合批评以色列是"世界上唯一一个可以被称为种族隔离的国家"。

值得注意的是，以色列曾是南非种族隔离政权的重要盟友，与目前两国关系的冷淡形成巨大反差。1948年以色列建国，南非是世界上第7个承认以色列的国家。20世纪70年代以后，南非因种族隔离统治受到国际社会的广泛孤立，并于1974年被逐出联合国大会。尽管如此，以色列仍是少数几个继续与南非种族隔离政权保持紧密合作的国家。新南非成立以后，两国关系迅速变得冷淡，2004年时任副总理的奥尔默特是首位访问新南非的以色列领导人。2013年12月，以色列总理内塔尼亚胡甚至以"出行花销太高"为由，拒绝出席曼德拉的葬礼。

由于非国大与巴以两国不同的历史联系，南非采取了反对以色列占领巴勒斯坦领土的外交立场。曼德拉认为南非不应在巴以问题上充耳不闻，他明确指出"没有巴勒斯坦人的自由，我们的自由是不完整的"。南非支持联合国安理会基于"土地换和平"原则的第

338 号和第 242 号决议，要求以色列撤出其 1967 年后占领的领土，以换取全面和平以及阿拉伯邻国的承认。在曼德拉政府时期，南非根据本国抵抗种族隔离政权的经验，试图在巴以之间进行斡旋。但这些努力都随着以色列在巴勒斯坦领土上增加定居点和非法使用武力而宣告失败。

随着巴以局势持续恶化，南非对以政策由斡旋转为施压，并成为 BDS 运动的积极参与者。在国内层面，执政党非国大致力于构建从中央到地方"铁板一块"的对以政策。当前的外交降级只是第一阶段，南非在下一阶段将可能采取包括经济制裁在内的其他措施，宣称"保留利用经济压力作为将顽固不化的主导力量带到谈判桌上来的选择"。在国际层面，支持联合国安理会和联合国大会"关于谴责承认耶路撒冷为以色列首都"的决议，尽管这一决议因美国阻挠未能通过，但有利于唤起国际社会对巴勒斯坦境遇的关注。2019 年，南非将作为安理会非常任理事国开始为期两年的任期。在巴以问题上，南非很可能在安理会中继续对以色列政策进行抨击和抵制。

对以外交降级涉及南非政府在国内和国际两方面的政策方针，并且该政策的时间安排是经过审慎考虑的。外交降级是南非对以抗议行动的第一阶段，整个政策过程持续近一年半时间。关于第二阶段的抗议行动，南非官方尚未制定明确的时间表和具体实施办法，但预计会延续审慎而漫长的决策过程。在时间选择上，南非宣布外交降级的时间距离以色列大选还剩三天，距离南非大选不到一个月。显然，外交降级选择的时间点既是为了影响以色列选民的投票，也意图提升南非国内民众特别是穆斯林群体对非国大的支持。

不过，南非对以政策的国际影响值得怀疑。首先，南非宣布外交降级没有影响到以色列民众的选择，奉行强硬政策的内塔尼亚胡成功连任以色列总理。其次，由于经济体量有限和近期经济增长的低迷，南非如果将经济制裁纳入第二阶段抗议行动的手段，必将会引起以色列方面从南非撤离投资等反制措施，从而使南非自身受到的经济损失甚至大于以方所遭受的负面影响。最后，南非的外交降级行动并未引起国际社会对以色列的共同孤立和施压，反倒使美国决定下调驻南非大使馆的级别。随着恩贡班尼返回国内，南非实质上放弃了在巴以冲突中发挥斡旋调解作用的可能。

在对以政策上，南非国内并非铁板一块。非国大的两个执政盟友——南非共和南非工会大会是外交降级政策的坚定支持者。这两个党派认为南非不能因为某些贸易和投资的利益，而与一个种族隔离国家建立正常关系。经济自由斗士党、国家自由党甚至表示仅仅进行外交降级是不够的，应加快推进第二阶段的对以抗议行动。相反，民主同盟、因卡塔自由党、非洲基督教民主党则反对进行外交降级。在非国大内部也存在不同的声音，例如恩贡班尼就被认为是以色列的同情者。类似的立场分裂在南非教会、高校和其他社会团体中广泛存在，并会对南非政府的下一步决策产生一定影响。

基于种族隔离斗争的历史、政权和平转移的过程和以人权为中心的外交政策，南非曾被认为是巴以问题的"天然调解人"。但随着巴以局势和南非国内政治的深刻变化，南非的角色已经实现从调解人到抗议者的转变。鉴于非国大已经赢得 2019 年总统大选，在巴以持续冲突的情况下，南非与以色列的关系难以出现根本性改善。换言之，南非或许短期内不会采取第二阶段的抗议行动，但仍会站在批评以色列政策的国际前沿。

◇◇第四节　非国大外交战略的根源与挑战

如前所述，价值取向与地缘环境的结构性冲突是南非外交转型的直接原因。在种族隔离时期，南非作为殖民统治的堡垒，阻碍非洲民族解放运动；新南非初期，南非又变身成民主、人权等西方价值观的推销员，引起邻国反感。但实际上，南非与非洲并非像看起来的那样格格不入，南非外交的转型是二者历史、文化、社会深层一致性的必然结果。

从文化角度来看，南非的民主、人权原则与其说是学习西方的结果，不如说有源自本土的基因。曼德拉上台伊始，就提出将"乌班图"思想作为南非政治、社会和外交的指导原则，并传播到世界范围。乌班图（Ubuntu）一词来自南非土著语言，接近于中国儒家的"仁者爱人""天下大同"，意为人们之间的忠诚和联系。值得注意的是，乌班图思想并非南非独有，而是贯穿整个南部非洲地区：例如在津巴布韦，拼写为"Unhu"；在马拉维，拼写为"uMunthu"。从某种意义上说，乌班图思想可以看作南部非洲版本的泛非主义。值得一提的是，由甘地发扬光大的非暴力思想也正是形成于南非。1893 年，他被派到南非工作，目睹了当地严重的种族歧视问题。此后，甘地领导印度侨民掀起十余年的反歧视斗争，为日后南非的民族民主运动提供宝贵经验，并成为曼德拉"和解""宽容"思想的主要来源。

历史上，南非反对种族主义统治的斗争是非洲民族解放运动和南南合作的重要组成部分。在泛非主义旗帜下，曼德拉领导的非国大与非洲其他反殖民运动组织密切联系、相互支持。20 世纪 60 年代后，南非白人政府残酷镇压黑人抵抗运动，流亡海外的非国大党员被其他非洲国家接纳，从而能够继续开展斗争。南非的民族民主运动还得到了社会主义阵营、其他第三世界国家的声援和支持。非国大的骨干成员曾多次前往苏联、古巴等国家接受培训，得到组织、财政、军事等多方面援助。曼德拉等非国大领袖被捕后，南非白人政府遭到包括中国在内的广大发展中国家的强烈谴责和抵制，南非因此长期被主要国际组织排除在外。1990 年，南非白人政府迫于压力释放曼德拉。后来非国大赢得大选，曼德拉当选总统，标志着整个非洲的民族解放运动取得最后胜利。正如南非政府 2011 年发表名为《建立一个更美好的世界：乌班图外交》的白皮书开篇所指出的，"基于南非解放的历史，新南非的对外交往将基于泛非主义和南南合作两大原则"。①

曼德拉当选总统以后，之所以把人权、民主等原则作为南非的核心诉求，与当时特殊的时代背景密不可分。② 20 世纪 80 年代末 90 年代初，正值苏东剧变，国际社会主义陷入低潮，美国老布什政府正踌躇满志地宣称将建立"世界新秩序"。非国大要想实现权力和平交接和政治稳定，必须表现出与美国等西方国家合作的姿态。在这种情况下，曼德拉强调西方价值观、非国大宣布放弃武装斗争更多出于斗争策略的需要。事实证明，随着时间推移，南非外交的核心思想会向其文化和历史的本来面目回归。

当然，经贸关系也是南非外交转型的主要考量之一。2009 年，南非设立经济发展部，主要目的是增加与其他新兴市场国家的接触。

---

① "Building a Better World: The Diplomacy of Ubuntu", *White Paper on South Africa's Foreign Policy*, Final Draft, May 13, 2011, p. 3.

② Janis Van Der Westhuizen, "South Africa's Emergence as a Middle Power", *Third World Quarterly*, Vol. 19, No. 3, 1998, p. 440.

从 2010 年加入金砖国家到 2013 年间，南非与金砖国家贸易额的年增长率分别为 32%、11% 和 28%，明显高于同期南非外贸总额的增长水平。其中，中国自 2009 年起就是南非的第一大贸易伙伴国、出口市场和进口来源地。根据南非公布的"总统基础设施建设计划"，南非正加快铁路、港口、电力、新能源等方面的设施扩张和升级，目的是建立更完备的经济环境和创造就业。2008 年金融危机以后，随着欧美国家对外投资锐减，非洲基础设施建设的资金空洞进一步放大，来自新兴国家的产能和投资显得尤为重要。

◇◇ 小　结

南非从功能主义转向新兴中等强国外交，有利于实现独立自主，有利于赢得广大发展中国家的支持。但转型不是一朝一夕能够完成的，能否继续下去需要克服诸多挑战。

第一，新兴市场国家的发展一般具有双高性，即经济增幅高，发展风险也高，某些时期会遭遇挫折。受益于中国经济增长和大宗商品价格上涨，南非经济在 21 世纪初期呈现稳定增长态势。但全球金融危机导致南非对外贸易总额在 2008—2009 年间出现明显萎缩，此后又有所回升。2009—2013 年，四年间的增长率分别为 11.2%、21.4%、8.4% 和 14.9%。其中，南非的进口额到 2012 年才恢复到 2008 年的水平，这表明其国内市场恢复相对缓慢。考虑到南非本币兰特在此期间剧烈贬值，南非经济的恢复情况实际上更不理想。

第二，新兴市场国家之间存在产业竞争矛盾。从贸易结构看，南非出口主要依赖矿产品、贱金属、珠宝贵金属等资源类产品，从中国等国的进口则是机械设备、纺织品等制成品，这是由资源禀赋决定的互补性贸易。但南非方面不希望只处于原料提供者的地位，特别是来自中国、印度等新兴国家的廉价制成品对本土工业构成巨大挑战，自然会引起南非国内关于就业和去工业化形势的担忧。近期国际资源能源价格大幅下跌，南非的贸易形势趋于恶化，对中国等新兴市场国家的赤字可能进一步扩大，双方出现贸易摩擦的风险大增。

第三，无论是增长放缓还是加快，实力局限始终是中等强国外交无法摆脱的软肋。严格意义上说，南非并不属于金砖国家范畴，无论是版图、人口还是经济规模，在未来30—50年内，南非都无法与中国、印度等金砖国家相提并论。南非之所以能够进入金砖国家、G20和基础四国的行列，更多是政治因素，如"金砖国家之父"吉姆·奥尼尔所说的以非洲地区的代表的名义而得以加入。① 学界普遍认为南非的外交目标已明显超过了其自身能力，南非正处于在比自己高的重量级擂台上打拳击。② 即使是乐观者也提醒南非在展现外交影响的同时，必须处理好低经济增长、持续性贫困和就业机会缺乏的问题。③

第四，南非追求成为非洲地区的代言人和领导者，但目前南非相对于其他非洲国家的优势正在逐步缩小。2014年，尼日利亚的国民生产总值跃居非洲首位，南非引以为豪的经济龙头地位彻底动摇。在安全领域，南非领导人的确周旋于大大小小的地区紧张局势中，促进和平的贡献值得肯定。不过，南非派出维和部队的数量却屡遭诟病，

---

① FT中文网：《"金砖之父"：南非不属于这一阵营》，http://www.ftchinese.com/story/001036272。

② Deon Geldenbuys, *The Diplomacy of Isolation*, Johannesburg: Macmillan, 1984; Chris Landsberg, *The Quiet Diplomacy of Liberation*, Johannesburg: Jacana, 2004.

③ Chris Alden and Maxi Schoeman, "South Africa in the Company of Giants: The Search for Leadership in a Transforming Global Order", *International Affairs*, Vol. 89, 2013, p. 128.

不仅远远落后于尼日利亚、埃塞俄比亚、加纳等地区大国，甚至少于塞内加尔等中小国家，令人怀疑"它是否有意愿肩负起地区大国和安理会常任理事国所应有地区和大陆的责任"。① 增加非洲的代表权是联合国安理会改革的重要组成部分，虽然南非是非洲"增常"的热门候选，但尼日利亚、埃及、埃塞俄比亚、加纳、肯尼亚等国也有占据一席之地的理由，很难说南非就一定能够充当非洲的"代表者"。

第五，南非开展自主外交必然会引起西方国家的不满。例如，姆贝基政府在津巴布韦问题上面临的困境：一方面，南非希望维护自身的地区领袖形象，维护非洲国家之间的友好团结；另一方面，"静悄悄的外交"又不符合欧美国家的要求，难以抵挡西方舆论的说三道四。② 此外，南非与中国、俄罗斯的接近，以及在担任非常任理事国期间对西方国家的人权提案多次投票弃权甚至反对，更使西方国家担忧南非发生"立场上的倒退"。③ 2014 年 10 月，英国首相卡梅伦拒绝会见访英的南非总统祖马，导致祖马直接取消访问，是西方国家对南非施压的最直接体现。④

拉马福萨政府上台后，内政上的折中主义导致对外经贸合作出现相应的政策调整，但拉马福萨不可能完全拥抱西方。在意识形态上，非国大及其盟友南非共和南非工会大会是新自由主义的排斥者，姆贝

---

① Maxi Schoeman, "South Africa as an Emerging Middle Power: 1994 – 2003", in Jonh Daniel, Adam Habib and Roger Southall, eds. , *State of the Nation*: *South Africa 2003 – 2004*, Pretoria: HSRC Press, 2004, p. 360.

② 李鹏涛：《"静悄悄外交"的困境——评析姆贝基时期南非对津巴布韦政策》，《西亚非洲》2010 年第 1 期。

③ 笔者访问南非期间，参加奥地利驻南非大使组织的研讨会，奥地利大使在会上对南非外交的"偏向中国"（Drift to China）表示忧虑。

④ 《环球时报》：《祖马突然取消对英国正式访问 不满遭卡梅伦冷落》，http: // world. people. com. cn/n/2014/1027/c1002 – 25912467. html。

基曾因为过于接近西方价值观而下野，政治地位远弱于姆贝基的拉马福萨更不敢在靠近西方的道路上走得太远。在国内政治上，纳入宪法修正案的土地征收已是箭在弦上，由于南非白人地主与欧美国家有着千丝万缕的联系，拉马福萨政府很难在推动土地征收的同时，继续维持与西方的蜜月关系。最后，从现实角度来说，中国、印度等新兴经济体早已成为南非主要的经贸合作伙伴，南非实现经济增长离不开金砖国家的有力支持。在拉马福萨治下，南非与金砖国家的务实合作关系将继续得到巩固与加强。

非国大与中国有深远的历史交往与合作，在现今，中南同样面临经济社会转型的重要挑战，同时全球治理格局的变化要求两国扩大和巩固战略伙伴关系。中国的大国外交，特别是对非外交需要非国大这样的有影响的执政党的支持与合作。因此，研究非国大发展的历史进程、非国大与中国共产党的友好交往对于加强中南两国关系和中非双边合作具有重要意义。

参考文献

一　中文专著

艾周昌：《走进黑非洲》，上海文艺出版社2001年版。

艾周昌、舒运国、沐涛、张忠祥：《南非现代化研究》，华东师范大学出版社2000年版。

安德鲁·库珀、阿加塔·安特科维茨主编：《全球治理中的新兴国家：来自海利根达姆进程的经验》，史明涛、马骏等译，上海人民出版社2009年版。

陈尧：《难以抉择：后发展国家政治发展战略研究》，上海人民出版社2008年版。

程光德、聂运麟：《种族主义制度废除后南非共产党对社会主义的新探索》，中国社会科学出版社2013年版。

方伟：《新南非对外关系研究》，浙江人民出版社2014年版。

洪君主编：《当代世界政党文献（2011）》，党建读物出版社2012年版。

贺文萍：《非洲国家民主化进程研究》，时事出版社2005年版。

李安山：《非洲民族主义研究》，中国国际广播出版社 2004 年版。

李安山：《殖民主义统治与农村社会反抗——对殖民时期加纳东部省的研究》，湖南教育出版社 1999 年版。

李保平：《非洲传统文化与现代化》，北京大学出版社 1997 年版。

李继东：《现代化的延误》，中国经济出版社 1997 年版。

刘鸿武：《从部族社会到民族国家——尼日利亚国家发展史纲》，云南大学出版社 2000 年版。

刘鸿武：《黑非洲文化研究》，华东师范大学出版社 1997 年版。

刘鸿武等：《从部族社会到民族国家——尼日利亚国家发展史纲》，云南大学出版社 2000 年版。

刘敏茹：《转型国家的政党制度变迁——俄罗斯与波兰的比较分析》，中央编译出版社 2013 年版。

陆庭恩：《非洲问题论集》，世界知识出版社 2005 年版。

陆庭恩、刘静：《非洲民族主义政党和政党制度》，华东师范大学出版社 1997 年版。

沐涛：《南非对外关系研究》，华东师范大学出版 2003 年版。

宁骚：《民族与国家——民族关系与民族政策的国际比较》，北京大学出版社 1995 年版。

潘兴明、李忠：《南非——黑白文化的撞击》，四川人民出版社 2000 年版。

孙红旗《土地问题与南非政治经济》，中央编译出版社 2011 年版。

王邦佐等：《政治学辞典》，上海辞书出版社 2009 年版。

王长江：《现代政党执政规律研究》，上海人民出版社 2002 年版。

王建娥：《族际政治：20 世纪的理论与实践》，社会科学文献出版社 2011 年版。

夏吉生：《当代各国政治体制——南非》，兰州大学出版社 1998 年版。

肖佳灵：《国家主权论》，时事出版社 2003 年版。

徐济明、谈世中：《当代非洲政治变革》，经济科学出版社 1998 年版。

徐济明、谈世中主编《当代非洲政治变革》，经济科学出版社 1998 年版。

杨灏城：《纳赛尔和萨达特时代的埃及》，商务印书馆 1997 年版。

杨立华：《列国志·南非》，社会科学文献出版社 2010 年版。

杨立华：《南非黑人领袖纳尔逊·曼德拉》，社会科学文献出版社 1998 年版。

张宏明：《多维视野中的非洲政治发展》，社会科学文献出版社 2007 年版。

张象主编：《彩虹之邦新南非》，当代世界出版社 1998 年版。

赵宝煦：《政治学概论》，北京大学出版社 1982 年版。

郑家馨：《南非史》，北京大学出版社 2010 年版。

［德］罗伯特·米歇尔斯：《寡头统治铁律：现代民主制度中的政党社会学》，任军锋等译，天津人民出版社 2003 年版。

［美］查尔斯·蒂利：《强制、资本和欧洲国家（公元 990—1992 年）》，魏洪钟译，上海人民出版社 2007 年版。

［美］查伦·史密斯：《曼德拉传》，高天增译，中国人民大学出版社 2013 年版。

［美］戴维·E. 阿普特：《现代化的政治》，陈尧译，上海世纪出版社 2011 年版。

［美］丹妮·谢克特：《曼德拉：漫漫自由路》，潘丽君、任小红、张琨译，广东人民出版社 2013 年版。

［美］菲利克斯·格罗斯：《公民与国家——民族、部族和族属身

份》，王建娥、魏强译，新华出版社 2003 年版。

［美］霍华德·威亚尔达：《非西方发展理论——地区模式与全球趋势》，董正华等译，北京大学出版社 2006 年版。

［美］霍华德·威亚尔达：《新兴国家的政治发展——第三世界还存在吗?》，刘青、牛可译，北京大学出版社 2005 年版。

［美］加布里埃·A. 阿尔蒙德、小 G. 宾厄·鲍威尔：《比较政治学：体系、过程和政策》，曹沛霖、郑世平、公婷等译，东方出版社 2007 年版。

［美］加布里埃尔·A. 阿尔蒙德等：《发展中地区的政治》，任晓晋、储建国、宋腊梅译，上海人民出版社 2012 年版。

［美］拉里·戴蒙德：《第三波过去了吗?》，载刘军宁编《民主与民主化》，商务印书馆 1999 年版。

［美］拉纳·怀利：《撒哈拉以南的非洲：西方的影响与本土的现实》，霍华德·威亚尔达主编：《非西方发展理论——地区模式与全球趋势》，董正华、昝涛和郑振清译，北京大学出版社 2006 年版。

［美］罗伯特·H. 贝茨：《热带非洲的市场与国家：农业政策的政治基础》，曹海军、唐吉洪译，中国吉林出版集团 2011 年版。

［美］米格代尔：《强社会与弱国家》，张长东、朱海雷、隋春波和陈玲译，江苏人民出版社 2012 年版。

［美］塞缪尔·P. 亨廷顿：《变化社会中的政治秩序》，王冠华等译，上海世纪出版社 2008 年版。

［美］塞缪尔·P. 亨廷顿：《第三波——20 世纪后期的民主化浪潮》，刘军宁译，上海三联书店 1998 年版。

［美］威廉·托多夫：《非洲政府与政治》，肖宏宇译，北京大学出版社 2007 年版。

［美］西塞·马丁·利普塞特：《共识与冲突》，张华青等译，上海人民出版社 2011 年版。

［美］杰克·A. 戈德斯通主编：《国家、政党与社会运动》，章延杰译，上海人民出版社 2009 年版。

［美］加布里埃尔·A. 阿尔蒙德等：《发展中地区的政治》，任晓晋、褚建国、宋腊梅译，上海人民出版社 2012 年版。

［南非］S. 泰列柏兰奇：《迷失在转型中——1986 年以来南非的求索之路》，董志雄译，民主与建设出版社 2015 年版。

［南非］德斯蒙德·图图、默福·图图：《宽恕》，祁怡伟译，华夏出版社 2015 年版。

［南非］纳尔逊·曼德拉：《漫漫自由路——曼德拉自传》，谭振学译，广西师范大学出版社 2013 年版。

［意］G. 萨托利：《政党与政党体制》，王明进译，商务印书馆 2006 年版。

［英］艾伦·韦尔：《政党与政党制度》，谢峰译，北京大学出版社 2011 年版。

［英］巴尔兹·戴维逊：《现代非洲史：对一个新社会的探索》，舒展等译，中国社会科学出版社 1989 年版。

［英］科林·勒古姆：《八十年代的非洲：一个危机四伏的大陆》，吴期扬译，世界知识出版社 1982 年版。

［英］威廉·托多夫：《非洲政府与政治》，肖宏宇译，北京大学出版社 2007 年版。

二　中文期刊论文

［南非］卡莱马·莫特兰蒂：《非国大面临严峻挑战》，《西亚非洲》

2002 年第 2 期。

G. 冈萨雷斯：《何谓"中等强国"?》，汤小棣译，《国外社会科学》1984 年第 6 期。

柴宝勇：《政党发展：涵义、视角及趋势》，《当代世界与社会主义》2011 年第 5 期。

陈明明：《泡沫政治：战后早期非洲多党民主制》，《西亚非洲》1997 年第 3 期。

晨曦：《南非国民党的"开放"与追求》，《瞭望》1990 年第 49 期。

程光德：《南非共产党："联合执政"是委曲求全还是养精蓄锐》，《当代世界》2014 年第 6 期。

戴旭：《南非执政三方联盟为何斗而不破》，《当代世界》2005 年第 11 期。

丁工：《中等强国崛起及其对中国外交布局的影响》，《现代国际关系》2011 年第 10 期。

董卫华：《民族主义政党的发展历史、政策调整及前景》，《当代世界》2006 年第 9 期。

杜小林：《尼日利亚政党政治的发展》，《西亚非洲》2004 年第 4 期。

高歌：《中东欧国家的民族冲突、民主转轨与政治稳定》，《世界民族》2011 年第 4 期。

高晋元：《非洲的多党民主化潮流》，《世界经济与政治》1994 年第 10 期。

葛佶：《南非新政府的第一年：成就与问题》，《西亚非洲》1995 年第 5 期。

龚少情、孔凡河：《政党发展：意蕴及其价值》，《社会主义研究》2008 年第 5 期。

郭佳:《基督教会在非洲民主化进程中的角色探析》,《西亚非洲》2010 年第 3 期。

贺文萍:《从曼德拉到姆贝基:南非民主政治的巩固》,《西亚非洲》2001 年第 6 期。

蒋晖:《"南非道路"二十年的反思》,《读书》2015 年第 2 期。

李鹏涛:《"静悄悄外交"的困境——评析姆贝基时期南非对津巴布韦政策》,《西亚非洲》2010 年第 1 期。

李新烽:《论曼德拉精神及其产生原因》,《西亚非洲》2014 年第 6 期。

林尚立:《政党、政党制度与现代国家——对中国政党制度的理论反思》,《中国延安干部学院学报》2009 年第 5 期。

刘鸿武:《非洲发展路径的争议与选择》,《当代世界》2012 年第 12 期。

刘乃亚:《博茨瓦纳政党制度的运行机制及其长期稳定原因分析》,《西亚非洲》1995 年第 3 期。

刘乃亚:《从借鉴中国经验看南非政党政治》,《西亚非洲》2002 年第 6 期。

刘中伟:《南非"草根"总统祖马》,《国际资料信息》2009 年第 6 期。

刘中伟:《南非非国大的分裂及其影响》,《西亚非洲》2009 年第 7 期。

陆庭恩:《非洲国家政局稳定与经济发展问题》,《亚非纵横》2004 年第 4 期。

马正义:《从革命到治理:南非非国大的角色转变及面临的挑战》,《当代世界与社会主义》2015 年第 5 期。

潘迎春：《"中等国家"理论的缘起》，《世界经济与政治论坛》2009年第 5 期。

钱皓：《中等强国参与国际事务的路径研究——以加拿大为例》，《世界经济与政治》2007 年第 6 期。

秦晖：《曼德拉与新南非：这是一场"值得"的转型》，《国家人文历史》2014 年第 2 期。

沈晓雷：《浅析伦比德的非洲主义思想》，《西亚非洲》2014 年第 6 期。

孙坚：《苏格兰独立问题的由来与发展》，《世界经济与政治论坛》2015 年第 1 期。

汪勤梅：《再议非洲的多党民主》，《西亚非洲》1995 年第 1 期。

王韶兴：《政党政治与政党制度论》，《政治学研究》2000 年第 4 期。

王振亚：《冷战后非洲多党民主运动特点探析》，《西亚非洲》1996 年第 5 期。

夏吉生：《新南非政党制度的特色和发展》，《西亚非洲》1999 年第 5 期。

徐伟忠：《南非首任总统纳尔逊·曼德拉》，《世界经济与政治》1994 年第 8 期。

杨立华：《"因卡塔"——祖鲁族"民族文化解放运动"的复兴和发展》，《西亚非洲》1982 年第 6 期。

杨立华：《从姆贝基去职看南非政治风云》，《西亚非洲》2009 年第 1 期。

杨立华：《南非政治中的部族因素》，《西亚非洲》1995 年第 5 期。

杨立华：《新南非的包容性发展之路——非国大 100 周年纪念》，《西亚非洲》2012 年第 1 期。

杨立华：《新南非十年：多元一体国家的建设》，《西亚非洲》2004 年
　　第 4 期。

杨之桄：《南非第五次全国大选评析》，《国际研究参考》2014 年第
　　6 期。

姚桂梅：《非洲国家多党民主之经济影响评析》，《西亚非洲》2007 年
　　第 10 期。

于红：《南非的肯定性行动分析》，《世界民族》2014 年第 6 期。

余科杰：《论民族主义政党的类型和特征》，《新视野》2005 年第
　　3 期。

张春、蔺陆洲：《输家政治：非洲选举与族群冲突研究》，《国际安全
　　研究》2016 年第 1 期。

张宏明：《部族主义因素对黑非洲国家政体模式取向的影响》，《西亚
　　非洲》1998 年第 5 期。

张建新：《资源民族主义的全球化及其影响》，《社会科学》2014 年第
　　2 期。

张忠祥：《非国大引领南非走向复兴》，《当代世界》2013 年第 10 期。

张忠祥：《新兴大国南非外交战略评析》，《西亚非洲》2009 年第
　　6 期。

朱昔群：《政治发展研究——一种比较的视角》，《马克思主义与现
　　实》2006 年第 3 期。

祝灵君：《政党发展与组织变迁》，《马克思主义与现实》2007 年第
　　4 期。

　　三　中文网络文献

FT 中文网：《"金砖之父"：南非不属于这一阵营》，http：//www.

ftchinese. com/story/001036272。

《环球时报》：《祖马突然取消对英国正式访问 不满遭卡梅伦冷落》，http：//world. people. com. cn/n/2014/1027/c1002 – 25912467. html。

人民网：《南非失业率达到 12 年新高 就业率持稳定增长》，http：//world. people. com. cn/n/2015/0527/c1002 – 27060534. html。

周国辉："当代世界政党情势（2012）非洲篇：2012 年南非政党情势的几个特点"，中国共产党新闻网，http：//theory. people. com. cn/n/2013/0625/c365100 – 21967502. html。

四 外文文献

Abedayo Olukoshi, *The Politics of Opposition in Contemporary Africa*, Nordic Africa Institute, 1998.

Adrian Guelke, *South Africa in Transition：The Misunderstood Miracle*, London：Tauris Academic Studies, 1999.

Adrienne LeBas, *From Protest to Parties：Party-Building and Democratization in Africa*, Oxford：Oxford University Press, 2013.

African National Congress Policy Document, *Affirmative Action and the New Constitution*, April 1994, http：//www. anc. org. za/show. php? id = 283#.

Allister Sparks, *Tommorrow Is Another Country：The Inside Story of South Africa's Road to Change*, New York：Hill & Wang, 1995.

Andrew F. Cooper, *Niche Diplomacy：Middle Power After the Cold War*, London：Macmillan, 1997.

André Krouwel, "Otto Kirchheimer and the Catch-All Party", *West Europe-*

an Politics, Vol. 26, No. 2, 2003.

Aristide R. Zolberg, *Creating Political Order: The Party-States of West Africa*, Chicago: Rand Mcnally, 1966.

Arnold M. Rose, ed. , *The Institution of Advanced Societies*, Minneapolis: University of Minneasota Press, 1958.

A. Lemon, *Apartheid*, London: Saxon House, 1976.

Ben Turok, ed. , *The Historical Roots of the ANC*, Sunnyside: Jacana Media, 2010.

Burstein Paul, Rachel L. Einwohner and Jocelyn A. Hollander, "The Success of Political Movements: A Bargaining Perspective", in Jenkins J. Craig and Bert Klandermans eds. , *The Politics of Social Protest*, Minneapolis: University of Minnesota Press, 1995.

Carsten Holbraad, *Middle Powers in International Politics*, London: Macmillan, 1984.

Catherine Higgs, "Full Circle: Sol Plaatje, Anton Lembeded, Mamphela Ramphele, and the Struggle for Civil Right in South Africa", *Canadian Journal of African Studies*, Vol. 32, No. 2, 1998.

Charles Tilly, *Formation of National States in Western Europe*, Princeton: Princeton University Press, 1975.

Chris Alden and Maxi Schoeman, "South Africa in the Company of Giants: The Search for Leadership in a Transforming Global Order", *International Affairs*, Vol. 89, 2013.

Chris Cook and David Killingray, *African Political Facts Since 1945*, London: Macmillan, 1983.

Commission for Employment Equity, *14th Commission for Employment Equi-*

ty Annual Report 2013 – 2014, http：//www. labour. gov. za/DOL/ downloads/documents/annual – reports/employment – equity/2013 – 2014/14ceereport_part1. pdf.

Congress of South African Trade Unions, *South African History Online*, http：//www. sahistory. org. za/topic/congress – south – african – trade – unions – cosatu.

Crawford Young, *Political in Congo：Decolonization and Independence*, Princeton：Princeton University Press, 1965.

David C. McClelland, "The Achievement Motive in Economic Growth", in Bert F. Hoselitz and Wilbert E. Moore, eds. , *Industrialization and Society*, Paris：UNESCO – Mouton, 1963.

David Ottaway, *Chained Together：Mandela, De Klerk, and the Struggle to Remake the South Africa*, New York：Times Books, 1993.

Deon Geldenbuys, *The Diplomacy of Isolation*, Johannesburg：Macmillan, 1984；Chris Landsberg, *The Quiet Diplomacy of Liberation*, Johannesburg：Jacana, 2004.

Dickson A. Mungazi, *The Last Defenders of the Laager：Ian D. Smith and F. W. de Klerk*, Westport：Praeger, 1998.

Donald L. Horowitz, *Ethnic Group in Conflict*, Berkeley：University of California Press, 1985.

Donald Moerdijk, *Anti-Development, South Africa and Its Bantustans*, Unesco, 1981.

Edward W. Blyden, *Christianity, Islam and the Negro Race*, Baltimore：Black Classic Press, 2013.

Francis Meli, *South Africa Belongs to Us：A History of the ANC*, Harare：

Zimbabwe Publishing House, 1988.

Francis Wilson, *Migrant Labour in South Africa*, Johanesburg, 1972.

Frank J. Sorauf, *Party Politics in America*, Boston: Little Brown, 1964.

Gabriel A. Almond, et al., *The Politics of the Developing Areas*, Princeton: Princeton University Press, Vol. 54, No. 3, 1970.

Gay Seidman, "Guerrillas in Their Midst: Armed Struggle in the South African Anti-Apartheid Movement", *Mobilization*, Vol. 6, 2001.

Glen Fisher and Ian Scott, *The Role of Higher Education in Closing the Skills Gap in South Africa*, The World Bank Human Development Group, Africa Region, October 2011, http: // www. glenfisher. ca/downloads/files/Higher% 20Education% 20in% 20SA. pdf.

Helena Catt and Michael Murphy, *Sub-State Nationalism*, London: Routledge, 2002.

Hermann Gilioraee, *The Africaners*, Tafelburg Publishers Limited, 2003.

Ian Phimister, "Comrades Compromised: The Zimbabwean and South African Liberation Struggles Compared and Constrasted", *Journal of Historical Sociology*, No. 3, 1995.

Immanuel Wallerstein, "Elites in French-Speaking West Africa", *Journal of Modern African Studies*, 1965.

Immanuel Wallerstein, "Voluntary Associations", in James S. Coleman and Carl G. Rosberg, Jr, ed., *Political Parties and National Integration in Tropical Africa*, Berkeley: University of California Press, 1964.

James Barber, *South Africa in the Twentieth Century*, Oxford: Blackwell Publishers, 1999.

James Coleman, "The Emergence of African Political Parties", in C. Grove

Haines, eds., *Africa Today*, Baltimore, 1955.

James S. Coleman, "Nationalism in Tropical Africa", *American Political Science Review*, Vol. 18, 1954.

Jan Smuts House, *South Africa's Role as a "Middle Power"*, A Report Compiled by Members of the Pretoria Branch of the South African Institute of International Affairs, June 1968.

Janis Van Der Westhuizen, "South Africa's Emergence as a Middle Power", *Third World Quarterly*, Vol. 19, No. 3, 1998.

Jeremy Gordin, *Zuma a Biography*, Capetown: Jonathan Ball Publishers, 2008.

Johann Redelinghuys, "Black Economic Empowerment: It's Time to Rethink Our Strategy", http://www. dailymaverick. co. za/opinionista/ 2013 – 05 – 13 – black – economic – disempowerment – its – time – to – rethink – our – strategy/.

John Campbell, "Renewing U. S. – South Africa Relations Under President Ramaphosa", https://www. cfr. org/blog/renewing – us – south – africa – relations – under – president – ramaphosa.

John Kirton, *Canadian Foreign Policy in a Changing World*, Nelson College Indigenous, 2006.

Kim Wale, "SA Reconciliation Barometer Survey: 2013 Report", The Institute for Justice and Reconciliation, http://reconciliationbarometer. org/wp – content/uploads/2013/12/IJR – Barometer – Report – 2013 – 22Nov1635. pdf.

Kriesi Hanspeter, "The Political Opportunity Structure of New Social Movements: Its Impact on Their Mobilization", in Jenkins J. Craig and Bert

Klandermans, eds. , *The Politics of Social Protest*, Minneapolis: University of Minnesota Press, 1995.

K. W. J. Post, *The Nigerian Federal Election of 1959*, Oxford: Oxford University Press, 1963.

Laurence Piper, "Democracy for a Bargain: The 1999 Election in KwaZulu-Natal", *Politikon South African Journal of Political Studies*, Vol. 26, No. 2, 1999.

Lembede, "Some Basic Principles of African Nationalism", in T. G. Karis and G. M. Carter, eds. , *From the Protest to Challenge*, 1973.

Leonard Thompson, *A History of South Africa*, New Haven: Yale University Press, 2001.

Mackenzie King, "Functional Representation and the Proposed Security Council", *Canadian Foreign Policy*, August 1944.

Mandy Rossouw, "Zuma Proclaim New Era of Hope", *Mail & Guardian*, Vol. 4, No. 25, 2009.

Marc Van Ameringen, ed. , *Building a New South Africa. Economic Policy: A Report from the Mission on Economic Analysis and Policy Formation for Post-Apartheid South Africa*, International Development Research Centre, 1995.

Margaret Levi, *Of Rule and Revenue*, Berkeley: University of California Press, 1988.

Margaret Levi, *Of Rule and Revenue*, Berkeley: University of California Press, 1988.

Mark Neueld, "Hegemony and Foreign Policy Analysis: The Case of Canada as Middle Power".

Martin Plaut and Paul Holden, *Who Rules South Africa?* Johannesburg: Jonathan Ball Publishers, 2012.

Martin Plaut, "How ANC Came to Split", http://news. bbc. co. uk/2/hi/africa/7695492. stm.

Mathole Motshekga, "Pan-Africanism", Ben Turok ed. , *The Historical Roots of the ANC*, Sunnyside: Jacana Media, 2010.

Maurice Dauverger, *Political Parties: Their Organization and Activity in the Modern States*, London: Methuen, 1955.

Maxi Schoeman, "South Africa as an Emerging Middle Power: 1994 – 2003", in Jonh Daniel, Adam Habib and Roger Southall, eds. , *State of the Nation: South Africa 2003 – 2004*, Pretoria: HSRC Press, 2004.

Michael Bratton and Nicholas Van de Walle, *Democratic Experiments in Africa: Regime Transitions in Comparative Perspective*, Cambridge: Cambridge University Press, 1997.

Morris Janowitz, *The Military in the Political Development of New Nations*, Chicago: University of Chicago Press, 1964.

Muriel Horrell, *Legislation and Race Relations*, Johanesburg: South African Institute of Race Relations, 1971.

M. Anne Pitcher, *Party Politics and Economic Reform in Africa's Democracies*, Cambridge: Cambridge University Press, 2012.

Nelson Mandela, *Conversation with Myself*, Macmillan, 2010.

Nelson Mandela, *Long Walk to Freedom: The Autobiography of Nelson Mandela*, Abacus, 2002.

Nic Cheeseman, *Democracy in Africa: Successes, Failures, and the Struggle for Political Reform* (*New Approaches to African History*), Cambridge:

Cambridge University Press, 2015.

Nicholas Cope, "The Zulu Petit Bourgeoisie and Zulu Nationalism in the 1920s: Origins of Inkatha", *Journal of Southern African Studies*, Vol. 16, No. 3, 1990.

Patrick Chabal, *Political Domination in Africa*, Cambridge: Carmbridge University Press, 1986.

Patti Waldmeir. *Anatomy of a Miracle: The End of Apartheid and the Birth of the New South Africa*, New York: Rutgers University Press, 1988.

Paul Maylam, *A History of the African People of South Africa*, New York: Palgrave Macmillan, 1986.

Peter Vanneman, *Soviet Strategy in Southern Africa: Gorbachev's Pragmatic Approach*, Stanford: Hoover Press, p. 20.

Poul Maylam, *A History of the African People of South Africa*, New York: Palgrave Macmillan, 1986.

Princeton Nathan Lyman, *Partner to History: The U. S. Role in South Africa*, New York: Viking, 2007.

Rachel Beatty Riedl, *Authoritarian Origins of Democratic Party Systems in Africa*, Cambridge: Cambridge University Press, 2016.

Rapule Tabane, "Where Is SA's Own Obama", *Mail & Guardian*, Vol. 11, No. 27, 2009.

Raymond Suttner, "The African National Congress Centenary: A Long and Difficult Journey", *International Affairs*, Vol. 88, 2012.

Richard A. Higgott and Andrew Fenton Cooper, "Middle Power Leadership and Coalition Building: Australia, the Cairns Group, and the Uruguay Round of Trade Negotiations", *International Organization*, Vol. 44,

No. 4, 1990.

Richard Gunther and Larry Diamond, "Species of Political Parties: A New Typology", *Party Politics*, Vol. 9, No. 2, 2003.

Richard S. Katz and Peter Mair, "Changing Models of Party Organization and Party Democracy: The Emergence of Cartel Party", *Party Politics*, Vol. 1, No. 1, 1995.

Robert Cox, "Middlepowermanship Japan and the Future World Order", *International Journal xliv*, Autumn, 1989.

Robert M. Price, *The Apartheid State in Crisis*, Oxford: Oxford University Press, 1991.

Robert R. Edgar and Luyandaka Msumza, eds. , *Freedom in our Lifetime: The Collected Writings of Anton Muziwakhe Lembede*, Athens: Ohio University Press, 1996.

Ronald Cohen, ed. , *From Tribe to Nation in Africa*, Scranton: Chandler Publishing, 1970.

Rory Steyn and Debora Patta, *One Step Behind Mandela*, Zebra Press, 2000.

Ross Harvey, "Marikana as a Tipping Point? The Politics Economy of Labour Tension in South Africa's Mining Industry and How Best to Resolve Them", *Occasional Paper SAIIA*, No. 164, 2013.

Ruth Collier, *Regimes in Tropical Africa: Changing Forms of Supremacy*, 1945 – 1975, Berkeley: University of California Press, 1982.

Ruth-Anna Hobday, *Mandela: The Authorized Portrait*, Wild Dog Press, 2006.

Servaas Van Der Berg, *South Africa Will Remain a Hugely Unequal Society for a Long Time*, http：//theconversation. com/south − africa − will − remain − a − hugely − unequal − society − for − a − long − time − 25949.

Seymour Martin Lipset and Stein Rokkan, eds. , *Party Systems and Voter Alignments*：*Cross National Perspectives*, New York：Free Press, 1967.

Simon Stacey, "Social Justice, Transitional Justice, and Political Transformation in South Africa", in Michael Reisch, ed. , *The Routledge International Handbook of Social Justice*, New York：Routledge, 2014.

Solidarity Research Institute, *Transformation in the Public Service*, March 2014, http：//www. Solidarityresearch. co. za/wp − content/uploads/2014/03/2014 − 03 − 17 − Transformation − National − Departments − ENG. pdf.

South Africa Government Document, *Affirmative Action*, RDP White Paper, Capetown：CIP Book Printer.

South Africa Official Year Book, 1998.

South Africa Yearbook, 1985.

Thomas Karis and Gwendolen M. Carter, *From Protest to Challenge*：*A Documentary History of African Politic*, *1882 − 1964*, Stanford：Hoover Institution Press, 1977.

Tom Lodge, *Black Politics in South Africa Since 1954*, London：Longman, 1983.

Tomas M. Callyaghy, *The State-Society Struggle*：*Zaire in Comparative Perspective*, New York：Columbia University Press, 1984.

Towards a Ten Year Review, Policy Coordination and Advisory Service, 2003, p. 18.

Transparency International, "Csorruption Perceptions Index 2014", https：//issuu. com/transparencyinternational/docs/2014 _ cpibrochure _ en？ e＝2496456/10375881.

T. R. H. Davenport and Christopher Saunders, *South Africa：A Modern History*, New York：St. Martin's Press, 2000.

T. R. H. Davenport, *The Birth of a New South Africa*, Toronto：University of Toronto Press, 1998.

Vincent Darracq, "The African National Congress（ANC）Organization at the Grassroots", *African Affairs*, No. 107, 2008.

William Beinart, *Twentieth—Century South Africa*, Oxford University Press, 2001.

"Address by President Jacob Zuma to 10th National Congress of NEHAWU", 26 June, 2013, http：//www. anc. org. za/show. php？id ＝10373.

"Affirmative Action Time for a Class Approach", African Communist Journal Extracts, No. 134, 1993, http：//www. nelsonmandela. org/omalley/index. php/site/q/03lv02424/04lv02730/05lv03005/06lv03006/07lv03068/ 08lv03069. htm.

"Building a Better World：The Diplomacy of Ubuntu", *White Paper on South Africa's Foreign Policy*, Final Draft, May 13, 2011.

"Census 2011 Statistic", http：//www. statssa. gov. za/Publications/ P03014/P030142011. pdf.

"Half of ANC Want Zuma to Quit—Poll", *Business Day*, http：// www. bdlive. co. za/national/politics/2013/12/15/half－of－anc－want －zuma－to－quit－－poll.

"Numsa Accuses ANC of Failure to Meet Its Promises", *Business Day*, http：//www. bdlive. co. za/national/politics/2013/12/03/numsa－accuses – anc – of – failure – to – meet – its – promises.

"Poverty Trends in South Africa: An Examination of Absolute Poverty Between 2006 and 2011", http: //beta2. statssa. gov. za/publications/Report – 03 – 10 – 06/Report – 03 – 10 – 06March2014. pdf.